本书为国家社科基金重点项目
"新时期农村居民财产性收入扶贫模式的财务运作创新研究"（批准号：18AGL008）的阶段性成果

CELEBRATING REFORM AND OPENING UP 1978—2018

纪念中国改革开放40周年丛书

产权中国进程中的财务使命

伍中信 张荣武 曹 越◎著

中国财经出版传媒集团
中国财政经济出版社

图书在版编目（CIP）数据

产权中国进程中的财务使命/伍中信，张荣武，曹越著．—北京：中国财政经济出版社，2018．10

（纪念中国改革开放40周年丛书）

ISBN 978-7-5095-8570-2

Ⅰ．①产…　Ⅱ．①伍…　②张…　③曹…　Ⅲ．①产权-经济体制改革-研究-中国　Ⅳ．①F121

中国版本图书馆CIP数据核字（2018）第233281号

责任编辑：孙　琛　樊清玉等　　　　责任校对：胡永立

封面设计：陈宇琰

中国财政经济出版社 出版

URL：http：//ckfz.cfeph.cn

E-mail：cfeph@cfeph.cn

社址：北京市海淀区阜成路甲28号　邮政编码：100142

营销中心电话：010-88191537

天猫网店：中国财政经济出版社旗舰店

网址：https：//zgczjjcbs.tmall.com

北京财经印刷厂印刷　各地新华书店经销

710×1000毫米　16开　16.5印张　273 000字

2018年11月第1版　2018年11月北京第1次印刷

定价：68.00元

ISBN 978-7-5095-8570-2

（图书出现印装问题，本社负责调换）

本社质量投诉电话：010-88190744

打击盗版举报热线：010-88191661　QQ：2242791300

自 序

改革开放的40年，一直是沿着“放权让利”的路径依赖着。

但真正改革的重点、触及产权的改革，发轫于1992年，也就是从小平同志南方谈话的时候开始的。

改到深处是产权，我们至今还在路上。

市场经济，实际上是产权经济。因为没有产权主体，就没有市场主体，没有市场主体，自然就没有市场和交易。

当时，亟待培育和发展社会主义市场主体，即产权主体。

恰逢其时，产权经济学鼻祖科斯教授，于1991年年底获得了诺贝尔经济学奖。国内学者一哄而上，开始学习什么是市场经济，什么是公司制，什么是产权经济学，言必称科斯。

有人说，科斯及其产权经济学，对中国经济体制改革是最同步的，最有营养的，也是最有贡献的，这话一点都不假。

其时，作为会计学，一直很少有人把会计与产权直接挂起钩来。最多是某些学者在文章中偶然提及，或者在方法论和某些理念上加以融合。

其实，会计学就是为产权而生！为产权而死！

会计从一出生就嫁给了产权，从此相依为命，不唯同年同月同日生，也将同年同月同日死！

如果社会上不需要明晰产权，会计就根本没有产生的必要！

相反，如果没有会计学，人与人之间，组织之间，产权也无从区分和明晰。人们的财产关系，继而人际关系，都会陷入无休止的纠葛之中。市场交易主体也不能确定，人与人之间的激励机制也无法兑现，社会难以进步。

此时，1992 年，我们适时地发现了会计与产权的这一重要的“姻缘”关系。

这一发现，正契合中国产权改革的关键时刻，与中国经济改革的核心内容完美同步，也非常有利于中国会计改革与经济改革的协同。

为此，我们利用以研究制度为特色的产权经济学（又称“新制度经济学”）对会计制度的改革展开跟进研究。《论公司制与会计变革》《会计改革与产权改革的相关性研究》《会计准则制定模式研究》《产权范式的会计研究》和《中国的过渡会计学：研究框架与现实评价》就是跟进的代表之作。2006 年 2 月 15 日，财政部发布与国际财务报告准则“实质趋同”的企业会计准则体系。近年来，“蓝天保卫战”和“一带一路”倡议深入推进。我们运用产权经济学以及法和经济学的基本原理，较为系统地探讨了产权保护与公允价值（《产权保护、公允价值与会计改革》《产权保护、公允价值与会计稳健性》）、公共领域与会计变迁（《产权保护、公共领域与会计制度变迁》）、会计法律制度体系及其优化（《两大法系会计法律制度：架构、特征与适应性效率》《会计法律制度体系优化研究》）、国际趋同问题与财务报表列报改革（《产权保护、双重计量与三重列报》）、碳排放权的会计处理问题（《产权保护导向的碳排放权会计确认与计量研究》）以及“一带一路”地区准则趋同问题（《会计准则国际趋同提升了资本市场效率吗？——来自“一带一路”亚洲地区主要资本市场的经验证据》）等等。可以说，我们站在经济改革的最前沿俯视着会计改革，检视并指引着会计改革的整个路径。

我们的研究方法和成果得到著名新制度经济学家茅于轼教授的高度认可和支持，并欣然以《中国会计学产权学派的兴起》为题为我们的《产权理论与中国会计学》一书作序。

与此同时，在市场经济和产权经济提出伊始，我们适时提出并论证了“财权流”理论体系，并认为财权是现代财务区别于传统财务的根本标志，也是财务主体区别于会计主体的根本砝码。通过财权理论的确立，使会计和财务在产权功能上产生分工，两者分别承担界定产权（外延）和支配产权（内涵）两大重要使命。

我们把“资源配置”和“财权配置”作为财务两大基本职能，以“财权配置”为核心构建了“财务治理结构”理论。创新性地论证了“企业治理以财务治理为核心”的思想，得到同行学者的一致认可和发扬。相关研究成果在《财政研究》杂志发表5篇（《现代财务理论的产权基础》《现代财务理论体系：基于价值与权力的融合研究》《财权起点论：财务研究逻辑起点的现实选择》《财权流：财务本质的恰当表述》《财务主体理论的经济学基础》），并在《中国会计年鉴》上连续4年刊载。

不唯如此，我们紧跟经济改革的时代步伐，就其需要破解的财务、会计和审计难题展开课题攻关，取得了可喜成果。如以产权配置与交易为特征的环境会计与审计问题（2011年国家社科基金重点项目），财产权利与会计制度（2015年国家社科基金项目），会计学的产权变革研究（2011年中国博士后科学基金项目），产权保护、审计监督与国家经济安全审计问题（2011年国家社科基金项目、2012年中国博士后科学基金特别资助项目、2015年财政部全国会计重点项目），产权财务研究（2009年中国博士后科学基金项目），国有企业公司化与公司治理中的财务问题（“债转股、国有股减持、管理层持股”，1998年和2001年国家社科基金项目），居民财产性收入增加与保障问题（“产权与财务的结合”，2008年国家社科基金项目和2018年国家社科基金重点项目），促进和服务了当时的经济改革。如近年来我们连续5次向全国政协提交相关提案（如“关于应对金融危机，急需尽快提高居民财产性收入的提案（2009）”“关于逐步确认农民土地所有权，增加农民财产性收入的提案（2012）”“关于确认农村居民宅基地产权的建议（2017）”），多家中央主流媒体作出报道，相关重要网站进行了专题视频采访并被上百家媒体转载，农业农村部、人力资源和社会保障部、国土资源部、住房和城乡建设部、中国人民银行、中国证监会都积极回应，对相关政策的及时制定产生了直接的推动作用。

如果说，中国会计学有哪种理论最能跟进中国经济改革步伐，那么我们可以自豪地说，产权会计与财务理论体系当之无愧！

——一个时代的产权保护状况体现着同时代的社会文明程度，会计秩序就是产权秩序，产权秩序便是社会秩序，会计既是该时代产权保护的卫士，又是社会文明的使者。

——会计存在和发展的根本使命在于：反映产权结构，体现产权关系，维护产权意志。

——会计的本质就在于认定和解除“受托责任”；其根本职能就是界

定产权（核算）和保护产权（监督）。

——把会计制度纳入制度经济学这一更大的理论氛围中，用“均衡”的概念作为会计学人的哲学思想来武装我们的头脑，很多的会计问题，都可能看得更深更远。用产权理论来武装会计理论，这丝毫谈不上对会计理论的叛逆和冲击，恰恰是一种“帕累托改进”。

——会计制度变迁是一个“演进”过程，简单的照搬不是中国会计制度变迁的正常秩序。在改革中强调“中国特色”显然是中国会计改革的正确道路。改革能否顺利和成功，不在于事先设计好了整个改革的模式或框架，而是在确定了“全面创立具有中国特色的会计理论和方法体系”的基本方向后，让千百万当事人去摸索、去博弈、去试错、去创新。

——会计在界定和保护利益相关者产权及保障市场经济有序和有效运转中的作用都是基础性的、不可替代的。产权保护导向的市场化改革必然要求产权保护导向的会计改革与之步调一致。

——经济史中的会计制度经历了从“法律遵从型”到“金融预期型”的变迁过程，旨在一体化保护实体产权和虚拟产权。会计制度变迁的根本原因是会计制度偏离会计域秩序引致的公共领域，变迁的内在逻辑是：会计习惯→会计习俗→会计惯例→会计社会规范→会计制度。有效的会计制度应遵从有效的产权法律制度，从而实现两者的同步变迁。

——会计法律制度体系是市场经济中的基础性产权保护制度安排。会计法律制度体系优化旨在实现对“产权”的一体化和基础性控制；优化的必要性源于国际趋同引致的会计制度与民法、商法、税收法规等法律制度的分离、冲突等不兼容问题；优化的指导原则是最小化改革成本。中国会计法律制度体系优化实施方案是“逆流而上”与“循序渐进”。

——中国从计划经济体制向社会主义市场经济体制转型，本质上表现为产权不断明晰和权利不断开放的过程。产权结构的变化决定了会计法律制度体系变迁的方向，特定历史时期的产权结构决定了当时会计法律制度体系的架构和特征；改革开放40年来会计制度的变迁路径是从“法律遵从型”到“金融预期型”；进入“金融预期型”会计制度时代，平等保护各产权主体的财产权利需要切实维护会计的信任功能。

——独立财权的确立是现代财务区别于传统财务的根本标志，是企业是否真正开展财务活动的标志；“财权流”作为现代财务的本质表述，贯穿于财务基本理论的始末，在现代财务的理论体系中占据着核心和统驭地位。

——产权问题是我国社会主义市场经济建立与发展的核心问题，是现代企业制度建立的基石。以公司组织形式所进行的产权价值运动是市场经济形成与发展的基础，而产权价值运动过程及其结果又决定着市场经济运行的基本规律。不管是发达国家还是发展中国家，一旦产权制度发生较大变化，其财务效应就是显著的。

产权会计不是流派，也不是一种学说，而是会计学的灵魂！

我们为会计学而生，也必将为产权而死！

谨以此书献给《产权与会计》出版20周年，并致我们为产权会计奋斗的青春岁月！

作者

2018年9月于长沙岳麓山下

内容摘要

市场经济本质上是产权经济，产权制度是市场机制发挥作用的基础，市场运动是产权的实现方式，因此，必须从产权制度与市场机制有机统一的视角来构建市场发挥决定性作用的制度体系。我国社会主义市场化改革的正确路径是由等级规则（或特权）向产权规则变迁，改到深处是产权。产权问题是我国社会主义市场经济建立与发展的核心问题，事关经济改革的全局，是现代企业制度建立的基石。产权制度是社会基础性的母制度，是其他相关制度衍生的源泉，换言之，产权制度是制度的制度。不管是发达国家还是发展中国家，尤其是在产权制度急剧变革的中国，产权制度及其变迁的财务效应是很显著的。

源于理性经济人假说、个体主义方法论、形式主义研究传统以及一系列理论构建前提，正统财务学在理论和逻辑上存在严重缺陷。超越正统财务学的新古典主义分析范式，开辟财务学研究的新路径和新领域迫在眉睫。在产权中国进程中创建和发展产权财务学是传统财务学走出困境的根本出路之一。事实上，财务与产权之间的紧密关系是与生俱来的，产权、交易费用、契约与价值等核心范畴逐步融合，促进了产权财务观的萌动与发展。产权财务是反映和确认产权结构、协调和均衡产权关系、提升和保护产权利益的重要基础，是减少改革中的摩擦和冲突、解决好国有企业与民营企业产权问题的利器。

产权理论提供了剖析财务理论的新视角，财务理论推动产权理论在企业层面不断发展。本书的主要研究目标在于，突破正统财务学的理性研究范式，以产权中国进程为宏观背景，以产权理论和价值理论为基石，将产权制度视为财务行为的内生变量，构建以“财权”为基础的产权财务研究新范式。本书共分3篇25章展开研究。上篇为“产权主体确立呼唤财权流理论”；中篇为“国有企业产权制度改革中的财务治理研究”；下篇为“资本市场发展进程中的国企产权改革与财务功能创新”。现将主要内容和思想观点概括如下：

产权独立是市场主体确立的财产基础。财务主体必须以市场主体（产权主体）的确立为基本前提。财务主体系指具有独立财权（产权），进行独立核算，拥有自身利益并努力使其最大化的经济实体。

从价值和数量层面而言，本金是现代财务研究的逻辑起点，分析现代财务要从分析本金及其运动规律开始。从产权角度看来，“本金运动规律”实质上就是“财权流动”，财权是现代财务研究的逻辑起点。可见，关于现代财务研究逻辑起点的探讨，经历了从“本金”到“财权”的转变，这是在产权基础上的整合。将“财权”作为现代财务的逻辑起点，实现了价值与权力、财务活动与财务关系以及财务应用理论与财务基础理论高度融合。

财务的产生或萌芽是与私有产权的萌芽相伴随的，是私产制度的结晶。财权与产权是两个相近的经济学范畴，在两者交叉的领域里，财权构成了产权中最核心的权能。随着企业产权主体地位的确立，企业也相应取得了自己独立的财权。“财权”是一种“财力”以及与之相伴随的“权力”的结合，即财权 = 财力 + （相应的）权力。这里的“财力”表现为一种价值，是企业的财务资金或本金，而相应的权力便是支配这一“财力”所具有的权能。在财权归于产权的内容中，主管价值形态的权能，并构成法人财产权的核心内容。独立财权的确立是现代财务区别于传统财务的根本标志，是企业是否真正开展财务活动的标志。“财权流”作为现代财务的本质表述，贯穿于财务基本理论的始末，在现代财务的理论体系中占据着核心和统驭地位。因此，“财权流”是现代财务本质的恰当表述。

资源配置和财权配置是现代企业财务的两大基本职能。两者的关系是：在资源配置的同时进行着财权配置，在财权有效配置的同时实现资源配置的优化。财务资源配置与财权配置职能的提出，将现代财务分为财务管理和财务治理两大既相联系又相区别的领域。财务管理主要是对财务活动的处理，其核心是资源配置；财务治理则主要是对财务关系的处理，其核心是财权配置。

财权流表现为“财流”和“权流”两个方面，即财权流 = 财力流 +（相应的）权力流。财权可以分为基于企业公平的通用财权范畴和基于企业效率的剩余财权范畴，即财权 = 通用财权 + 剩余财权。通用财权配置应坚持公平价值取向，而剩余财权配置则应坚持效率价值取向。任何一项财权配置本质上是一个二元价值体系，即基于企业公平的通用财权配置和基于企业效率的剩余财权配置；在实践上表现为某项具体财权配置对公平与效率的权衡。权衡的规则是：如果一项财权中通用财权占主导，那么该项财权在配置时就应侧重公平；如果一项财权中剩余财权占主导，那么该项财权在配置时就应侧重效率。

公司产权契约的核心是公司财权契约，公司财权契约的学术硬核是财权；财权契约不完备与代理问题的存在导致财务治理问题的产生；财务治理的本质是剩余财权配置；财务治理的根本目标是借助于剩余财权配置，通过由财务治理环境、财务治理结构与财务治理机制共同组成的效率释放互动框架，实现财务治理效率最大化；财务治理效率最大化的核心是剩余财务索取权与剩余财务控制权对应，即剩余财权配置效率最大化；财务治理效率最大化的基本衡量标准是财务治理收益与财务治理成本对比。

财务治理结构是以财权为基本纽带，以融资结构为基础，在股东为中心的共同治理理念的指导下，通过财权的合理配置，形成有效的财务激励与约束机制，实现相关者利益最大化和企业决策科学化的一整套制度安排；财务治理的客体是（财）权，即特指财务治理范畴的财之权；财务治理结构体系以财权配置为核心，以融资结构为基础，以财务激励与约束机制为内核；财务治理权具有财务决策、控制和监督三个权能，是财权范畴中的核心，其对财权配置的作用和影响主要是通过财务决策权来实现的，因此，财务决策权就成为财务治理权、财权配置乃至企业财务治理结构的核心。

法律制度在公司财务治理活动中发挥着基础性指引、保障与渗透作用，是激发财务治理效率的重要基石，但其作用也是有边界的。财务治理的法律外制度是指除法律之外的影响财务治理绩效的外部制度束，它在改进财务治理和催生财务治理效率方面扮演着替代性或补充性的重要角色。在此基础上，本书创造性地提出了法律制度与法律外制度对财务治理效率的“双轮驱动”构想。

产权与竞争对财务治理效率的影响是相互依存和互补的：（1）产权明晰和产权结构优化是提高财务治理效率的基石和强有力的内部驱动因素，竞争是财务治理效率持续释放的动力和外部驱动因素；（2）产权改革只有在竞争环境中才具有显著的效率优势，竞争机制发挥作用的前提条件是对产权的平等保护，缺乏产权的竞争必然是低效和无序的竞争；（3）剩余索取权与剩余控制权对应是财务治理效率产生的源泉，因此，产权效率的极端重要性毋庸置疑，市场竞争机制也是提高财务治理效率不可或缺的重要机制和内部治理不可替代的制度，产权与竞争分别从内外两个方位驱动财务治理效率，两者相互依存。

剩余索取权与剩余控制权的对称是财务治理效率的前提；共同治理体现了常态下利益相关者之间为实现公司价值最大化而进行的合作，而相机治理则是在特殊情况下客观面对利益相关者财务冲突的基础上，保证这一合作状态持续稳定的机制；共同治理与相机治理耦合机制是利益相关者在常态和异态下尽可能长期合作的有力保障和公司财务治理效率释放的源泉。

并购是企业快速扩张、完善治理结构和优化资源配置的重要手段，也是国家经济结构调整和产业结构转型升级的重要方式。并购活动伴随着产权价值的流转与产权关系的改变，是产权财务理论的一个重要应用领域。并购不是简单的主并企业规模扩大、目标企业消失，而是不同产权主体之间为实现彼此收益最大化所发生的产权交易和整合。并购扩展了企业产权边界，深化了产权的资源配置功能，使企业成为产业相互交叉融合的联结点，也是整个产权价值网中相关节点企业互动的直接体现。

债转股给企业治理结构带来的第一个变化也是最直接的变化就是转股企业必须改制为股份有限公司，并且引入来自资产管理公司的董事。转股企业的公司化改造，有利于形成多元化的股权结构，与此同时，资产管理公司董事的引入，将会改善转股企业内部股东会、董事会、经理人员之间的委托代理关系，从而促进转股企业法人治理结构的完善。另一方面，资产管理公司作为理论上的股东和实际上的类债权人，相对原来的贷款银行，将对转股企业的治理发挥更加积极的作用。由于债转股涉及政府、转股企业、资产管理公司、国有银行等诸多利益主体，这使得债转股政策的实施变成了一个各利益主体为了自身的利益而相互博弈的过程，如果不把债转股的目标定位于转股企业治理结构的改善与完善，只看到转股企业表面的暂时的账面扭亏，那么这种简单形式的债转股只可能导致转股企业治理结构的弱化。

我国的债转股和国有股减持工作是在国有企业财务出现困境的情况下，针对国有企业出现的债务负担过重和国有股权过高等现实问题而采取的一种资本运作方式，其目的之一便是通过资本运作和资产置换来盘活国有资本，增强国有资本的流动性和企业的现金流量，把国有企业中僵化、不能流动的国有资本变为可实现的现金流和资本流。从数量层面上，债转股和国有股减持都是对国有企业资本结构的调整，都是为了优化企业资本结构和股权结构。其中债转股以改变企业债务/股权比例为初期目标，待资产管理公司控制债转股企业后，再实施产权多元化，改变其股权结构；而国有股减持则是直接以改变股权结构、实现产权多元化为目标。在实现产权多元化的过程中，可能采用股权转债权的方式来达到既改变股权结构又改变资本结构的目的。总之，两者是针对国有企业存在的资本结构“负债过高”和股权结构“国有股权过高”的“双高”问题而采取的资本运作方式。从本质上看，两者的根本目的在于通过引入社会资本，实施产权多元化，来改进国有企业微观运行机制，改善法人治理结构。

Abstract

In essence, the market economy is property rights economy. The efficiency of market mechanism is founded on property rights institution. Meanwhile, the market movement is the way to realize the property rights. Accordingly, it is necessary to construct an institutional system in which the market plays the decisive role with the property rights institution and the market mechanism functioning in inherent unity. In China, the correct path of socialist market - oriented reform is a rule change from hierarchical rules (or privileges) to property rights rules, which determines deepening of reform property rights. It was property rights issues as the core for the establishment and development of China's socialist market economy that are closely connected with the overall situation of the economic reform and modern enterprise system. The property rights institution is the source of other relevant institutions and social foundation. In other words, the property rights institution is the mother of other institutions. In developed and developing countries alike, especially in China where the property rights system has dramatically changed, the financial effect of the property rights institution is remarkable.

Traditional finance that acted on the premise of the rational economic man hypothesis, the individualism methodology and the formalism research has exposed serious defects in aspects of theory and logic. Therefore, transcending the traditional finance and blazing new finance paths are coming to a head. Establishing and developing property rights finance in China is one of the fundamental ways to get out of this dilemma. In fact, the close relationship between finance and property rights is inherent. The gradual combination of property rights, transaction cost, contracts and values has promoted the germination and development of property rights finance concept. Property rights finance is an important foundation for reflecting and recognizing property rights structure, coordinating and balancing property rights relationship, and promoting and protecting property rights interests. It is also a powerful tool for reducing friction and conflicts during the reform and solving the property rights problems between state – owned enterprises and private enterprises.

Property rights theory provides a new perspective to analyze the financial theory, which promotes the development of property rights theory at the enterprise level. With the development of property rights in China, the objective of this book is to construct a new paradigm of property rights finance research based on "financial rights" by taking the property rights theory and value theory as cornerstones and regarding the property rights system as an endogenous variable of financial behavior. This research is a breakaway from the rational research paradigm of traditional finance. This book is divided into three parts, which altogether include twenty – five chapters. The first part is entitled "The establishment of subject of property rights calls for the financial rights flow theory"; the second part "The research of financial governance in the property rights system reform of state – owned enterprises"; the last part "The financial function innovation and property rights reform in the development of capital market". The main contents and thoughts are summarized as follows:

The property rights independence is the property foundation for the establishment of the main body of market. The financial subject must take the establishment of the market subject (property rights subject) as the basic premise. A financial subject is an economic entity that possesses independent financial rights (property rights) and conducts independent accounting. What's more, it has its own interests and strives to maximize them.

In terms of value and quantity, principal is the logical starting point of modern financial research. The analysis of modern finance should start from the analysis of principal and its movement rules. From the perspective of property rights, the law of principal movement in essence is the flow of financial rights which is the logical starting point of modern financial research. It can be seen that the discussion on the logical starting point of modern financial research has experienced the transformation from "principal" to "financial rights", which is the integration on the basis of property rights. Taking "financial rights" as the logical starting point of modern finance, which realizes the high integration of value and power, financial activities and financial relations, as well as applied financial theories and basic financial theories.

The emergence of finance is accompanied by the germination of private property rights, which is the crystallization of private property system. In economic categories, property rights is similar to financial rights, and financial rights constitutes the core rights in property rights. With the establishment of the subject status of enterprise property rights, the enterprise has accordingly acquired its own independent financial rights. " Financial rights " is combined with " financial resources " and the corresponding " power ", that is, financial rights = financial resources + (corresponding) power. Financial resources are reflected as value that is the financial capital or principal of the enterprise, and the corresponding power is the rights that dominates this "financial power" . In the content of property rights, financial rights is the rights of the form of value and constitutes the core content of legal person property rights. The establishment of independent financial rights is the basic sign where modern enterprise finance is different from traditional finance and the enterprise really carries out financial activities. As the essential expression of modern finance, "financial rights flow" runs through the beginning and the end of the basic financial theory and occupies the core and dominant position in the theoretical system of modern finance. Therefore, "financial rights flow" is an appropriate expression of modern financial essence.

Resource allocation and financial rights allocation are two basic functions of modern enterprise finance. The relationships between resource allocation and financial rights allocation are as follows: the allocation of financial rights and resources are concurrent; the optimization of resources allocation is realized through effective allocation of financial rights. The functions of financial resources allocation and financial rights allocation are put forward, and modern finance is divided into two fields of financial management and financial governance that are both related and different. Financial management mainly deals with financial activities, and its core is resources allocation. Financial governance mainly deals with financial relations, and its core is the allocation of financial rights.

The financial rights flow is shown as "financial flow" and "power flow", that is, the financial rights flow = financial flow + (corresponding) power flow. The financial rights can be divided into general financial rights category based on enterprise equity and residual financial rights category based on enterprise efficiency, namely financial rights = general financial rights + residual financial rights. In essence, any allocation of financial rights is a binary value system. In other words, there are allocation of general financial rights based on enterprise fairness and the allocation of residual financial rights based on enterprise efficiency. In practice, the balance between fairness and efficiency is shown in the allocation of specific financial rights. Therefore, the rule of trade - off is put forward. If the general financial rights is dominant in financial rights, it should focus on fairness in allocation. If the residual financial rights is dominant, the allocation of the financial rights should focus on efficiency.

The core of property rights contract is financial rights contract, while the academic kernel is financial rights. Incomplete financial rights contract and agency problems lead to the appearance of financial governance. The essence of financial governance is the allocation of residual financial rights and the fundamental goal of financial governance is to realize the maximization of financial governance efficiency by means of the allocation of residual financial rights and the interactive framework which is composed of the financial governance environment, the financial governance structure and the financial governance mechanism. Meanwhile, the key point for the maximization of financial governance efficiency is to correspond the residual financial claim rights with the residual financial control rights, that is to maximize the efficiency of allocating the residual financial rights. The basic criterion for measuring the maximization of financial governance efficiency is to match the benefits of financial governance with the costs of it.

Guided by the shareholder - centered concept of common governance, taking the financial rights as the basic link and based on the financial governance structure, the financial governance structure is a set of institutional arrangements which can form an effective financial incentive and restraint mechanism, and realize to maximize the interests of stakeholders and make corporate decision - making scientific through the rational allocation of financial rights. The object of financial governance is (financial) rights, which specifically refers to financial governance. The financial governance structure system takes the allocation of financial rights as the core, the financing structure as the foundation, and the financial incentive and constraint mechanism as the inner core. Financial governance has three functions, namely, financial decision -

making, control and supervision, which are the core of financial right category. Its function and influence on the allocation of financial rights are mainly realized through financial decision – making. Therefore, financial decision – making rights becomes the core of financial governance rights and financial rights allocation, even corporate financial governance structure.

The legal institution plays a fundamental role in guiding, guaranteeing and infiltrating a company's financial governance activities, which is a vital cornerstone to stimulate the efficiency of financial governance. But the role has its own limit. The extra – legal institution of financial governance refers to a bunch of external institutions that affect the performance of financial governance except the law. It plays an alternative and complementary role in improving financial governance and promoting the efficiency of financial governance. On this basis, the book creatively puts forward the conception of "two – wheel drive" of legal institution and extra – legal institutions on the efficiency of financial governance.

The influence of property rights and competition on the efficiency of financial governance is interdependent and complementary: (1) The clarity of property rights and the structure optimization of the property rights are the cornerstone and the powerful internal drivers to promote the efficiency of financial governance, while competition is the impetus and the external driving factors to release constant efficiency of financial governance. (2) Only in the competitive environment can the property rights reform gets a significant efficiency advantage. The precondition for the competition mechanism efficiency is the equal protection of property rights and the competition that lacks for property rights is definitely inefficient and unordered. (3) The correspondence of the residual claims and residual rights control is the source of financial managment efficiency. Therefore, there is no denying that the efficiency of the property rights is important. In addition, the market competition mechanism is not only the indispensable mechanism to increase the efficiency of financial governance, but also the irreplaceable system for internal governance. Property rights and competition drive the efficiency of financial governance from inside and outside, which are interdependent.

The symmetry between residual claim and residual rights of control is the precondition of the financial governance efficiency. Co – governance reflects the cooperation which aims at the realization of the maximal value of the company under normal state between stakeholders, while contingent governance is a mechanism to ensure the state of cooperation to be continuous and steady, on the basis of facing financial conflicts of stakeholders objectively under special circumstances. The coupling mechanism of co – governance and contingent governance is a powerful guarantee for the long – term cooperation of stakeholders under normal and abnormal conditions and a source for the release of corporate financial governance efficiency.

M&A is an important means for enterprises to expand rapidly, improve the governance structure and optimize the resource allocation. It is also an essential way for the adjustment of national economic structure and the transformation and upgrading of the industry structure. M&A activity, along with the circulation of property rights value and the change of property rights relationship, is an important application field of property rights finance theory. M&A is not just the expansion of the acquired enterprises and the disappearance of the target enterprises, but the transaction and integration of property rights between different property rights subjects so as to maximize each other's benefits. M&A expands the boundary of enterprise property rights, strengthens the allocation function of property rights resources and makes enterprises the joint point of industry integration, which reflects the interaction between enterprises directly at relevant nodes of the entire property rights value net.

The first and most direct change brought by the debt – to – equity swap to the corporate governance structure is that the debt – to – equity swap enterprise must be transformed into an incorporated company, and it brings along with directors from the asset management companies (AMC). The corporation reform of the debt – to – equity swap is beneficial to form a diversified equity structure, while at the same time, the participation of directors of AMC will improve the principal – agent relationship among the internal shareholders' meeting, board of directors and executives, thus promoting the improvement of corporate governance structure of the debt – to – equity swap enterprises. On the other hand, as the shareholders in theory and the creditors in reality, AMC will play a more active role in the governance of debt – to – equity swap enterprises compared with the incipient loan banks. The implementation of debt – to – equity swap policy becomes a mutual gambling among interest – subjects for their own interests as it involves in several sides, shares in the government, enterprises, AMC, state – owned banks and many other stakeholders. If we notice merely the superficial and temporary loss of the enterprises, instead of setting the goal of the debt – to –

equity swap in the improvement and perfection of the corporate governance structure, this simple form of the debt - to - equity will only result in weakening the corporate governance structure.

The debt - to - equity swap and the reduction of the state - owned shares in our country are forms of capital operation, which aim at the heavy debt burden of state - owned enterprises, large state - owned equity and other practical problems under the condition of financial crisis. One of its purposes is to revitalize the state capital, enhance the liquidity of state - owned capital and the cash flow of enterprises as well as transform the dead and stagnant state - owned capital into available cash flow and capital flow by means of capital operation and assets replacement. In terms of quantity, the debt - to - equity swap and the reduction of state - owned share are the adjustment to the capital structure of state - owned enterprises, which altogether are aimed at optimizing the capital structure and equity structure of enterprises. Debt - to - equity swap regards changing the debt - to - equity ratio of the enterprise as the initial target. After AMC controlling the debt - to - equity swap enterprises, it will implement the property rights diversification and change the equity structure. The reduction of state - owned shares is directly targeted at changing the ownership structure and realizing the diversification of property rights. In the course of realizing the diversification, it is likely to achieve the goal of changing both equity structure and capital structure by transforming the equity rights into debt rights. In a word, both are the capital operation methods for "unduly - high debt" in the capital structure of state - owned enterprises and "unduly - high state - owned shares" in the equity structure. In essence, their fundamental purpose is to improve the micro operation mechanism and corporate governance structure of state - owned enterprises by involving the social capital in and implementing the diversification of property rights.

目 录

上篇　产权主体确立呼唤财权流理论

中篇 国有企业产权制度改革中的财务治理研究

下篇　资本市场发展进程中的国企产权改革与财务功能创新

上篇
产权主体确立呼唤财权流理论

第 1 章

经济体制改革进程与中国产权财务学

1.1　市场经济本质上是产权经济

产权是社会秩序、社会道德、社会信任与创新的基础。从本质上讲，市场经济是产权经济。产权问题是我国社会主义市场经济建立与发展的核心问题，事关经济改革的全局，是现代企业制度建立的基石。产权价值运动过程及其结果决定着市场经济运行的基本规律；社会资源配置中对权利的合理安排和资源配置效率的不断提高是市场经济有序与有效运行的前提条件；产权是一定社会经济利益的集中体现（郭道扬，2004a）。一定社会的产权问题决定着一定社会的政权问题。解决好国有企业与民营企业的产权问题，必须以解决好产权会计、产权审计与产权财务方面的问题为重要前提，产权会计、审计与财务是实现产权控制与维护、保障公有权与私有权的重要基础（郭道扬，2004b）。如何尽量减少改革中的摩擦和冲突，使改革成本最小化，离不开财务资源配置功能和价值创造功能的发挥。因而协调改革中各产权主体的利益，体现和确认产权结构、协调和均衡产权关系、提升和保护产权利益，具有理论上的重要性和实践上的迫切性（张荣武和伍中信，2005）。当代财务学必须关注产权制度问题。

产权是以财产所有权为基础形成的，涵盖归属权（狭义所有权）、占有权、使用权、收益权和支配权的权利束；产权的直观形式是人对物（财产）的关系，实质上是人与人之间围绕财产而建立的经济权利关系。产权理论的实质就是研究如何通过界定、变更和安排产权来降低交易费用，提高经济运行效率，从而优化资源配置。市场经济是产权经济，等级制度或特权是对产权的严重侵害，我国社会主义市场化改革的正确路径是由等级规则（或特权）向产权规则变迁。财务与产权之间的紧密关系是与生俱来的，产权、交易费用、契约与价值等核心范畴逐步融合，促进了产权财务观的萌动与发展。换言之，财务发展史就是一部对产权价值进行管控的历史。

1.2 改到深处是产权

中国共产党第十八届中央委员会第三次全体会议，于2013年11月9日至12日在北京举行。十八届三中全会通过《中共中央关于全面深化改革若干重大问题的决定》(以下简称《决定》)，勾勒出改革新蓝图，开启了新一轮改革大幕。现从四个方面予以产权解读。

产权是以财产所有权为基础形成的权利束，是人与人之间围绕财产而建立的经济权利关系。产权具有降低不确定性功能、外部性内在化功能、激励与约束功能、资源配置功能和收入分配功能。产权制度是社会基础性的母制度，是其他相关制度衍生和发展的源泉，具有排他性、有限性、可交易性、可分割性和行为性等基本属性。

会议指出，经济体制改革是全面深化改革的重点，核心问题是处理好政府和市场的关系，使市场在资源配置中起决定性作用和更好发挥政府作用。市场经济本质上是产权经济，产权制度是市场机制发挥作用的基础，市场运动是产权的实现方式，因此，必须从产权制度与市场机制有机统一的视角来构建市场发挥决定性作用的制度体系。

会议提出，必须毫不动摇巩固和发展公有制经济，必须毫不动摇鼓励、支持、引导非公有制经济发展，积极发展混合所有制经济。要完善产权保护制度，促进不同产权形式在各自领域充分释放效率，完善公有制为主体、多种所有制经济共同发展的基本经济制度。

会议提出，城乡二元结构是制约城乡发展一体化的主要障碍，要赋予农民更多财产权利，建立城乡统一的建设用地市场。土地承包经营权、宅基地使用权、集体收益分配权是法律赋予农民的财产权利，任何人都不能侵犯。但长期以来，“权利贫困”、特别是农民土地财产权利的贫困一直存在。《决定》要求赋予农民更多财产权利，推进城乡要素平等交换和公共资源均衡配置，建立城乡统一的建设用地市场，必将有效促进集体土地上市流转，使农民真正有权利支配、拥有或转让宅基地、自留地、联产承包责任田的财产权利。

会议提出，要健全自然资源资产产权制度和用途管制制度，实行资源有偿使用制度和生态补偿制度。发挥产权功能，健全自然资源资产产权制度，界定和保护环境产权，是发展低碳经济、建设资源节约型和环境友好型低碳社会的客观要求。

1.3 产权中国进程与中国产权财务学使命

巴舍利耶的博士论文《投机理论》（Bachelier，1900）被认定为财务学从经济学中独立出来成为一门新学科的里程碑。以经典文献《资本成本、公司财务与投资理论》（Modigliani 和 Miller，1958）、《组合选择》《证券组合选择：有效的分散化》（Markowitz，1959）和《趋向风险行为中的流动偏好》（Tobin，1958）为代表的资本结构理论和资产组合理论，标志着现代财务学的诞生。历经百余年的发展，财务学研究思潮曾先后在 20 世纪 30 年代、50 年代和 70 年代后期发生了三次重大转变，出现了三批具有重大理论价值的历史文献，取得了举世公认的重大成就。麦金森（Megginson，1995）将财务学发展史上具有里程碑意义的重大创新概括如下：完美资本市场下的储蓄和投资理论（Fisher，1930）；投资组合理论（Markowitz，1952）；资本结构理论和股利政策理论（Modigliani 和 Miller，1958）；资本资产定价模型（Sharp，1964）；有效资本市场理论（Fama，1970）；期权定价理论（Black 和 Scholes，1973）；代理理论（Jensen 和 Meckling，1976）；财务信号理论（Ross，1977）；金融中介理论（Leland 和 Pyle，1977）；现代企业控制权理论（Bradley，1980）；市场微观结构理论（Glosten 和 Milgrom，1985）。

然而，源于多年一贯遵循的个体主义方法论、理性经济人假说和形式主义研究传统以及一系列理论建构的前提，迄今为止，依恃工程学方法构建的正统（数理）财务学在体系结构和内在逻辑上的种种缺失，削弱了财务学的解释能力和预测能力；数理财务学的严重缺陷在其自身逻辑框架内无法得到有效解决，唯一的出路是在数理财务学之外再开辟财务学研究的新路径和新领域（李心合，2005）。

当代财务就是产权价值运动及其所形成的产权经济网络关系的耦合体，其本质就是产权价值网（张荣武，2013）。传统财务理论基本上遵循新古典经济学研究范式，把经济制度看作既定的前提，认为市场是无摩擦的，具备完全信息，无逆向选择和道德风险等问题的存在，将企业、市场和政府都视为“黑箱”。而现代财务理论研究承袭新制度经济学的产权理论、交易成本理论、契约理论、非对称信息理论等最新研究成果，产生了詹森和麦克林的“代理成本学说”、罗尔和罗斯的“套利定价理论”、梅耶斯的“新优序融资理论”、利兰和派尔的“资本结构信号模型”、史密斯的“财务契约论”以及巴塔恰亚的“股利政策信号模型”等。20 世纪 80 年代经济学领域出现的“共同所有权理论”、公司法领域对“股东至上逻辑”的突破和管理学领域出现的“利益相关者管理”，使利益相关者理论得到迅速发展。20 世纪 90 年代以来，我国开始关注新制度经济学与财务学的融合研究，促进了产权财务和制度财务理论研究的兴起与发展，其成果主要集中在财务本质的“财权流”学说、财务主体的财权内涵、财务分权分层论、利益相关者财务、构建以“财权”为核心的财务理论与运作体系以及以“财权配置”为核心的财务治理理论体系等方面。

现代企业本质上是利益相关者之间的产权契约联结体，上述财务学各领域的研究基本上体现了同时代产权的现状。西方产权保护导向的财务研究，融合在它们完善的法律体系中，具有“自然生成”的性质，因而没有另立产权财务体系。但是在我国，以适应市场经济的法律制度、财务制度是“逆向生成”的，带有制度移植色彩。因此，为适应经济全球化与构建和谐社会的发展现状，迫切需要构建更系统的产权保护导向的财务体系。产权财务昭示着财务学肩负着一项重大使命：反映和确认产权结构，协调和均衡产权关系，提升和保护产权利益。

产权制度是社会基础性的母制度，是其他相关制度衍生的源泉。制度是生产力，效率是竞争力。人类文明史就是一部在效率不断提高的过程中公平程度也随之提高的历史，或者说是一部效率与公平均衡发展的历史。财务既要做大蛋糕又要合理分配蛋糕。作为一整套静态制度安排与动态制度演化的产权财务理论体系，将促进财务冲突协调、财务决策科学化与财务核心竞争力提升，进而夯实产权价值网络中各利益相关者的利益基础并促进产权价值网络结构优化。产权财务要贯彻财务效率原则、财务公平原则、义利均衡原则、社会责任原则。因此，产权财务体系是一个以产权价值网络思想为主线的兼容效率与公平的财务理论体系（张荣武，2013）。

系统地研究产权财务问题具有重要的理论意义和实践价值，具体表现在以下两个方面：（1）在百余年财务学发展史上，数理财务学已取得举世瞩目的巨大成就，出现了一批杰出的代表人物，发表了大量的重量级论著，但导源于其个体主义方法论、理性经济人假设、形式主义研究传统以及一系列理论构建前提，使其内容严重偏离实际、与相关学科产生严重断裂以及对环境挑战反应滞后。迄今为止仍以资金—价值研究为核心，围绕“数量化的价值运动”而展开，注重量化研究，忽视非量化因素对企业财务的影响；着重研究人与物的关系，而较少研究人与人的关系，即较多研究财务活动而不注重研究财务关系（伍中信和张荣武，2005）。财务学要摆脱这种窘境，一是要调整数理财务学框架，更为重要的是要开拓诸如产权财务学、行为财务学等新领域。我们认为，财务学的研究视角应该而且必须多元化，而正统财务学理论仅仅选择了“价值”视角，并且在研究时把产权制度作为外生变量和既定前提来对待。然而，不管是发达国家还是发展中国家，尤其是在制度急剧变革的中国，产权制度及其变迁的财务效应是很显著的。因此，在我国新兴加转型的制度环境下，产权财务研究是一个既具有理论前景又具有重要实践价值的交叉性前沿研究方向。（2）自 MM 定理以来，产权与财务开始出现融合渗透研究的趋势，从国外文献来看，产权财务理念或隐或现，若即若离；从国内文献考察，产权财务思想更为明确，但主要集中于财权理论以及以此为核心范畴的财务治理理论研究。因此，曹越和伍中信（2011）指出，产权财务学派以“财权”为核心，遵循产权分析法范式，产生了两大极具中国特色的理论成果——财权理论与财务治理理论。本书将国际主流财务理论与中国特色本土财务理论相结合，构建产权财务理论框架体系，拓展财务研究新范式。

第 2 章

产权范式的财务研究：历史与逻辑勾画

财务与产权有着紧密的联系，两者在发展的过程中相互交叉、渗透而共同进步。产权理论提供了剖视财务理论的新视角，财务理论推动产权理论在企业层面不断发展。产权财务以“财权”为核心，遵循产权分析法范式，产生了两大极具中国特色的理论成果——财权理论与财务治理理论，对传统财务理论具有重大开创性，它们弥补了传统财务的重大缺陷，顺应了现代财务变革的内在要求，是重要的理论创新。

2.1 基本缘起与发展

兴起于 20 世纪 50 年代的产权经济学着力于产权、激励与经济行为关系研究，尤其探讨了不同的产权结构对收益—报酬制度及资源配置的影响，对权利在经济交易中的作用也给予了特别关注（Furubotn 和 Pejovich，1972），其精华主要是由 Stigler 概括的“科斯定理”：在交易成本为零的状态下，不管产权起初如何界定，市场交易都将导致资源配置处于帕累托最优状态（又称科斯第一定理）；然而，现实中的交易成本都是正的，这表明产权的初始安排及其后续调整对资源配置效率具有重要影响（又称科斯第二定理）。以此为基点，中西方学者开始直接或间接地以产权、交易费用和契约等核心范畴来构建或诠释财务经济理论（即产权范式）。一个全新的财务学产权学派应运而生。

Modigliani 和 Miller（1958）提出著名的资本结构理论（MM 定理），奠定了现代西方财务理论的基础，其主要内容是：（1）在完全资本市场条件下，公司价值与资本结构无关（MM 无关论）。这实际上与“科斯第一定理”的假设条件与基本结论不谋而合，具有惊人的相似，是“科斯定理”的财务学论证与诠释。其中，“完全资本市场”假设对应于“零交易费用”假设；“公司价值与资本结构无关”对应于“资源配置效率与产权安排（产权结构）无关”。（2）考虑到所得税等费用因素后，公司使用的负债程度不同，公司价值就不同（MM 相关论）。在放松假设条件下的 MM 定理又与“科斯第二定理”具有内在逻辑上的一致性。其中，“考虑所得税费用等因素”假设与“正交易费用”假设相对应；“负债程度不同”对应于“产权安排（产权结构）不同”；“公司价值不同”对应于“资源配置效率不同”。可见，作为现代财务理论核心内容的资本结构理论，从假设条件到基本结论都与科斯定理具有惊人的相似性，这表明产权理论与财务理论之间存在着紧密的联系。现代财务理论的诞生是在直接或间接吸取产权理论思想精华的基础上拓展而来。但是，现代西方财务理论并没有提出“产权财务”范畴，有关财务与产权的融合研究处于不自觉状态，并存在重大缺陷：（1）注重资金—价值的量化研究，而忽视资金运动背后的“权力”研究；（2）注重财务活动，而忽视财务关系；（3）注重复杂的形式化推理与经济计量技术，忽视人、制度、文化等社会基本要素；（4）将公司财务视为一种纯经济行为，完全忽视财务行为的社会“嵌入性”；（5）注重“股东至上”制度逻辑，忽视利益相关者制度安排；（6）注重静态研究，忽视财务理论对财务环境变迁的动态适应性（伍中信，2001；李心合，2003）。这都根源于个体主义方法论、理性经济人假说和形式主义传统。西方财务理论的这些缺陷呼唤财务理论创新。

中国的市场化改革是由等级规则向产权规则的过渡。产权明晰化一直是市场化改革的价值取向。产权理论不仅自身具有很强的理论魅力，而且对中国的具体问题和过渡过程的问题有着很强的解释力和指导意义（盛洪，2006）。自 20 世纪 90 年代中后期开始，一批具有良好制度经济学素养的中青年财务学者，结合中国产权改革的特殊制度背景，运用产权理论对现代财务理论进行了卓有成效的探索，取得了丰硕成果。汤谷良（1994）开创性地将产权经济学引入财务领域，认为财务研究视角应从“价值”与“权力”两个层面展开。从此，我国财务学者运用“产权”这把手术刀，以财务为截面，系统剖析了财务研究逻辑起点、财务本质、财务目标和财务职能等基础理论：刘贵生（1995）从财务分配权的角度提出了财务分配论；干胜道（1995）在国家财务论的基础上提出了所有者财务论；汤谷良（1997）、谢志华（1997）和王斌（1997）将企业产权机制引入财务理论中，提出了影响广泛的“财务分层”理论；伍中信（1998，2001）在财务本金投入与收益分配论的基础上，从“价值”与“权力”相融合的角度提出了

“财权流”理论和财务治理结构理论；李心合（2003）以新制度主义和利益相关者产权理论为基础，提出了利益相关者财务论；衣龙新（2005）综合运用产权理论和公司治理理论，提出了财权配置的一般框架，初步建构了财务治理理论体系；曹越（2007）以产权理论和不完全契约理论为基础，提出了“通用财权”与“剩余财权”范畴，进而提出了财务动态治理论；何进日等（2007）在此基础上提出了最优财权配置规则与细则；宋丽梦（2008）探讨了财权来源、财务本质、财务目标和财务主体等几个基本问题；张荣武（2009）以剩余财权配置为核心，提出了财务治理效率论。可见，我国产权财务研究充分借鉴新制度主义产权理论、契约理论和利益相关者理论，结合中国转型这一特殊制度背景，提出了“财权”“财务治理”和“财务分层”等产权财务概念，产生了财权理论和财务治理理论两大极具特色的理论成果，形成了一个较为完整的产权财务理论体系。这种理论创新弥补了西方现代财务理论的缺陷，必将大大提升我国财务研究水准与国际地位。

2.2 产权财务对传统财务的重大开创性

2.2.1 研究范式的重大转变：产权分析法

本质上，经济学是研究稀缺资源的产权，经济学问题其实就是产权应该如何界定以及产权在什么条件下进行交换的问题（Alchian，1967）。当一种交易在市场中议定时，就发生了两束权利的交换；正是权利的价值决定了所交换的物品的价值（Demsetz，1967）。产权具有排他性、有限性、可交易性、可分解性和行为性等基本特征；具有减少不确定性、外部性内部化、激励与约束、资源配置和收入分配等基本功能。这为产权分析法引入财务研究奠定了良好基础。现代企业产权理论主要研究两个方面：一是企业的产权地位或拥有什么产权；二是企业内部的权利安排（黄少安，2004）。从财务的角度看，前者涉及财务主体的产权基础；后者则涉及财务治理结构问题。产权分析法的核心就是寻求产权界定的明晰、交易成本最低、产权配置效率最高和制度变迁效果最佳。产权分析法表明，良好的产权制度（产权明晰并界定准确）对财务最大化企业剩余具有决定意义。

产权财务基于现代企业产权理论、交易成本理论、契约理论、法经济学理论和制度变迁理论，跳出了就财务论财务，由只关注数理技术至上的价值层面过渡到“价值”与“权力”的融合，由只关注财务活动过渡到财务活动与财务关系并重；它立足于所有权的个人主义理论哲学，重视所有权的社会主义理论哲学，以有限理性经济人、资源稀缺性、正交易费用和不完全竞争等为基本假设，借助规范分析与实证分析、微观分析与宏观分析、静态分析与动态分析相结合的原理和方法，从“产权效率体制”的三大标准（产权的普遍性、产权的排他性和权利的可转让性）出发，综合运用产权分析、交易费用分析、制度分析和社会“嵌入性”分析等，高屋建瓴地透视财务理论与实务。由此产生了两大极具中国特色的理论成果：财权理论和财务治理理论。

2.2.2　产权财务的特色理论成果之一：财权理论

（1）财权新思想之发轫

从财务角度提出“财权”范畴主要是受财务本质讨论的影响。在“本金投入与收益分配论”（郭复初，1997）的基础上，基于对财务“价值”层面和“权力”层面的融合分析，伍中信教授找到了具有丰富内涵而又全新的“财权”范畴，即“财权”是一种“财力”以及与之相伴随的“权力”的结合，即财权 = 财力 +（相应的）权力。这里的“财力”表现为一种价值，是企业的财务资金或本金，而相应的权力便是支配这一“财力”所具有的权能。财权表现为某一主体对财力拥有的支配权，包括收益权、投资权、筹资权、财务预决策权等权能。这一支配权显然起源于原始产权主体，与原始产权主体的权能相依附相伴随。在财权归属于产权的部分内容中，主管价值形态的权能，并构成法人财产权的核心内容。财权与产权是两个相近的经济学范畴，在两者交叉的领域里，财权构成了产权中最核心的内容（伍中信，1999）。这就是财务学“财权”范畴的由来。“财权”范畴的提出，激发了学者们的浓厚兴趣：郭复初（2001）认为，财权还包括投资权、筹资权、留用资金支配权、资产处置权、成本费用开支权、定价权和分配权；李连华（2002）认为，公司财权是由不同层次、不同权能所构成的一个权力结构系统；衣龙新（2005）认为，财权是派生于产权的财务权利，是体现一定财务经济关系的一组权利束，大体包括财务决策权、收益分配和监督等权能；伍中信等（2007）研究认为，财权可以分为基于企业公平的通用财权范畴和基于企业效率的剩余财权范畴，即财权 = 通用财权 + 剩余财权。可见，上述研究大大丰富了财权的内涵，对促进财务基础理论和应用理论的研究具有重要意义。

我们认为，从企业“财权”范畴的提出及其发展来看，“财权 = 财力 +（相应的）权力”中的“财力”就是本金或财务资金。这在“资本雇佣劳动”时代（即财务资本占主导）是符合现实的。可是，现代企业理论认为，企业是多边契约关系的耦合体，是要素所有者交易产权的结果。企业是一个人力资本与非人力资本的特别合约（周其仁，1996）。人力资本所有者拥有企业所有权是一种趋势（方竹兰，1997）。随着经济形态从工业经济向知识经济的转变、发展观念从无限增长观到可持续增长观的转变、企业从“经济人”到“社会生态经济人”的转变，企业资本呈现出一种泛化的趋势，即从传统的财务资本转变为包括财务资本、人力资本、组织资本、社会资本和生态资本等在内的广义资本；它们共同创造了企业价值，都应在企业享有相应的权益（黄晓波，2007）。广义资本实质上遵循了现代企业理论逻辑下利益相关者共同治理的思想。因而，“财权”中的“财力”就不应该仅仅局限于本金（财务资金或财务资本），而应该囊括财务资本、人力资本、组织资本、社会资本和生态资本等广义资本。“财权”的内涵应该予以拓展，但仍能内嵌于“财权”范畴本身。现实中，非财务资本所有者往往需要与财务资本所有者在辅以各种估价技术的基础上进行缔约谈判，以确定他们现在及未来在企业中应享有的企业权益份额（体现为应享有的财务资本或本金份额）。这种权益份额应以在公开活跃市场上的脱手价格为基础或以未来现金流量的现值为参照。因而，非财务资本所有者享有的权益，实际上等于以“机会成本”或“保留价格”测度的财务资本所有者所享有的“财权”。可见，广义资本所有者的权益仍能内嵌于“财权”范畴中。我们认为，同产权相类似，企业“财权”具有排他性、可交易性和可分解性等基本属性，具有减少不确定性、外部性内部化、激励与约束、资源配置（财流）、权力配置（权流）和收入分配等基本功能。这为研究财务主体、财权主体及财权分层奠定了坚实的产权基础。

（2）财权理论内容之精髓

在提出“财权”这一科学概念以后，产权财务学者讨论了财务研究逻辑起点、财务本质、财务主体、财权主体、财务目标和财务职能。他们共同构成了财权理论的精髓。

①财务研究逻辑起点。从价值和数量层面而言，本金是现代财务研究的逻辑起点，分析现代财务要从分析本金及其运动规律开始（伍中信，1997）。从产权角度来看，“本金运动规律”实质上就是“财权流动”。财权是现代财务研究的逻辑起点（伍中信等，2006）。可见，关于现代财务研究逻辑起点的探讨，经历了从“本金”到“财权”的转变，这是在产权基础上的整合。将“财权”作为现代财务的逻辑起点，实现了价值与权力、财务活动与财务关系以及财务应用理论与财务基础理论高度融合。

②财务本质。产权财务学者认为，财权流是现代企业财务本质的恰当表述。一方面可以用“财力”的流动来代替“本金”“资金”等“价值流”；另一方面可通过“权力”的流动来体现一种在现代企业制度这一特殊历史条件下的“生产关系”（伍中信等，2006）。我们认为，“财权流”吸收了“本金投入与收益论”的全部优点，注重“价值”与“权力”的高度融合，是从经济属性和社会属性、财务活动和财务关系两个层面对财务本质的完整表述。

③财务主体与财权主体。目前，在财务主体理论问题上，产权财务学者仍存在争论，争论的焦点是财务主体的一元性、二元性以及多元性问题。我们认为，有关财务主体问题的争论根源于财务主体内涵如何界定。事实上，有关财务主体问题的讨论是以企业“产权独立”为前提条件的。财务主体系指具有独立财权（产权），进行独立核算，拥有自身利益并努力使之最大化的经济实体（伍中信，2001）。这个经济实体就是拥有独立产权、产权明晰和法人治理结构完善的现代企业。现代企业理论认为，企业是多边契约关系的联结体，是要素所有者交易产权的结果。只要是投入要素的契约方都应成为企业的产权主体。可见，产权主体是多元的。实际上，多元的产权主体通过交易将自身产权内嵌于企业这一契约经济组织并暂时归企业支配，从而使该企业成为财务主体。财务主体是财务活动的载体，即独立从事财务活动的空间范围，财务主体二元性乃至多元性理论违背了财务主体的内涵，并将导致多元的财务目标，使得企业财务活动无所适从，这与现代企业产权明晰和产权独立的前提相左。因而，财务主体必然是一元的。但是，财权主体却是多元的。投入“财力”（包括财务资本与非财务资本）的各契约方都是财权主体。正因为产权主体是多元的，所以财权主体才是多元的。影响广泛的“财务分层理论”（出资者财务、经营者财务和财务经理财务），实质上并不是财务主体分层（因为一元性），而是财权主体分层（因为多元性）。

④财务目标。目前，占主流地位的财务目标主要有股东价值最大化、企业价值最大化和利益相关者价值最大化。由于股东价值最大化不符合现代企业契约理论所主张的共同治理要求，因而受到越来越多的责难。产权财务学者认为，由现代财务的本质决定，财务目标也应该从“财流”和“权流”两方面进行探讨。基于此，“财流”的最大化外化为企业价值最大化，而“权流”的最大化则外化为相关者利益最大化（即财权主体利益最大化）。我们认为，在财权界定明晰的情况下，“财流”的最大化与“权流”的最大化是一致的。“财流”的最大化必然导致“权流”的最大化。实际上，我们可以将“企业价值最大化”与“相关者利益最大化”合二为一，即利益相关者价值最大化，它是从“价值”与“权

力”两方面对财务目标的完整表述。

⑤财务职能。财务目标决定财务职能。同样，对财务职能的研究也应从“财流”与“权流”两个方面展开。其中对“财流”的运作体现为本金运动及其增值，它是通过筹资、投资、收益和分配等财务活动展开的，而其背后实际上是与具体财务活动相对称的财务关系的运动，即“权力”的流动。前者对应着资源配置职能，后者对应着财权配置职能。资源配置与财权配置是现代财务的两大基本职能；在资源配置的同时进行着财权配置，在财权有效配置的同时实现资源配置的优化（伍中信，2001）。这是从“价值”与“权力”两方面对财务职能的高度概括。

⑥财权配置。财权配置是指将财权分配到组织内部结构中，以达到权责利相互制衡，提高企业经济效率。决定所有权最优配置的总原则是：对资产平均收入影响倾向更大的一方，得到剩余的份额也应当更大（Barzel，1997）。资产产生的净收入取决于关于资产的权利的事前界定（汪丁丁，1997）。由此推知，财权配置对于企业资源配置效率具有重要影响。对于财权配置的原则，衣龙新（2005）将其概括为：剩余索取权与控制权对应；财务权利与相关知识对应；权利主体内部有效激励约束原则；权利主体之间有效制衡原则；效率优先兼顾公平。何进日等（2007）主张财权配置价值取向合理定位应是一个二元价值体系，即基于企业公平的通用财权配置和基于企业效率的剩余财权配置；如果一项财权中通用财权占主导，那么该项财权在配置时就应侧重公平；如果一项财权中剩余财权占主导，那么该项财权在配置时就应侧重效率。“通用财权”和“剩余财权”的提出，拓展了财权配置研究空间。

综上可见，以“财权”作为现代财务的逻辑起点，产权财务学者从“财力”（价值）与“权力”两个方面，系统讨论了财务本质、财务主体、财权主体、财务目标、财务职能和财权配置等内容，构建了以“财权”为核心的现代财务基础理论体系。我们称其为“财权理论”，它为财务治理理论的建构奠定了产权基础，是产权财务研究的第一大理论成果。

2.2.3　产权财务的特色理论成果之二：财务治理理论

（1）财务治理之提出与解读

针对上市公司财务丑闻现象不断涌现，产权财务学者以财权理论为基础，不断挖掘其在企业治理中的应用，形成了极具中国特色的财务治理理论。财权理论是财务治理理论的重要基石（伍中信，2005）。杨淑娥（2002）认为，公司财务治理是通过财权在利益相关者之间的不同配置，从而调整利益相关者在财务体制中的地位，提高公司治理效率的一系列制度安排。曹越（2007）认为，现有财务治理理论侧重于财务治理结构和权利分布状态等静态范畴的研究，而忽略了财务动态治理的专门研究，提出并论证了财务动态治理，主张财务动态治理是将公平原则内嵌于基于财权的强势原则中，主要通过剩余财权的“流动”与“分割”，旨在释放财务治理效率，从而提高企业效率的一系列动态制度安排。

为了更好把握财务治理的特征，我们有必要厘清财务治理与财务管理的关系，明确异同与联系。申书海和李连清（2006）对财务治理与财务管理进行了系统比较，研究表明两者具有以下特性：理论基础的同源性与产生背景的差异性；终极目标的一致性与具体目标的差异性；对象的同质性与权力特征的差异性；体系的统一性与作用的互补性。伍中信（2005）认为，财务治理主要处理财务关系，即对财权流（权力）的配置；财务管理主要处理财务活动，即对本金运动（价值）的处理。厘清财务管理和财务治理的区别与联系是研究财务治理理论的前提。

（2）财务治理理论之主要内容

财务治理理论体系涉及的内容十分广泛，大体上可分为治理结构、治理机制、治理行为规范三个方面（衣龙新，2005）。

①财务治理结构。财务治理结构就是这样一种契约制度，它通过一定的财务治理手段，合理配置剩余索取权和控制权，以形成科学的自我表现约束机制和相互制衡机制，目的是协调利益相关者之间的利益和权责关系（冯巧根，2000）。伍中信（2005）认为，资本结构是财务治理结构的基础；财权配置是财务治理结构的核心；激励约束机制建设是财务治理结构的内核；主张建立以“财权配置”为核心的现代财务治理理论体系。财务治理结构包括治理主体和治理客体两方面，其中治理主体主要是财权主体，治理客体就是财权。两者组合形成的治理结构主要有股东大会财权配置、监事会财权配置、经理层财权配置和债权人财权配置。曹越（2007）认为，财务治理结构可以从动态和静态两个层面展开研究，其中财务动态治理结构强调财权配置的效率性，侧重关注剩余财权占主导的财权配置，而财务静态治理结构则强调财权配置的公平性，侧重关注通用财权占主导的财权配置；财务动态治理结构主要体现为财务资本结构的调整、改善及其动态优化，而财务静态治理结构侧重财务结构和权利分布状态的设计。可见，有关财务治理结构从静态制衡与动态调整的角度进行探讨，有利于完善财务治理结构的内涵，增强其对环境变化的适应性。

②财务治理机制。财务治理机制是在企业财权基本配置框架下，基于财务治

理结构安排和一定制度设计，能够自发对企业财务治理活动进行调节、规范的机制，主要包括决策机制、财务激励机制、财务约束机制三个方面（衣龙新，2005）。财务动态治理机制集中体现在财务相机治理机制。我们认为，财务决策、激励和约束机制主要存在于企业日常经营活动中，具有相对静止性，而财务相机治理机制主要考察企业在不同状态下的治理主体转移问题。

③财务治理行为规范。财务治理行为规范是在财权配置基本框架下，依据财务治理结构，并在财务治理机制引导下，对财务治理主体行为进行约束、修正，提高公司治理效率；主要包括财务决策行为规范、财务监控行为规范和财务分配行为规范（衣龙新，2005）。财务动态治理行为规范主要是诚信“隐性机制”（曹越，2007）。的确，由于有限理性和交易成本，财务动态治理（也可称为剩余财务治理）存在制度的“公共领域”，需要“诚信”来约束参与者在制度“公共领域”中的行为。由于剩余财权配置中的“公共领域”并无明确的事前标准，所以需要通过诚信机制来规范人们的行为。“公共领域”引致的“共有财产”分配问题，也需要诚信机制进行规范。各剩余财权主体对“公共领域”中之剩余财权的争夺和分配无不受到自身“诚信”约束。这种约束使他们争夺“公共领域”剩余财权时的行为表现千差万别，体现了动态博弈制衡。

综上可见，产权财务学者遵循产权分析法，以财权理论为基石，打造了一套以财权配置为核心，以财务治理结构、财务治理机制和财务治理行为规范为内容，静态制衡与动态调整相结合的极具特色的财务治理理论。它是产权财务的另一重大理论成果。

2.3 产权财务研究展望

产权财务融产权经济学、制度经济学、法经济学、行为经济学和社会学为一体，提供了一种新范式——产权分析范式；它以财权理论为核心，研究在资源稀缺条件下，如何通过界定、变更和确定财务结构以及设计良好的财务治理机制来协调各财权主体的利益冲突，以达到降低交易成本，提高企业经济效率，实现资源配置和财权配置最优的目的。无论是过去的财务还是现时或未来的财务，都确实存在一个对产权、财权和财权流的全面而深入的认识问题。未来产权财务还有许多问题有待继续深入研究。我们认为，主要包括：（1）财务制度选择及其变迁研究。在传统财务的基础上，以产权理论和制度变迁理论为指导，研究新的《企业财务通则》对财务治理结构的影响以及新旧财务通则变迁原因与评价；

(2) 国有企业财权配置及其财务治理研究。研究国有企业股权激励政策和国有资本经营预算编制、国企分红政策的科学性及其对国企财权配置和财务治理的重要影响；(3) 集团企业财权、财权配置与财务治理研究。研究母子公司、总分公司和跨国企业财权分层、财权配置及财务治理对企业绩效的重要影响；(4) 后股改时代下的财权配置与财务治理研究。研究全流通背景下上市公司财权配置变动及其对财务治理结构和财务治理效率的影响；(5) 独立董事制度设计及其变迁与财务治理。研究独立董事制度设立与变迁对改善财务治理结构的有效性及如何抑制“花瓶”董事；(6) 财权理论与人本财务理论创新。以财权理论为基础，研究和谐社会中以人为本的财务理论问题，是财务学科学发展观的核心内容，具有重要的研究价值，是未来产权财务基础理论的重要发展方向。

第3章

财务经济理论若干问题研究

3.1 财务的经济属性

一般认为，现代财务是从事财务活动与处理财务关系的有机统一体，这一表述也充分地体现了财务活动与经济活动、财务关系与经济关系的共生性和相融性。

经济组织的整个经济活动按其形态不同，“可以划分为生产经营的经济活动（简称为生产经济活动）和财务经营的经济活动（简称为财务经济活动）两个方面”（郭复初，1993）。生产经济活动包括供应、生产、销售等具体经济活动，财务经济活动包括筹资、投资、耗资、收入、分配等具体经济活动。传统的财务经济活动与生产经营活动融为一体，并侧重为生产经营活动服务，通过对生产经营要素的形成、耗费的补偿、经营成果价值的实现与分配等财务经济活动来维护或扩大生产经营活动的规模。进入现代的财务经济活动除了与生产经营活动相联合外，还与资本市场相联系，从而独立出一种特殊的财务经营活动——资本经营。现代财务可以离开本企业的生产经营活动而单独获利的特点，是现代财务区别于传统财务的一个重要特征，是财务作为一种独立的经济活动而存在的重要标志。

财务经济活动是在人与人之间的相互关系中存在的，这种相互关系是指有经济利害关系和产权关系的关系，在财务界被称为财务关系。现代意义上的财务关系已不是单纯的人与人之间的人际关系，而是带有经济目的的经济组织之间的关系，即财务公共关系（伍中信等，1994）。对财务关系的处理或研究，事实上要求我们把财务置于相互联系的市场经济这一研究环境之中，注重财务与经济环境的联系，而绝不是孤立地就财务论财务。

3.2　财务经济发展溯源

3.2.1　财务的产生：私产制度的结晶

一般认为，财务是与商品货币经济相联系的一个经济范畴，商品生产和交换及货币的出现，是财务产生的基础。我们认为，财务的产生或萌芽是与私有产权的萌芽相伴随的。

我们知道，会计的萌芽伴随着人类社会的最初生产活动便开始了，比如狩猎人员对氏族长交代当天的狩猎数量、“结绳记事”等。而财务的萌芽则是出现在公有财产面临争夺、资源出现稀缺之时。这时，人们开始想到圈上一块地，豢养自己的家畜。也就是说，财务产生于私产观念的形成，并与资源稀缺相伴随。

“经济学是对稀缺资源产权的研究……一个社会中的稀缺资源的配置是对稀缺资源产权的研究”（Alchian，1991），在原始社会，人类赖以为生的动植物供应似乎是无限的。当某个地区人口的扩展威胁到食物供应时，人们慢慢地想到过建立“私产制度”来维护部落的生存，这是财产观念和产权观念的最初萌动，也是财务观念的萌芽。在拥有独立财产观念的前提下，人类开始懂得资源的投入与产出，并怀着对资源的“增值”目的来进行生产。只有当生产的物品出现过剩，才有可能产生商品交换，那时的商品交换主要是为了满足生活必需的需要，即“互通有无”，而不一定是再生产的需要。因此商品生产和商品交换并不是财务产生的充分条件，至于以货币为交换媒介的商品生产，由于货币充当了本金从而对生产进行垫支，经过生产再到产出最后达到增值的目的，这自然是典型的财务活动。但在商品生产之前的生产活动中，由于生产的是一些牲畜和植物等“活”的物品，由于生产投入和产出是同样的物品，因而不需要通过交换或货币为媒介的转换来达到再生产的目的。它完全可以通过投入、生产，到产出更多的同样的物品，其中一部分用于消费，另一部分又直接投入生产这样一个资源的循环来达到生产和价值的增值目的。它同样具有垫支性、增值性等财务特性，显然同样具有财务活动的意义，是比商品经济更早的财务活动。因此，财务萌芽的标志是私有产权产生之时，而不一定要等到商品生产或商品货币经济时期。

3.2.2 财务经济的发展

财务伴着资源的稀缺而产生，而经济学的方法就是研究具有稀缺性的资源如何达到最佳配置的方法，“若将某一对象纳入经济学研究，首先必须证明该对象具有稀缺性”。从一定意义上说，经济学的萌芽与财务几乎是同时产生的，而且随着商品经济的发展而发展。由于简单商品经济在奴隶社会和封建社会的经济结构中处于从属的地位，商品生产过程十分单纯，因而财务工作并未成为一项独立的工作，而是由生产经营者兼管。这就限制了财务在经济活动中作用的发挥。

经过 19 世纪 50 年代前后的工业革命，传统的家庭手工业为现代化的机器大工业所取代。各种新兴产业大量涌现，企业重组和兼并之风盛行，资本市场体系初步形成，各著名证券交易机构纷纷建立。在此经济环境下，财务管理作为一门独立的管理学科，已从经济学中分离出来，无论从理论还是实务，均是广泛地围绕着各种融资工具及资本市场的运作展开。这种学科的分离，更加深了财务与经济在研究上的渗透。这一状况延续到 20 世纪上半叶，基本上已经形成了关于筹资、投资、资本预算以及财务政策等财务理论，为现代财务经济理论打下了丰厚的基础。

自 20 世纪 50 年代以来，财务理论进入一个飞速发展时期。随着资本市场的发展和理论经济学的广泛运用，一批优秀的经济学家广泛涉足于财务领域并取得了令人瞩目的成就，如企业总价值理论、投资组合理论、资本资产定价模型、选择权理论。进入 20 世纪 80 年代，信息经济学又被引入企业价值的分析中，为人们研究融资工具的市场行为指明了方向。总之，正是由于理论经济学对财务理论的支持，才使得现代财务与传统财务相区别，并取得惊人的成就。也正因如此，现代财务理论才更具有财务经济学的意味了。

3.2.3 社会主义财务经济理论的探索

我国对财务经济理论的探讨，可以市场化改革为界线分两个阶段进行总结，市场化改革以前的财务理论研究在很大程度上是以马克思的经济理论作为指导思想的，并形成了一系列的基本理论和基本方法，这些基本理论和方法至今仍具有强大的生命力，是进行现代财务经济研究的重要基础和宝贵财富。

经典马克思主义经济理论是理论经济学的一个重要组成部分，它有许多带规律性的经济哲学思想，放之四海而皆准。其中，“平均利润率”规律要算是马克思理论对应于财务研究的经济规律，它是有关社会资源配置流向的规律，也是财务资源配置功能所使用的指示器。因此，平均利润率应是财务研究必须把握的客观经济规律，除此以外，马克思的经济理论对财务经济的贡献还体现在以下几个方面：

（1）马克思的资本运动理论和剩余价值理论极其深刻地阐明了资本循环和周转规律，因而构成了社会主义财务理论的哲学和政治经济学基础。

（2）在方法论的研究和运用上，马克思的有关论述直接或间接地影响到财务学方法体系。因素分析法是财务学中应用最广泛的方法之一，马克思在研究劳动价格和剩余价值的相对量的三个影响因素时指出：“这三个因素可以有各种各样的组合，或者是其中一个因素不变，其他两个因素可变；或者两个因素不变，一个因素可变；最后，或者三个因素同时变化。这些因素同时变化时，又因为变化的大小和方向可以不同，组合也就更加多种多样了”。他又进一步写道：“其实……只要顺次地把其中一个因素视为可变，把其他因素视为不变，就会得出任何一组可能的组合结果。”这些理论后来被我们当作连环替代法的理论依据。

马克思还相当重视资本的周转速度和利润率等相对数指标，这些构成了我国财务指标体系中关于“资金周转天数”“资金周转次数”以及资金利润率等指标的重要指南，其计算方法与马克思的方法一脉相承。

进入市场化改革后的财务理论建设取得了长足的进展，人们在自觉或不自觉地利用市场经济理论来充实和完善财务理论。但真正从理论高度来认识财务经济学研究的意义，从理论体系上来探求现代财务经济学的内涵，似乎还刚刚开始。盛默于 1991 年在其《现代财务经济学理论的突破》一文中介绍了西方财务经济学家的基本理论，并给出了“财务经济学”的简单定义，这为我们进行财务经济学研究提供了一个选题方向。刘贵生于 1994 年在《四川会计》发表了《财务经济论纲》一文，并随后在博士论文《财务原理论纲》（1995）中安排了一章的内容专题论述财务经济问题，在较大程度上指明了在市场经济条件下，企业财务与市场经济进行结合研究的必要性。

3.3　研究财务经济理论的角度透视

3.3.1　从企业经济角度考察财务

从一般意义上说，企业经济活动是指在特定经济环境下，企业生产活动、交换活动、分配活动与消费活动的有机统一，从企业经济角度考察，企业财务活动是企业经济活动的重要组成部分，企业财务正处于企业再生产过程的分配环节。从基本性质看，企业财务活动既非企业生产活动，也不是企业交换活动、消费活动，企业财务活动就是企业经济活动中的分配活动，企业财务只有在企业经济活动中的分配领域才能科学地确立自己的位置。

3.3.2 从市场经济角度考察财务

市场经济的典型特征是以市场为中心，启动市场功能合理配置社会资源，包括人力资源、财力资源、物力资源；在市场体系中，有商品市场、资本市场、劳务市场等等，社会各种资源将主要在其相关的市场领域中流动与转移。其中，社会财力资源无疑将主要通过资本市场而得到合理化的配置。而资本市场对社会财力资源的配置又是通过财务配置、财政配置、银行配置三种主要的、具体的方式进行的。在这里，财务对财力资源的配置起到重要的基础性作用，它是市场配置财力资源最基本的力量、最集中的体现。

从市场经济角度考察财务，使我们发现了财务与市场尤其是与资金市场内在交融的辩证关系，这种辩证关系使财务配置财务资源的范围从企业内部拓展到企业外部整个资本市场体系之中，并与财政配置、银行配置共同构成社会财力资源配置的三种重要方式。从市场经济角度对财务问题进行考察，还启示我们，在商品经济条件下，现代财务理论体系与方法体系的建设应面向市场经济开放。立足股份经济、面向市场开放，是现代财务科学发展的基本趋势。

3.3.3 从产权经济角度考察财务

所谓产权经济，指的就是通过科学界定社会经济中各个利益主体的产权边界，合理确定各利益主体的产权组合方式以降低社会经济运行成本，提高社会经济效益，推动社会经济的发展。财权作为产权的重要构成，作为产权的具体体现之一，始终与产权主体紧密结合在一起。因此，产权界定及其产权结构的安排对财权运作具有十分重大的影响。由于财权行使主体不同，财权的运作方式及其效果也会显示出较大的差异性。财务管理离不开财权，有效的财务管理客观要求财权必须存在于财务主体之中。同时，财务管理作为一项专业化的职能管理活动，不仅要求财权与财务主体的有机统一，还要求财权能实际掌握在理财专业人才手中。为此，企业内部财务机构的科学设立以及财权在企业内部各级财务组织之间的合理分割对财务管理作用的发挥具有十分重要的意义。

3.4　现代财务经济学的规范定义及研究框架

3.4.1　现代财务经济学定义

基于以上认识，我们有必要给“现代财务经济学”作一个界定。按照盛默（1991）的说法：“财务经济学简单来说是研究在市场经济体系中，在将资源分配到各生产部门的过程中，金融市场所起作用的一门经济学。它认为，投资者通过所获得的信息，衡量企业风险及前景，以便决定如何投资，使资金可借助金融市场投放到不同企业。”这一“财务经济学”的初步定义突出了市场经济尤其是金融市场对财务的影响，并提出了财务资源配置在“投资”环境的作用，是富有启发性的描述。为此，我们认为对“现代财务经济学”的定义应包含以下几个方面的内容：

（1）突出资本市场与现代财务的相互作用和相互影响，这是现代财务区别于传统财务的一大标志。

（2）突出“现代财务经济学”是一门经济学，而且是渗透了丰富的理论经济学思想的学科，这不仅有利于进一步区别于传统财务，而且有利于区别一般的纯财务理论。

（3）突出企业是拥有独立财权的财务主体，这也是现代财务所必备的条件。

（4）突出现代财务在资本市场的职能即资源配置，这是该定义的基本内涵。

（5）体现现代财务在经济活动中所追求的目标。

为此，我们对“现代财务经济学”的定义是：现代财务经济学是研究在资本市场条件下，拥有独立财权的经济实体在当前和未来可能的活动中获取资源和使用资源，以使企业价值增值的一门经济学。

3.4.2　财务经济学研究的基本框架

财务经济作为财务科学理论中的一个基本命题，不是一个简单的、一般性的概念，而是包含着丰富内容的理论体系。财务经济理论体系即财务经济学不同于财务管理的一般原理，更不同于财务管理的具体内容，它是由以下相互联系的若干部分构成的：

（1）财务配置财力资源的理论基础。它包括财务分配与企业经济的辩证关系原理；财务活动与市场运行的辩证关系原理；财务与产权及产权结构内在联系的机理。

（2）财务配置财力资源的范围、方式及其效果。

（3）财务配置财力资源的基本特点。它包括财务资金、财政资金、信贷资金三大运行系统的联系与区别，财务、财政、银行三大财力资源配置的特点及其协调统一。

（4）财务资源配置在资本市场下的具体表现。它包括筹资职能（资本结构理论与实践），投资职能（资产组合理论与实践）、财务调节职能（资产重组理论与实践）和收入分配职能（股利分配及其他理论与实践）。

以上是对财务经济理论体系基本框架的初步设想，也就是财务经济学要解答的一系列基本问题。无疑，这仅仅只是问题的提出，远未达到问题的解决。但不容否认的是，深入研究这些问题，对于财务科学乃至整个经济学的发展与繁荣，将具有十分重要的意义。

第 4 章

现代财务理论的产权基础

产权及其相关的交易费用理论是现代新制度经济学的一个基本概念，是现代经济学的重要理论基石，它可以用来解释和论证经济学中的许多问题。本章试以产权为基础，对现代财务的一些基本理论问题作一论证和解剖，以期建立一套有机的现代财务理论体系。

4.1　财权：现代财务的核心概念

4.1.1　产权与财权

产权即财产权（Property Rights），包括以所有权为主的物权、债权和知识产权等，其内涵可分为资本权、占有权、收益权和处置权等。英国学者巴泽尔在《产权的经济分析》中认为："人们对不同财产的各种产权包括财产的使用权、收益权和转让权"（Barzel，1989）。从这里可以看出，产权不仅仅是一个财产归属问题，而且是一个经济运用问题，因而可以将产权分为原始产权（或终极所有权）和法人产权（或法人所有权）。

财权表现为某一主体对财力所拥有的支配权，包括收益权、投资权、筹资权、财务预决策权等权能。这一支配权显然源于原始产权主体，与原始产权主体的权能相依附、相伴随。而随着产权的分离，财权的部分权能也随着原始产权主体与法人产权主体的分离而让渡和分离。这样，原始产权主体在拥有剩余索取权的同时，也拥有收益权这一财权（当然是产权的权能）。法人产权主体在拥有占有权、使用权、处置权等产权权能的同时，也拥有了与此相联系的收益权、投资权等财权（当然也是产权权能）。这样，对独资企业而言，由于产权没有分离，企业在拥有完整的产权的同时，也拥有全部的财权。而对于产权分离的现代公司而言，财权随着产权的分解而分解，公司只拥有部分财权。在严格的法人治理结构下，法人产权主体所拥有的产权权能具有独立性，公司的财权在其拥有的范围内也具有相应的独立性。公司是否拥有独立自主的法人财产权与公司是否能独立理财在含义上是协同的。由此，理想的财权在独资企业是独立的，在公司制企业也应是相对独立的，同产权一样，财权同样应具有可分性、可明晰和独立性等特征，否则便成了与产权关系模糊相伴随的模糊的财权关系，或称模糊的财务关系。

作为财产权的产权，它从两个方面对财产，即实物形态的财产和价值形态的财产实施管理，如占有权、使用权、处置权等基本上是对实物形态的财产实施的产权管理。我国目前国有资产管理体系所实施的职能基本上处于这种状态。而财权则侧重于对财力的配置，即从价值形态上对资金（本金）进行配置或支配。也就是说，在财权归于产权的内容中，主管价值形态的权能，并构成法人财产权的核心内容，如收益权以及收益分配权、筹资决策权、投资决策权、资金使用权、成本费用开支权、定价权等。在这里，收益权是产权权能的核心，其他权能如占有、支配、处置的目的都是为了取得收益；没有资金的支配权，就谈不上物资的采购权；企业不能享有工资费用分配权，就很难实际享有劳动用工权；企业投资决策权不到位，企业就无力对投资者承担资产保值增值责任；获得了投资决策权，企业才完整地获得对法人财产的自主支配权。

由于财务管理与产权管理在职能、目标等方面的区别，财产权有着自己区别于产权的其他内容，如财务预测、财务分析的权能等。当然，产权也有许多与财权不完全相干的独立权能，如前面所说的资产使用权等。总之，财权与产权是两个相近的经济学范畴，在两者交叉的领域里，财权构成了产权中最核心的权能。

4.1.2 财权是现代财务区别于传统财务的根本标志

在我国传统的国有经济中，国家是全民所有制企业的唯一所有者，企业作为经营者只有有限的管理权。从我国经济体制改革进程看，实际上一直包含和孕育着产权制度改革的内容，在“政企分开”“两权分离”理论的指导下，从减税让利、扩大企业自主权，到逐步改革企业经营方式，完善企业经营机制等，实质上都是产权关系的调整和改革，都是为了理顺产权关系，使产权界区明晰化。

与产权制度相适应，我国传统的国有企业实质上属于没有财权的“财务”，企业财务是财政体系中的基础部分，成为国家驻厂的“核算员”，一切按计划行事，“专款专用”“三段平衡”，企业没有独立的财权（也没有法人产权）。从这个意义上说，我国的传统国有企业不存在真正意义上的财务管理活动，至少可称为无财权的“财务”。那时，所谓的“财务”活动是与会计活动融为一体的（会计无需财权）。因此，在没有财权的前提下，要对财务和会计作出区别是十分困难的，在理论界出现“大会计”“大财务”的争论也就不足为怪了。

随着企业产权主体地位的确立，企业也相应取得了自己独立的财权，企业有权在法人产权的范围内独立行使投资权和收益（分配）权等各项权能。可以说，独立财权的确立，是现代企业财务区别于传统财务的根本标志，是企业真正开展财务活动的标志，也是财务区别于会计的重要标志。财权是现代财务的核心概念。

4.2 财务本质理论的产权意义

随着现代企业制度的产生和发展，一种反映与现代企业产权思想相适应的财务观念也在日益成熟。从西方财务的研究内容来看，在对融资政策、财务结构、投资规划、利润分配、公司改组等一系列财务基本问题的分析阐述中，始终渗透着“权力”问题，完全可以说是“价值”与“权力”的综合考察，如果单纯从“价值”来论述财务问题，会将其引入“歧途”（汤谷良，1994）。而且，单纯以“权利”论“权利”，或者单纯以“价值”论“价值”，不可能得出正确的研究结论，也不利于发展财务理论，服务财务实践。财务管理不是简单的对资金运动的管理，而是借助于资金运动的管理实现产权管理，是“价值”与“权利”的结合（汤谷良，1994）。从这个意义上说，不管是“资金运动”还是“本金投入与收益分配”都只是一种价值的运动。如果说，“价值”是从财务活动的现象中或从“物资流”中抽象出来的带本质的东西的话，那么，在现代企业制度下，某种支配这一价值的“权力”则是隐藏在“价值”背后的更为抽象、更为实在的带支配能力的本质力量，而且这一“权力”与该“价值”，“价值”与相应的“实物”都是附于一体的，只是前者比后者更抽象、更接近事物的内在本质。为此，我们把现代企业财务的本质简要表述为：财权流。

财权是现代财务区别于传统财务的根本标志，也是企业是否真正开展财务活动的标准。因此，用“财权流”作为现代财务的本质，有利于体现财务区别于其他事物（尤其是会计这一最相近的学科范畴）的矛盾特殊性，更有利于体现现代财务区别于传统财务的本质特征。

一种理论的推进，往往是一个“扬弃”的过程，而不是全盘否定。“财权流”的本质表述是在吸取了“货币收支论”“资金运动论”等“价值流”的优点并考虑到现代企业制度的产权思想下得出来的。所谓的财权，是一种“财力”以及与之相伴随的“权力”的结合，即财权 = 财力 + （相应的）权力。这里的“财力”表现为一种价值，是企业的财务资金或本金。而相应的权力便是支配这一“财力”的所具有的权能。这样，用“财权流”作为现代财务的本质表述，一方面可用“财力”的流动来替代“本金”“资金”等“价值流”，发挥它们在本质理论上的优势。而且随着商业信用的发展，企业“应收”“应付”项目已十分普遍，这些项目与其说是资金或本金，不如说是一种“权力”或“财力”。这样，用“财权流”来表述或许更加贴近现实。另一方面通过“权力”的流动来体现一种在现代企业制度这一特殊历史条件下的“生产关系”。也就是说，与财力相伴随的“权力”的流动过程，实质上就是处理权力双方“财务关系”的过程，这在一定程度上弥补了“资金运动论”及“本金投入与收益论”在字面上不能反映财务关系的缺陷。

如果说，在传统的企业制度下，不讲财权的财务活动还能称之为财务的话，那么，在企业拥有充分的法人产权和财权的现代企业制度下，在“法人治理结构”比较完善的前提下，如果脱离“财权”来谈财务，就很难体现现代财务的本质特色。因此，“财权流”是现代财务的恰当表述。

4.3 财务主体确立的产权基础

4.3.1 产权独立是市场主体确立的财产基础

产权独立，是指所有或占有主体对于所有或占有的财产依法享有支配、处置、收益等排他的权利。产权独立作为市场主体确立的财产基础，之所以是最为重要的条件，在于只有在享有独立的产权，从而拥有进行市场活动的财产基础的前提下，市场活动者的自主决策权才可能落到实处，而追求最大经济利益也才会有所依凭，以形成激励和约束的内在机制。由于产权不独立而企业自主权难以落实，已由我国国有企业改革中的情况得到证实。无论是企业，家庭或是其他经济组织，要想真正成为市场主体，都必须首先具备“产权独立”这一根本条件。

4.3.2　财务主体必须以市场主体（产权主体）的确立为基本前提

财务主体必须是在满足市场主体的一般特征的条件下形成的。我们认为财务主体应具有以下几个特征：

（1）财权独立性。如同产权独立与市场主体的关系一样，没有独立的财权，就不能形成财务主体，财权的取得并独立化是一个组织能否成为财务主体的根本条件。这里所指的财权独立应包括如下内容：①产权明晰，即具有明确界定的财产范围；②独立核算权，要成为财务主体，必须首先具备会计主体的资格；③独立的财务自主决策权，并承担相应的责任。

（2）经济性。财务主体所从事的财务活动均带有经济性，而各种非经济性的实体，如各级行政机关和完全依赖国家拨款的事业单位，都不能构成财务主体，其资金收支活动实质上是国家财政资金收支活动，属财政管理的范畴。

（3）目的性。财务主体从事财务活动应有自己的目标，并根据这一目标来规划自己的行动。

依上所述，财务主体的概念可以确切地表述为：财务主体系指具有独立财权（产权），进行独立核算，拥有自身利益并努力使其最大化的经济实体。该概念表明，财务主体应是市场主体，具有独立产权（进一步理解为财权）和目的性的市场主体特征，但并非所有市场主体都是财务主体，财务主体是市场主体中的那些能够独立核算的经济实体，一般的家庭作为市场主体但不一定是财务主体。同市场主体的概念一样，财权的独立性是财务主体成立的前提条件和关键因素，我国传统的国有企业虽然都称“企业”，都称“财务主体”，但只能是会计主体，这个“企业”也不叫做“市场主体”。由此看来，要构建社会主义市场经济的市场主体，与构建真正的财务主体有着几乎相近的重要意义，其共同的关键在于产权或财权的独立。

4.3.3　财务主体与会计主体的关系

财务主体必须是会计主体，但会计主体不一定是财务主体，没有独立财权，不具备经济性的会计主体不是财务主体。也就是说，会计主体不一定具有独立财权，也不一定是经济实体（如行政、事业单位会计），而财务主体必须是具有独立财权的经济性的会计主体。我国传统的国有企业作为独立的核算单位只能称为会计主体，而不是真正的“财务主体”。此外，会计主体与财务主体在确立的目的和侧重点也有所不同，会计主体的确立在于规定一个核算的空间范围，侧重于确立一个产权明晰的界区，而财务主体的确立，主要是为了突出经济实体内在所拥有的某些权力或权能，与前者有分别侧重于产权内在和外表的分工关系。在这里，财务主体与法律主体确立的目的有类似之处，法律主体的确立主要不是为了给企业设立什么空间范围，而是指出该主体是否具有行使法律规定的某些权限的权力，有这些权力的就是法律主体，否则就不是。财务主体显然是在会计主体界定空间范围的基础之上，对该主体是否拥有独立财权和经济属性的再确定。

4.4 企业财务目标形成的产权动因

4.4.1 企业财务目标应体现与企业目标的一致性

在现代企业“法人治理结构”中，由于企业经理人员与财务会计人员处于代理关系中的“内部”层次，两者不能涉及财产权关系，其根本利益是一致的，这就决定了企业财务、会计目标与经理人员的代理目标的一致性，即企业财务目标服从企业目标。如果企业没有独立产权或财权，其企业目标和财务目标必将呈现多元性、分散性和模糊性的特征，如果企业是拥有独立产权或财权的市场主体，其企业目标或财务目标才是单一的、明确的。

4.4.2 企业财务目标应体现财产权的现状

现代企业是多边契约关系的总和：股东、债权人、经理层、雇员等等。都是企业产权主体，各方都有其自身的利益，共同参与构成公司的利益制衡机制，这是企业财务目标在确定过程中的需要。首先，考虑的产权关系的特征，如果试图通过损伤一方面利益而使另一方获利，结果必将导致矛盾冲突如职工罢工、债权人拒绝提供信贷、股东抛售所持股份等，这些都不利于企业的发展。因而应公平地对待各方，尊重各方的利益。有的学者在看到这一问题时，写道：“因为产权关系的复杂化、多元化必然决定企业财务目标绝不可能是单项的、唯一的，而应该具有多重性”。

我们认为，我们决不应该因以上原因而否定现代企业财务目标的单一性，这是因为：产权和财权独立性是我们在确立财务目标时应予考虑的又一重要因素。如前所述，由于产权的分离，企业在尚未完全取得独立的产权或财权时（如我国股份制改组初期和国有企业），企业财务主体也呈现二元化甚至多元化的特征，但一旦企业取得独立的产权和财权，财务主体便向企业这一经济实体靠近，具有一元性特征。财务目标自然也会体现这一特征，当公司法人拥有对公司的实际控制权时，其他各产权主体只拥有法律规定的所有权或财务要求权，而且这两个相区分的利益团体，行为动机与目标选择也必然不同。因此，“现代企业在选择财务目标时要考虑两个问题而不是一个，即：公司归谁所有；公司由谁控制。这是因为目标是人来制定并执行的，离开公司控制权归属的现实讲‘股东财富最大化’将有失片面而不够客观”（陈为，1995）。一个折中的办法是：既能充分反映法人产权利益的“企业价值”，又能通过“企业价值”的扩大来增进其他各产权主体利益。这是“企业价值最大化”财务目标理论能够占据主流地位的根本原因所在。

依上所述，企业财务目标体现着企业目标的意志，也反映了产权关系的现状。产权关系单一，财务目标就单一；产权关系复杂化、多样化且企业尚未得到独立的产权或财权时，财务目标与财务主体一样呈现多元化状态，这显然会导致企业财务的无所适从，不利于企业生产经营的顺利进行，随着企业在市场的主体地位的确立，企业取得了独立的产权和财权，企业财务目标必将保持一元性的本来面目。

4.5　资源配置：现代财务与产权共同的核心功能

4.5.1　现代财务在资源配置中的作用

资源配置是产权的核心功能，它以交易费用最低为基本原则，认为市场、企业和政府均有其在资源配置功能上的最优边界。从动态上看，三者的最优边界会由于某一配置方式费用变化而变化，从而社会的经济运转和资源配置过程，就是一个以交易费用最低为原则，不断重新安排权利、不断调整权利结构的过程，这就是科斯定理的精髓。为此，我们认为，现代财务同样在企业、政府和市场的资源配置中起着举足轻重的作用。

(1) 财务在企业资源配置中的地位。企业的资源配置功能表现在经济资源的取得、经济资源的结构调整、人力资源的配置、技术资源的配置等方面。财务是商品经济的产物，它属于价值化管理范畴。因而它侧重对企业经济资源进行配置，其目的就在于促使经济资源配置效率的最大化和经济资源的保值、增值。具体说来，它通过筹资结构的安排和调整以及对资本结构的调整等方面来完成。

(2) 财务在政府资源配置中的作用：①以“财务通则”为主的一系列法规制度规范着企业与市场的财务行为，以维护各市场主体财务信息的可靠性、相关性等，在一定程度上促进了市场交易费用的减少；②国有经济财务是社会资源配置的直接参与者。随着国家社会管理职能和经济管理职能的分离，国有经济财务肩负着国家给予的对国有资产进行优化配置的重要使命，具体包括对国有经济的产业结构、地区结构、贫富结构进行重组和调整。国有经济财务作为一个重要的经济杠杆（财务杠杆），与其他杠杆——税收杠杆、货币杠杆一道，共同为政府的宏观调控作出自己应尽的职责。

(3) 财务在市场资源配置中的作用：①在市场的资源配置中，财务起到了十分重要的作用。资源的优化配置流向、股市行情变化与获利能力、偿债能力等财务指标的揭示和财务报告的充分披露有着根本的联系。财务中的一个重要的指标——资金利润率，与税率、利率、汇率等一样，是市场资源配置的重要信号。其中税率、利率、汇率属宏观信号，类似于空中的信号弹，而资金利润率属微观信号，类似于十字路口的红绿灯，它直接引导社会资源配置的流向。同时，因税率、利率、汇率而产生的影响因素均构成企业净利润的扣减项目，进而影响到资金利润率的高低。在一定程度上我们可以说，资金利润率是在充分考虑到利率、税率、汇率等因素的影响之后的一个更综合的引导资源流向的指标，市场的基础作用在一定程度上是以财务信息为信号进行优化配置的；②财务在市场的产权重组中起着不可忽视的作用。产权重组是对资源进行优化配置的重要方式，企业破产是财务失败的重要标志，而各种产权转让方式所引发的资产评估、企业清算则伴随着一系列的财务活动。在一定程度上产权重组是根据企业财务状况的好坏来进行的。

由上可见，资源配置的核心目标便是效率最优化，而现代企业财务的根本目标是价值增值。现代财务与现代产权在资源配置功能上存在着天然的血缘关系，离开了资源配置来谈财务是没有意义的。

4.5.2 资源配置是现代财务的基本职能

在目前对财务职能的表述中，一般认为财务具有筹资、调节、投资、分配和监督等几大职能。我们认为，前四个职能可以统一归结为资源配置职能（伍中信，1998），即把筹资、调节、投资、分配等几大职能作为资源配置这一基本职能的具体职能看待，并把它们作为一个整体与财务监督职能并列起来作为财务的两大基本职能，两者的关系是：在资源的配置过程中进行着财务监督，在财务监督过程中行使资源配置职能，其中资源配置职能是财务的第一大基本职能。除了资源配置职能之外，筹资、调节、投资、分配等职能均不能提高到与监督并列的地位，而只能作为低一层次的职能即具体职能。

我们提出财务具有资源配置和监督两大基本职能，有利于理解财务与会计的关系。财务的核心内容侧重于资源配置，会计则着重于核算，这是两者区别于对方的两个特殊领域，而在监督和其他领域则带有共同奋斗的色彩。财务的资源配置职能的提出，也有利于理解市场经济条件下财政与财务的关系。在旧体制下，财务一直是财政的附属，为财政而服务；在新的历史条件下，财政作为国家宏观调控的重要手段占着举足轻重的地位，资源配置成为财政的重要职能之一。同时我们也已看到，财务隶属于财政也越来越不适应经济形势的需要，财务作为一种理财的思想已远远超出财政所管辖的范畴，它在市场、企业和政府的资源配置活动中起着日益重要的作用。现代财务正独立地肩负着资源配置的重担，并与财政等的资源配置职能相区分，共同为社会资源的优化配置尽职尽责。资源配置是现代财务的核心问题和重要职能，也是市场经济条件赋予财务的光荣使命。

第5章

现代财务理论体系：基于价值与权力的融合研究

传统的财务理论研究侧重于从数量方面进行研究，即以“资金—价值”研究为核心的研究体系一直围绕“数量化的价值运动”展开，而从定性方面、制度层面研究比较少。而且，着重研究人与物的关系，较少研究人与人的关系，即较多研究财务活动而不注重研究财务关系。本章以财权理论为逻辑起点，始终沿着价值与权力相结合的思路来研究财务本质、财务主体、财务目标、财务职能等基本理论问题，从而打造了一个价值与权力相融合的全新的现代财务理论体系。

5.1 基本缘起

财务是指企业生产经营过程中资金的投入与收益活动及其所形成的特定的经济利益关系（郭复初，1997）。财务的这一概念特征决定了财务学的研究应从财务的二重性——经济属性（资金运动）与社会属性（产权契约关系）相结合来进行考察。传统财务理论仅从数量层面来对财务的经济属性进行分析，从总体上属于价值管理理论的范畴。传统财务理论的上述缺陷导致了现代财务理论研究的兴起。

传统财务理论的研究框架和思路基本上遵循的是新古典经济学的研究范式。新古典企业理论把企业作为一个追求利润最大化和成本最小化的整体，将制度和结构假定为既定，而探究实现资源最优配置的条件。由于传统财务理论重视对企业技术特征的研究，我们不妨将这一研究方式称之为技术分析模式。新古典经济学在分析问题时总是把经济制度看作是一既定的前提，认为市场是无摩擦的，具备完全信息，无逆向选择与道德风险等问题存在。由于新古典经济学上述暗含假设的严重缺陷和错误，因此构建于新古典企业理论基础之上的传统财务理论在理论与实践上均存在先天的缺陷，反映在传统财务理论体系上主要有如下方面：（1）构建于古典企业理论基础之上的传统财务理论忽视了对现代企业产权契约关系特征的研究，理论与现实相背离；（2）由于认同了既有的制度，没有把制度纳入财务行为的解释框架；（3）以经济人假设为理论前提，必然形成对财务经济性效率和经济性规则的过分关注以及对财务的社会属性的轻视，使得在财务学领域，至今仍看不到“社会人”的影子（李心合，2002）。这也就是当今资本市场中财务舞弊行为日益蔓延的思想根源；（4）与当今新制度主义经济学的研究成果相脱节。

解决传统财务理论的上述缺陷，需要实现财务理论研究模式与思路的重大转变。财务理论研究的这一转变过程需要理论经济学的支撑。兴起于 20 世纪 60—70 年代的新制度经济学是在对新古典经济学的批判中发展起来的。新制度经济学将注意力集中于制度和结构本身，探寻资源配置的制度结构，强调制度在经济学中的重要作用，孕育出一个令人耳目一新的制度分析模式和研究框架。本章便是从传统与现代相结合、技术分析与制度分析相结合、价值与权力相结合的角度，对财务基本理论问题作出一一剖析，从而打造出一个以价值与权力相融合的全新的现代财务理论体系。

5.2　财权的内涵：财力 + （相应的）权力

随着产权经济学的蓬勃发展，一种反映与现代产权思想相适应的财务观念也在日益成熟。“法人财产权的核心是企业的财权，产权主体的实质是财务主体，企业经营者首先是一个财务管理者”（汤谷良，1997）。财权的提出引起了人们关于财权含义及内容的讨论。我们认为财权表现为某一主体对财力所拥有的支配权。随着企业产权主体地位的确立，企业也相应取得了自己独立的财权，企业有权在法人产权的范围内独立行使投资权和收益（分配）权等各项权能。可以说，独立财权的确立，是现代企业财务区别于传统财务的根本标志，是企业是否真正开展财务活动的标志，也是财务区别于会计的重要“砝码”。

5.3 财务研究逻辑起点：财权起点论的提出

我们曾经提出，从价值和数量层面而言，本金是现代财务研究的逻辑起点，分析现代财务，要从分析本金及其运动规律开始（伍中信，1997）。本金运动的规律及其体现的经济关系已渗透到与财务相关的各个领域和一切方面。“本金”是财务理论的基本细胞。以本金为基本细胞并从此开始研究，有利于从小到大、层层展开，从而构成完整的财务理论体系。同时，本金作为财务基本理论和运用理论的共同细胞使其能较为合理地成为两者研究的共同起点，在财务本质作为基础理论起点和财务管理目标作为运用理论起点之上，成功地找到了一个连接点和支撑点，因此，本金及其运动规律是现代财务研究的起点。

我们进一步认为，“本金”便是“财权”中的“财力”，而其运动的主要规律便是本金必须要与支配该财力的权力相伴随。为此，分析现代财务，更确切地说应是从分析“财权”开始。可以看出，财权已完全蕴含了本金及其运动规律这两方面的意思。这样，我们也就可以用财权作为现代财务研究的逻辑起点。

需要指出的是，财权起点论与本金起点论这两者并不是矛盾的，提出财权起点论不是用来否定本金起点论。因为我们并不认为本金起点论就属于纯价值起点论。本金起点论的核心是本金及其运动规律，在其运动规律中已经隐含了权力，因而，本金起点论同样兼顾了价值与权力两个方面。我们用财权作为研究的逻辑起点只是认为其比本金起点论更确切而已。财权与产权是两个相近的经济学范畴，在两者交叉的领域里，财权构成了产权中最核心的权能。如果说产权是现代企业理论的核心概念和研究逻辑起点的话，那么财权便是现代财务理论的核心概念和研究逻辑起点，并在现代财务理论体系中起着基础性的作用，是整个现代财务理论体系的主线，并统领整个现代财务理论体系。一方面，它同现代财务理论体系的各组成部分有着强烈的相关性，能够使对各个局部的研究相互协调，具有高度的内在逻辑性；另一方面，我们可以通过把握它从而把握整个现代财务理论与运作体系。在传统财务理论向现代财务理论这一演进过程中，财权范畴的提出起到了关键作用，财权理应成为我们对财务研究的逻辑起点。

5.4 “财权流”本质论：一种价值与权力融合观

在我国财务理论研究发展过程中，主要经历了货币收支活动论、货币关系论、资金运动论、收益分配论和本金运动论等几种观点。纵观这些财务理论观点，我们可以归纳出几种不同的财务核心概念，即货币、资金和本金。从该三个核心概念来看，资金相对于货币、本金相对于资金有其一定的合理性，从货币概念扩展到资金概念，符合我国财务活动的实践，有利于在企业组织全面的财务管理；从资金到本金，有助于区别财务资金与财政、保险、保障等资金。但无论是货币、资金还是本金，这三个概念都有一个共同点，即都是“物的价值表现”，都是从数量方面说明财务的本质。

为此，我们认为，如果说“价值”是从财务活动的现象中或从“物资流”中抽象出来的带本质的东西的话，那么，在现代企业制度下，某种支配这一价值的“权力”则是隐藏在“价值”背后的更为抽象、更为实在的带支配能力的本质力量，而且这一“权力”与该“价值”，“价值”与相应的“实物”都是附于一体的，只是前者比后者更抽象、更接近事物的内在本质。在此基础上，我们提出了一种价值与权力相融合的财务本质论：财权流。

“财权流”的本质表述是在吸取了“本金论”“资金运动论”等“价值流”的优点并考虑到现代企业制度的产权思想下得出来的。用“财权流”作为现代财务的本质表述，一方面可用“财力”的流动来替代“本金”“资金”等“价值流”，发挥它们在本质理论上的优势，而且随着商业信用的发展，企业“应收”“应付”项目已十分普遍，这些项目与其说是资金或本金，不如说是一种“权力”或“财力”，这样，用“财权流”来表述或许更加贴近现实。另一方面，可通过“权力”的流动来体现一种在现代企业制度这一特殊历史条件下的“生产关系”。也就是说，与财力相伴随的“权力”的流动过程，实质上就是处理权力双方“财务关系”的过程，这在一定程度上弥补了“资金运动论”及“本金投入与收益论”在字面上不能反映财务关系的缺陷。因此，财权流表现为“财流”和“权流”两个方面。

总之，“财权流本质论”既充分体现了“本金本质论”的优势，又反映了“本金本质论”在新的历史条件下的特殊性，注重了“价值”与“权力”的高度融合。如果说，在传统的企业制度下，不讲财权的财务活动还能称之为财务的话，那么，在企业拥有充分的法人产权和财权的现代企业制度下，在“法人治理结构”比较完善的前提下，脱离“财权”来谈财务，就很难体现现代财务的本质特色。因此，“财权流”是现代财务本质的恰当表述（伍中信，1998）。

5.5 财务主体理论的“价值与权力”特征

前文已述，财权是现代财务研究的逻辑起点，对于财务主体基本内涵和特征的分析自然也应该从价值与权力即“财力”和“权力”这两方面来考虑。从“财力”方面考虑，财务本质要求财务主体追求自身财力的最大化，即财务主体必须具有经济性及目的性；从“权力”方面考虑，财务本质要求财务主体必须拥有独立的对财力的支配权，即财务主体必须拥有独立的财权。归纳起来，财务主体具有以下几个特征：（1）财权独立性。财权的独立性是财务主体的首要条件和关键因素。没有独立的财权，就不能形成财务主体，财权的取得并独立化是一个组织能否成为财务主体的根本条件。没有财权的财务，不能称为真正的财务，也就不可能形成财务主体；（2）经济性。财务主体所从事的财务活动均带有经济性，正是财务活动的价值性决定了财务主体的经济性。至于各种非经济性的实体，如各级行政机关和完全依赖国家拨款的事业单位，都不能构成财务主体，其资金收支活动实质上是国家财政资金收支活动，属财政管理的范畴；（3）目的性。财务主体从事财务活动应有自己的目标，并根据这一目标来规划自己的行动。

因此，财务主体是指具有独立财权（产权），进行独立核算，拥有自身利益并努力使之最大化的经济实体。

5.6 企业价值与相关者利益：企业财务目标的价值与权力方面

财务目标之所以重要，因为它是财务决策的准绳、财务行为的依据、理财绩效的考核标准。在西方财务理论发展过程中，出现过众多的财务目标理论。这些观点主要有：“利润最大化”“净收益最大化”“资本成本最小化”“每股收益最大化”“股票市价最大化”“股东财富最大化”以及“企业价值最大化”等，这些财务目标基本上反映了西方企业的市场环境的要求，体现了不同时期产权主体利益的不同偏好。在这些观点中，占主流地位的是“股东财富最大化”和“企业价值最大化”这两大财务目标。

“企业价值最大化”的诞生在于产权交易的发展，企业管理者越来越将企业视为一种“商品”，无论是产权交易还是日常财务管理，都要求站在“企业价值最大化”的高度。而“股东财富最大化”相对于“企业价值最大化”而言，越来越凸显出两者的矛盾。在产权交易阶段，股东侵犯其他利益主体的行为时有发生，“股东财富最大化”与“企业价值最大化”一致性的前提条件遭到破坏。同时，各产权主体的利益要求得到平等保护则不容置疑，企业价值最大化恰恰迎合了这种思想。

目前，随着“经营者所有者化”与“所有者经营者化”的情况日趋盛行，“股东财富最大化”与“企业价值最大化”正有走向融合的趋势。考虑到“股东财富最大化”在适应性、可控制性以及不能综合反映不同主体利益等方面的缺陷，而且为了保持与财务主体理论（企业财务主体即是企业，而且具有一元性）在理论上的一致性和连贯性，我们认为，“股东财富最大化”让位于“企业价值最大化”将成为企业财务目标的必然选择（伍中信和贺正强，2003）。

随着人们产权观念的进一步强化，企业经营者与所有者的日益融合，以及人力资本的作用日益凸显，企业这个契约集合体的发展越来越受到利益相关者的制约，从而在理论界出现了利益相关者学派，并在财务目标方面提出了“相关者利益最大化”目标。我们认为企业价值最大化与相关者利益最大化的实质是一致的，它们是从价值与权力两个不同侧面对财务目标的准确表述。

企业价值是由各个生产要素的价值及其有机组合决定的，是各利益相关者的价值集合。而且，企业价值最大化是合作博弈的结果，并没有偏向某一个利益相关者。因此，追求企业价值最大化自然就等于追求各利益相关者在均衡状态下的利益最大化。从问题的另一方面说，正是利益相关者的共同参与，构成了企业的利益均衡机制。综上而知，企业价值最大化实现了各相关者利益最大化，各利益相关者价值最大化保证了企业价值最大化，其实两者是一致的，只是从不同的角度看同一个目标。

进一步分析我们发现，“企业价值最大化”和“相关者利益最大化”正是分别从价值和权力两个角度对企业财务目标的正确表述。正如财力流与权力流不是财务的两个本质，而只是一个本质的两个方面，从财力流方面出发的企业价值最大化与从权力流方面出发的相关者利益最大化也不是两个财务目标，而只是一个财务目标的两个方面。然而，这并不是说企业价值最大化就只看重价值，而忽略财务关系；相关者利益最大化就只看重财务关系，而忽略价值。其实，企业价值最大化正是在处理好财务关系的基础上注重企业价值的，而相关者利益最大化虽是从财务关系角度来考虑的，然而它已经蕴含了价值。显然，两者的不同仅仅是从不同的角度来看待同一个问题而已，其实质是相同的。

5.7 资源配置与财权配置：现代财务的基本职能

我国以往对于财务职能的不同认识，主要是对财务本质的认识不一致所造成。财务本质不同的观点在不同程度上反映了财务的某种特性。在传统计划经济体制下，将财务解释为“分配关系”，其财务职能归纳为分配职能和监督职能。改革开放后，有些学者提出将财务本质理解为某种经济关系或某种资金运动，因而出现了如下对财务职能的理解：“组织资源”职能、“参与经济决策”职能；组织职能、调节职能、监督职能三职能论；财务计划、财务组织、财务指挥、财务协调、财务控制五职能论；筹集资金职能、垫支资金职能、增值价值职能、实现价值职能、分配价值职能、财务监督职能六职能论等等。这些观点虽然比较全面，但着重与财务活动的内容和环节相联系，很少从财务本质这个角度来分析。随后，郭复初教授认为财务本质是本金的投入与收益活动及其所形成的特定经济关系。并在此基础上提出了四职能的观点，即认为财务具有筹资职能、调节职能、分配职能、监督职能，该观点认为从本金的投入看，财务具有筹资职能与调节职能（通过本金投入方向、规模与结构调节生产经营活动的方向、规模与结构）；从本金收益看，财务具有分配职能；从本金投入与收益的最佳统一看，财务具有监督职能。然而这终究是一种价值运动论，由此得来的财务四职能也是侧重于价值运动过程的。

基于前面的分析，我们认为对财务职能的界定，同样应从“财力流”和“权力流”两个方面进行，我们将其概括为资源配置职能和财权配置职能。企业的资源配置功能表现在经济资源的取得、经济资源的结构调整、人力资源和技术资源的配置等方面。而现代财务属于价值化管理范畴，侧重对企业经济资源的配置。因此，本章所指的资源配置是指财务资源的配置，是从价值方面考虑的，而财权配置则着重的是价值运动中权力的配置。这里需要指出的是，为了更好地理解财务职能，本章将财务职能分为基本职能和具体职能，而资源配置与财权配置都属于财务的基本职能。对于如何界定财务的基本职能，我们认为：其一，财务的基本职能是由财务本质决定的财务的最基本的功能，对财务职能的研究必须先从财务基本职能开始，只有这样才不会本末倒置，出现以往从财务管理内容、财务管理环节来研究财务职能的情况；其二，财务基本职能决定财务具体职能，财务具体职能体现财务的基本职能。其中，财务具体职能包括筹资、投资、调节、分配和监督等职能。我们完全可以把筹资、投资、调节、分配四大职能作为资源配置这一基本职能的具体职能看待。同时，我们也认为这些具体职能同样体现着财权配置这一基本职能。筹资活动是财权的流入配置过程，投资活动是对财权的流出配置过程，财务调节是对财权流出配置后的重组，而收益分配则是对以上财权运用的结果进行配置。另外，财务监督的核心是财务监督权的安排。这样，筹资、投资、分配、调节、监督等具体职能无不体现着企业财权的配置，因此，我们同样可以把财权配置作为企业财务的基本职能。

值得指出的是，我们曾经把资源配置和财务监督作为财务的两大基本职能，并认为两者的关系是：在资源配置中进行着财务监督，在财务监督中进行着资源配置。我们认为，财务监督是对资源配置过程的广泛性监督，财务监督权是财权的重要组成部分，也是财权配置的重要组成部分。后来我们通过研究进一步发现，在对筹资、投资、调节和分配等财务资源配置中，还存在一种除监督权之外的不同财权配置（如上所述），因而我们把财务监督权纳入财权配置这一更大的、更确切的范畴中，并进而与资源配置相并列，而且更符合我们价值与权力融合研究的特色，也更符合“财权流”的思想。

当然，我们将资源配置与财权配置作为财务的基本职能，并不是认为两者是截然不同的两个职能。正如财务本质中的财力流与权力流是附于一体的，是一个财务本质的两个方面一样，基于财力流的资源配置与基于权力流的财权配置也是同一客观过程的两个方面，是不可分割的。两者的关系是：在资源配置的同时进行着财权配置，在财权有效配置的同时实现资源配置的优化。

财务资源配置与财权配置职能的提出，将现代财务分为财务管理和财务治理两大既相联系又相区别的领域，有利于构建两大平行的财务管理和财务治理理论与运作体系，从而为完善现代财务体系提供了良好的思路。

第6章

建立以“财权”为基础的财务理论与运作体系

随着现代企业制度的产生和发展，一种与人们切身利益密切相关的产权思想逐渐深入人心。与此相适应，现代企业财务中的产权观念也在日益成熟，产权观念已渗透到财务与实践的各个方面、各个环节中。在企业财务中，产权更多地表现为财权，侧重于对企业财力资源的配置。为此，本章试以“财权”为基础对现代财务的一些基本理论问题作一论证和解剖，以期建立一套有机的现代财务理论与运作体系。

6.1 财权：现代财务的核心概念

6.1.1 产权与财权

产权即财产权（Property Rights），包括以所有权为主的物权、债权和知识产权等，其内涵可分为资本权、占有权、收益权和处置权等。巴泽尔（1989）在《产权的经济分析》中认为：“人们对不同财产的各种产权包括财产的使用权、收益权和转让权”。从这里可以看出，产权不仅仅是一个财产归属问题，而且是一个经济运用问题，因而可以将产权分为原始产权（或终极所有权）和法人产权（或法人所有权）。

财权表现为某一主体对财力所拥有的支配权，包括收益权、投资权、筹资权、财务预决策权等权能。这一支配权显然起初源于原始产权主体，与原始产权主体的权能相依附、相伴随。而随着产权的分离，财权的部分权能也随着原始产权主体与法人产权主体的分离而让渡和分离。这样，原始产权主体在拥有剩余索取权的同时，也拥有收益权这一财权（当然是产权的权能）。法人产权主体在拥有占有权、使用权、处置权等产权权能的同时，也拥有了与此相联系的收益权、投资权等财权（当然也是产权权能）。这样，对独资企业而言，由于产权没有分离，企业在拥有完整的产权的同时，也拥有全部的财权。而对于产权分离的现代公司而言，财权随着产权的分解而分解，公司只拥有部分财权。在严格的法人治理结构下，法人产权主体所拥有的产权权能具有独立性，公司的财权在其拥有的范围内也具有相应的独立性。公司是否拥有独立自主的法人财产权与公司是否能独立理财在含义上是协同的。由此，理想的财权在独资企业是独立的，在公司制企业也应是相对独立的，同产权一样，财权同样应具有可分性、可明晰和独立性等特征，否则便成了与产权关系模糊相伴随的模糊的财权关系，或称模糊的财务关系。

6.1.2　财权与产权的关系

作为财产权的产权，它从两个方面对财产，即实物形态的财产和价值形态的财产实施管理，如占有权、使用权、处置权等基本上是对实物形态的财产实施的产权管理。我国目前国有资产管理体系所实施的职能基本上处于这种状态。而财权则侧重于对财力的配置，即从价值形态上对资金（本金）进行配置或支配。也就是说，在财权归于产权的内容中，主管价值形态的权能，并构成法人财产权的核心内容，如收益权以及收益分配权、筹资决策权、投资决策权、资金使用权、成本费用开支权、定价权等。在这里，收益权是产权权能的核心，其他权能如占有、支配、处置的目的都是为了取得收益；没有资金的支配权，就谈不上物资的采购权；企业不能享有工资费用分配权，就很难实际享有劳动用工权；企业投资决策权不到位，企业就无力对投资者承担资产保值增值责任；获得了投资决策权，企业才完整地获得对法人财产的自主支配权。

由于财务管理与产权管理在职能、目标等方面的区别，财产权有着自己区别于产权的其他内容，如财务预测、财务分析的权能等。当然，产权也有许多与财权不完全相干的独立权能，如前面所说的资产使用权等。总之，财权与产权是两个相近的经济学范畴，在两者交叉的领域里，财权构成了产权中最核心的权能。

财权作为现代企业财务的核心概念在财务理论中起着基础性的作用，是整个财务理论体系的主线，并成为财务基础理论及运用理论的共同起点，统领着整个财务理论体系。一方面，它同财务理论体系的各组成部分有着强烈的相关性，能够使对各个局部的研究相互协调，具有高度的内在逻辑性；另一方面，我们可以通过把握它从而把握整个财务理论与运作体系。

6.2 以“财权”为基础的财务基本理论体系

现代财务基本理论体系主要包括：财务本质理论、财务主体理论、财务目标理论和财务职能理论等。“财权”作为其中的一根主线，贯穿于理论体系的全过程，形成一个逻辑严密的整体。

6.2.1 财务本质理论的“财权”意义

随着现代企业制度的产生和发展，一种反映与现代企业产权思想相适应的财务观念也在日益成熟。“从西方财务的研究内容来看，在对融资政策、财务结构、投资规划、利润分配、公司改组等一系列财务基本问题的分析阐述中，始终渗透着‘权力’问题，完全可以说是‘价值’与‘权力’的综合考察，如果单纯从‘价值’来论述财务问题，会将其引入‘歧途’”(汤谷良，1994)。而且，“单纯以‘权利’论‘权利’，或者单纯以‘价值’论‘价值’，也不利于发展财务理论，服务财务实践。财务管理不是简单的对资金运动的管理，而是借助于资金运动的管理实现产权管理，是‘价值’与‘权利’的结合”(汤谷良，1994)。从这个意义上说，不管是“资金运动”还是“本金投入与收益分配”都只是一种价值的运动。如果说，“价值”是从财务活动的现象中或从“物资流”中抽象出来的带本质的东西的话，那么，在现代企业制度下，某种支配这一价值的“权力”则是隐藏在“价值”背后的更为抽象、更为实在的带支配能力的本质力量，而且这一“权力”与该“价值”，“价值”与相应的“实物”都是附于一体的，只是前者比后者更抽象、更接近事物的内在本质。为此，我们把现代企业财务的本质简要表述为：财权流。在现代企业拥有充分的法人产权和财权的条件下，以“财权”来谈财务，就能更好地体现现代财务的本质特色。

6.2.2　财务主体确立的“财权”基础

如同产权独立与市场主体的关系一样，没有独立的财权，就不能形成财务主体，财权的取得并独立化是一个组织能否成为财务主体的根本条件。没有财权的财务不能称为真正的财务，也就不可能形成财务主体。这里所指的财权独立应包括如下内容：①产权明晰，即具有明确界定的财产范围；②独立核算权，要成为财务主体，必须首先具备会计主体的资格；③独立的财务自主决策权，并承担相应的责任。

同市场主体的概念一样，财权的独立性是财务主体成立的首先条件和关键因素，我国传统的国有企业虽然都称“企业”，都称“财务主体”，但只能是会计主体，这个“企业”也不是“市场主体”，由此看来，要构建社会主义市场经济的市场主体，与构建真正的财务主体有着相近的重要意义，其共同的关键在于产权或财权的独立。

6.2.3　财务目标形成的“财权”动因

现代企业是多边契约关系的总和：股东、债权人、经理层、雇员等等。都是企业产权主体，各方都有其自身的利益，共同参与构成公司的利益制衡机制，这是企业财务目标在确定过程中的需要。首先，考虑的产权关系的特征，如果试图通过损伤一方利益而使另一方获利，必将导致矛盾冲突，如职工罢工、债权人拒绝提供信贷、股东抛售所持股份等，这些都不利于企业的发展。因而应公平地对待各方，尊重各方的利益。在“两权分离”的条件下，公司法人拥有对公司的实际控制权，其他各产权主体只拥有法律规定的所有权或财务要求权，而且这两个相区分的利益团体，行为动机与目标选择也必然不同。前文提到一个折中的办法是：既能充分反映法人产权利益的“企业价值”，又能通过“企业价值”的扩大来增进其他各产权主体利益。这是“企业价值最大化”财务目标理论能够占据主流地位的根本原因所在。

6.2.4　财务职能研究中的“财权”思想

在目前对财务职能的表述中，一般认为财务具有筹资、调节、投资、分配和监督等几大职能。我们认为，前四个职能可以统一归结为资源配置职能。企业的资源配置功能表现在经济资源的取得、经济资源的结构调整、人力资源和技术资源的配置等方面。现代财务属于价值化管理范畴，因而它侧重对企业经济资源进行配置，其目的就在于促使经济资源配置效率的最大化和经济资源的保值、增值。具体来说，它是通过筹资结构的安排和调整及资产结构的调整来完成。筹资结构是指企业资金的构成情况，主要包括债务资金和权益资金。债务资金属于债权人的债权，权益资金属于出资人的所有权，企业筹资结构的安排实际上就是企业的产权安排，反映了企业法人财产权、债权人债权、出资人所有权三者之间相互制衡的关系。所以，调整筹资结构就相当于改变了这三权的分布。资产结构反映企业的投资分布，对外投资于债券则形成企业法人债权，投资于股票则形成企业法人所有权。企业资产结构的安排也就是企业法人财产权、法人债权、法人所有权之间的产权安排。通过调整资产结构同样可改变这三权的分布。对筹资结构和资产结构的重新调整可看作一种产权重组，而产权重组又是对资源进行配置的重要方式。所以，财务实际上是通过调整产权的分布来实现对资源的优化配置。

6.3 财务运作是对“财权”的运作

财务运作是对企业资产所进行的价值化管理或资本化管理，通过资本优化配置与流动，进行有效运营，以实现资本最大限度的增值，所以，财务运作实际上是一种资本经营，其实质就是企业财务功能在资本市场条件下的具体表现。前文已提到，现代财务的基本职能是资源配置，而资源配置又可以分解为筹资功能、投资功能、调节功能和分配功能。前三个功能体现到资本市场的财务经济理论便是现代资本结构理论、资产组合理论和资产重组理论。这三者互相联系，但又有着自己独特的内涵和运作方式，三者共同构成资本经营或财务经营的组成部分，如图 6－1 所示。

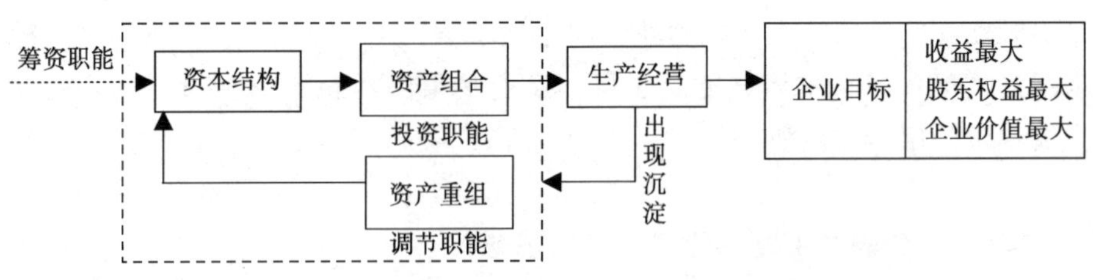

图 6－1　资本经营关系图

从资本结构、资产组合与资产重组各自的内涵来看，资本结构是通过在资本市场上筹资而形成的，反映了企业资金的来源构成：债权资本和权益资本的比例关系。债权资本属于债权人债权，权益资本属于出资人所有权，这两种产权共同流入企业形成企业法人财产权的基础。资产组合是企业利用法人财产权对内、对外投资的结果，其中对内投资形成实物资产组合，对外投资分为两种，一种是投资于债券形成法人债权，一种投资于股票形成法人所有权，构成金融资产组合。资产重组是指通过不同法人主体的法人财产权、出资人所有权及债权人债权进行符合资本最大增值目的相互调整与改变，对实业资本、金融资本、产权资本和无形资本的重新组合。

可见，现代财务的运作处处体现着一种财权与产权的运动。资本结构、资产组合和资产重组中均包含有产权的流动，资本结构反映产权的流入，资产组合体现了产权的流出，而资产重组则是对流入和流出的产权进行重新调节，是各种产权的调整。而财务分配是一种财力资源的分配，它体现着产权所有者在企业经济利益中所占有的份额。

6.4 我国财务运作的特殊领域体现着特有的财权运动规律

6.4.1 债转股的财权运作机制

债转股是指将银行对企业的债权转化为资产管理公司（AMC）对企业的股权。其终极目标是实现资本的充分流动，增加资本整体回报率，所以，债转股实质上是一种在特定环境下的资本运作或财务运作。其运作机理为：①AMC 购买商业银行的不良债权，形成新的债权债务关系；②AMC 与企业实施债转股，形成新的股权关系；③AMC 对债转股企业实施资产重组，以备出售；④AMC 通过兼并、合并、股份回购等方式收回投资。上述四个环节环环相扣，与此同时，资本结构的优化、资产重组的调节、资产组合的调整三个方面也同时展开。将债权转化为股权，降低企业的资产负债率，优化企业资本结构；通过资产重组，剥离非经营性资产，剥离企业办社会的那些不应由企业负担的部分，变不良资产为优质资产；新的资产组合在资产重组过程中也得以形成。在这三个方面中，关键在于资产重组，因为 AMC 的性质是对债转股企业实行阶段性持股，最终要让股权变现，收回资金，保全国有资产，并使其增值，而重组和转制是 AMC 股权退出并增值的重要保障，只有通过重组才能提高企业的成长性、营利性和投资价值，企业才能被社会所认可。另外，资产重组在这三者中起着核心作用，通过资产重组，企业盈利增加，充实企业自有资本，从而改善资本结构，利用新的内源资金也有利于形成新的良性的资产组合。所以，资产重组是整个债转股财务运作中的关键，在债转股的运作体系中，无论是债权与股权的转换，还是股权的阶段性控制与退出，均留下了财权流动的痕迹。

6.4.2 国有股减持中的财权流动

长期以来，我国国有企业存在着投资主体错位的问题，真正有能力、有资格当股东的投资者成了债权人，而没有能力当股东的国家却是最大甚至是唯一的股东。减持国有股的根本目的就是在国有企业股权中让出一部分股权甚至大部分股权给社会公众，使企业国有股比重降低到让有能力、有积极性控制企业的股东能够较好地控制企业的地步，国家无须操心便可获取“搭便车”所带来的资本收益。不仅如此，国有股由不同所有制的法人来经营后，有利于形成多元产权模式，改善企业法人治理结构和微观运行机制，保证国有资本的安全与效率。

国有股减持从财务的角度看，实质上是对财权结构的调整。即把一部分原由国家控制的财权退出来，让给有积极性、有能力控制企业的股东。它非常有利于企业财权的独立和财务目标的实现。因为在国有股占绝对控股的情况下，由于国家拥有“一票否决权”，企业难以摆脱国家以资本所有者的身份对企业实施的行政干预，企业的市场主体和产权主体地位依然难以确立。在财权不能独立的情况下，企业就难以按照自己的意图行使财务职能，更不用谈财务目标的实现了。

6.4.3 经理股票期权财务分配模式的财权运作机制

在我国传统的国有企业，剩余索取权归国家这一抽象主体，任何人都不可能合法地处置它，企业管理人员及其他人员在剩余索取权中处于空白地位。这既不利于调动企业经理人员的积极性，不利于企业制度的建立，也有悖于以知识和人力资本为基础的知识经济的客观要求。为此，在国有股减持过程中，或者在企业财权的分配过程中，要充分注重企业人力资本所有者权益的保护，应当给予人力资本所有者一部分剩余索取权。经理股票期权实质上是对财务分配权的重新分割和瓜分，它有利于建立开放式的股权结构，改变剩余索取权的单一归属，从而有利于建立激励相容的财务分配制度。

综上所述，结合我国财务管理研究和实践的现状，我们认为，现代财务管理主要包括三大部分内容：①以资金运动为主线的“资金管理”；②以全面预算体系为主线的“预算管理”；③以财权运动为基础的财权运作体系。它们都服务于企业财务目标，均是现代企业需要面对的重点和难题。其中，“预算管理”是企业内部财务管理的重要内容，“资金管理”兼有企业内外资金流动管理的重任，而财权运动和财权运作则是资金运动背后更内在、更现实的东西，它能够解释和解决资金运动所不能解释或解决的问题，如资产重组、债转股、国有股减持、经理股票期权等一系列新出现的财务问题，而财权在其中却有着不可替代的解释力和渗透力。财权在财务资源配置的作用方面、在产生经济效益方面正起着其他财务管理方式不可替代的作用，在现代财务运作中处于基础性地位。

第7章

财权起点论：财务研究逻辑起点的现实选择

从价值和数量层面而言，本金是现代财务研究的逻辑起点，分析现代财务，要从分析本金及其运动规律开始（伍中信，1997）。我们进一步认为，“本金”便是“财权”中的“财力”，而其运动规律便是本金必须要与支配该财力的权力相伴随，为此，分析现代财务，更确切地说应是从分析“财权”开始。

7.1 本金：财务资金的代名词

按照资金的性质和用途的分类方法，我们可以把资金分为本金和基金两类，其中，“本金是各类经济组织为进行生产经营活动而垫支的资金”（郭复初，1993）。从国民经济范围看，本金主要包括财务资金和银行信贷资金，它具有周转性和增值性等基本特征，基金是指国家行政组织与各类事业单位为实现其职能而筹集与运用的专项资金。从国民经济范围看，基金主要包括财政资金、保险资金、社会保障资金等。其基本是为某种专门用途而支出，它要被消耗掉，因而具有一次收支性与无偿性等基本特征。从定义上我们还可以看出，本金的占用主体是各类经济组织，而基金的占用主体则为各种社会经济管理组织；本金的经济用途是为生产经营活动而垫支，基金的经济用途则是为国家实现政治和行政管理职能服务。本金与基金分开，正适应了我国经济改革中国家生产资料所有者职能与社会经济管理职能分开的需要，因此，这种区分不仅有理论意义，也有实践意义。

在本金所包含的财务资金和银行信贷资金中，由于信贷资金本身在运动过程中不具备增值性特征，所以可以把本金作为财务资金的代名词，财务活动将围绕本金运动而展开，“本金”应成为财务学在价值形态上的核心概念。

7.2　构成财务研究逻辑起点的标准

（1）逻辑起点必须是财务理论体系的基本组成要素之一。也就是说作为逻辑起点不能置身于财务理论体系之外，而应当是财务理论体系的有机组成部分。财务理论研究的逻辑起点应当是一个独立的财务范畴，有着自己丰富的内涵，它和财务理论体系应当是直接的、紧密的从属关系。

（2）逻辑起点必须是整个财务理论体系最基本的出发点。它直接表明财务理论研究从何处着手。它是逻辑推演的出发点，整个财务理论体系应该由此开始，层层递进、展开，从而得以构建财务理论体系大厦。

（3）逻辑起点必须是整个财务理论体系的主线，并尽可能成为财务基础理论与应用理论的共同起点，它能够起到统领整个财务理论体系的作用。一方面，它同财务理论体系的各组成部分有着强烈的相关性，能够使对各个局部的研究相互协调，具有高度的内在逻辑性；另一方面，我们可以通过把握逻辑起点从而把握整个财务理论体系。

7.3　对现有财务逻辑起点理论的评价

（1）环境起点论。这种观点主要是在对财务管理理论历史发展的考察中形成的。财务环境是指财务管理以外的对财务管理系统有影响作用的一切因素的总和，它包括国家的政治经济形势、国家法规制度的完善程度、企业所面临的市场状况、企业的生产条件等。该观点的要点在于，根据环境的需要确定出当时财务管理的目标，从而确定出这一历史发展阶段的财务理论体系。比如有的学者认为：“西方现代财务理论和方法是以企业为中心，随着企业生产经营条件的变化，先后经历了筹资财务管理（为实现筹集数量最大）、内部控制财务管理（为实现利润最大化）和投资财务管理（为实现公司财富最大化）等几个阶段”（张传明等，1994）。用这种方法考察财务理论的历史发展，有利于正确划分财务发展的历史阶段，但由此而把环境作为财务理论研究的逻辑起点确实不宜。原因在于：第一，财务管理的环境只能是财务理论发展的外因，即只是构建财务理论体系需要考虑的一个影响因素，而不能成为财务理论的基本概念和主线；第二，财务管理环境的范围具有极度的不确定性，如以此为起点，极难建立成型的财务理论体系。

（2）假设起点论。这种观点是近年来人们在借鉴会计理论的研究方法时形成的。它认为“任何一门独立学科的研究和发展，都是以假设为逻辑起点的，然而在财务学的研究中，却忽视了这一点。”“假设对任何学科都是非常重要的，因此它为本学科的理论和实务提供了出发点或奠定了基础”（陆建桥，1995）。这一观点还借鉴会计假设的研究提出了一系列的财务假设作为财务理论研究的逻辑起点。这种观点重视财务假设理论的研究，区别财务假设与会计假设，有利于进一步澄清财务和会计的关系。但是，就会计理论本身而言，“进入 20 世纪 70 年代以后，以会计目标为起点构建理论结构的思路却逐渐深入人心并占据了西方会计学界的主导地位”（赵德武，1995）。同时我们还应该看到财务理论作为应用经济学，重在人们通过发挥主观能动作用去实现财务管理的目标，不是简单的技术操作，也不是纯粹的经济学理论证明。通过人为的舍弃而确定财务假设，并以此来构建的财务管理理论体系限制了财务管理运用时的复杂性和多变性，限制了人们主观能动作用的发挥。

（3）产权结构起点论。这种观点是近年来人们在研究产权问题时产生的，认为“产权作为一切经济制度的基石，对企业的经济行为起约束作用，财务管理作为一项经济管理活动必然受到产权结构的制约。不同的产权结构形成不同的财务管理模式，可以说，产权结构决定了企业的财务管理，因此，研究财务管理应从产权结构着手”（王仲兵，1994）。这一观点着力考察产权结构与财务理论的关系，从财务的角度进一步认识产权结构，突出产权结构更重要的是体现各利益主体的权益分配关系。强调产权结构深刻地影响着财务理论的形成，这有利于正确处理财务关系。但是，应该看到，产权结构是财务制度安排的结果，财务关系能够更好地反映产权结构，产权结构的调整也可以通过财务关系的调整得以实现。首先，以产权结构为研究起点否认了可以通过实施财务管理活动而调整产权结构，也否认了人们对财务关系能动的改造作用。其次，强调产权结构为起点又可能使人们重新陷入重财务关系处理轻财务活动组织的局面。最后，产权结构本身并不是一个财务范畴，产权经济学自有其独立的理论体系。

（4）财务目标起点论。这是目前比较流行的一种观点，是在大量借鉴和吸收现代西方财务理论过程中形成的，认为“任何管理都是有目的的行为，财务管理也不例外，只有确定合理的目标，才能实现高效的管理。适应市场经济发展要求的财务管理理论结构应是以财务管理的目标为出发点”。并进一步认为“财务管理的目标是在考虑风险和报酬两个重要因素的基础上实现企业价值最大化”（王化成，1994）。这一观点突出了财务管理的重要作用，强调了现代西方财务管理理论和中国实际相结合，对构建中国特色的财务理论体系有较大的推动作用；强调围绕目标建立财务管理理论体系，有利于财务管理方法的研究和实践。但是这一观点仍然具有其片面性。首先此观点仍然将财务管理理论和财务理论等同起来，如果说它作为财务运用理论或财务管理理论的逻辑起点还说得过去的话，那么，作为一个财务基本理论之一的财务目标，它既难以成为逻辑起点和核心概念，更难以成为贯穿整个财务理论体系的主线。

（5）本质起点论。这一观点在我国有较长的历史，已经有了较成熟的认识，在当前理论界占主导地位。这一观点典型的思路如图 7－1 所示。

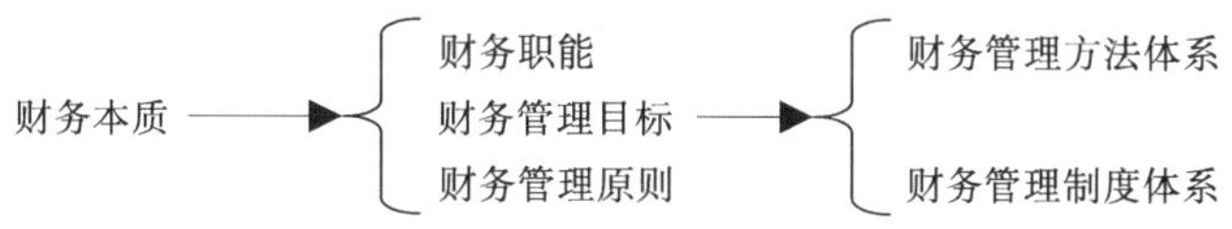

图 7－1　财务本质起点论思路图

然后循着财务管理方法体系和制度体系的财务活动各环节的作用过程构建起财务理论体系。这一观点的形成源于 20 世纪 80 年代我国财务理论初建时，当时对财务的存废问题存在很大的争论，财务理论工作者在形成财务独立论的过程中，从财务的本质研究出发，奠定了财务理论的基石。“财务本质的规定性决定了财务的独立性，财务的种种独特性态，乃是奠定财务独立存在的客观基础。”这一观点符合我国传统的哲学思维习惯，突出了财务不同于其他经济范畴的独特性，强调财务经济活动在社会经济活动中的独立地位。这种观点强调财务基础理论研究的重要性，对于社会主义财务理论体系的形成作出了很大的贡献。但是这种观点使财务理论体系中财务基础理论和财务运用理论之间缺少较好的连接点，缺少通向具体方法研究的桥梁。与财务目标起点理论相反，本质起点理论能较好地成为财务基础理论的起点，但却不能有效地引导财务运用理论的展开，不利于财务理论体系的进一步完善。

7.4 财务理论研究应从分析“本金”及其运动规律开始

在分析以上财务研究不同逻辑起点优劣的基础上，根据符合逻辑理论的基本标准，参照马克思主义经典作家的分析方法，我们认为，现代财务的研究应从分析本金及其运动规律开始。

（1）“本金”是财务理论的基本细胞，本金是指为进行商品生产与流通活动而垫支的货币性资金，具有循环周转性与增值性等特点。本金的投入、产出与增值的过程是不断追求经济效率的过程，是本金的运动轨迹，也是财务资金区别于其他社会资金的规律性区别。作为财务资金的本金，是能够带来增值的价值，增值是本金内在的本质要求，而其他社会资金如财政资金则不一定具有增值这一根本属性。明确了“本金”这一概念，我们认为，“本金”是财务理论的基本细胞。第一，“本金”作为财务资金从货币形态经过运用、耗费、收入、分配几个阶段，又回到原来的货币资金形态，是财务运用理论研究的主要领域，也就是说财务运用理论无不与本金的运动联系在一起。第二，财务基本理论也蕴含着“本金”这一基本概念，比如财务本质的主流观点是资金运动，确切地说，应是本金运动，即本金的投入与收入分配活动，而财务目标也主要在于促进本金的扩大及企业价值的增值，等等。

（2）确定“本金”研究逻辑起点的合理性，正如马克思主义经典作家在分析资本主义经济时，从“商品”这一基本细胞入手一样，作为财务这一复杂机体基本细胞的本金，能够成为财务理论研究起点也是合情合理的。这不仅在于赋予了本金以区别于其他经济学概念的特定含义，从而使本金成为财务理论与实践的普通存在的形式，而且还在于本金的扩大与增值已成为人们在理财中所追随的根本目标。可以说本金运动的规律及其体现的经济关系已渗透到与财务相关的各个领域和一切方面。因此，一门学科如果能找到渗透于该领域的一个基本细胞，那么将它作为研究起点是最恰当不过的，财务的本金起点理论便是如此。

本金起点论符合逻辑起点的基本标准，弥补了前述不同起点理论的种种不足。本金作为财务资金的代名词已成为财务理论的核心概念，是财务理论概念体系的组成部分。本金作为基本细胞并从此开始研究，有利于从小到大、层层展开，从而构成完整的财务理论体系。同时，本金作为财务基本理论和运用理论的共同细胞使其能较为合理地成为两者研究的共同起点，在财务本质作为基础理论起点和财务管理目标作为运用理论起点之上，成功地找到了一个连接点和支撑点，这不仅弥补了前述不同逻辑起点理论的缺陷，而且必将为发展我国财务理论带来一次良好的契机。

7.5　“财权起点论”是对“本金起点论”的进一步综合表述

财务的内涵包括财务活动与财务关系，因而财务具有二重性——经济属性（资金运动）与社会属性（产权契约关系）。随着产权经济学与制度经济学的兴起，人们对财务的研究也摆脱了新古典经济学的研究范式（单从价值方面考虑），而是从价值与权力两方面相结合来研究财务问题。这样，作为财务研究的逻辑起点，自然也是价值与权力的结合。前面我们提到，财务研究应从分析本金及其运动规律开始。这里的本金是指为进行商品生产和流通活动而垫支的货币性资金，它是属于价值范畴的。而在现代企业制度下，某种支配这一价值的“权力”则是隐藏在“价值”背后的更为抽象、更为实在的带支配能力的本质力量，而且这一“权力”与该“价值”，“价值”与相应的“实物”都是附于一体的，只是前者比后者更抽象、更接近事物的内在本质。从而，本金的运动规律必然是与支配其的权力相伴随。单纯以价值论价值，以权力论权力都是违背其运动规律的，从而不利于发展财务理论，服务财务实践。

前文已提到，财权是一种“财力”以及与此相伴随的“权力”的结合，这里的“财力”便是企业的财务资金或本金。可以看出，财权已完全蕴含了本金及其运动规律这两方面的意思。这样，我们应更确切地用“财权”作为现代财务研究的逻辑起点。需进一步明确的是，财权起点论与本金起点论这两者并不是矛盾的，提出财权起点论不是用来否定本金起点论。因为我们并不认为本金起点论就属于纯价值起点论。本金起点论的核心是本金及其运动规律，其运动规律中已经隐含了权力与该本金相伴随的属性，因而，我们用财权作为财务研究的逻辑起点只是认为其比本金起点论更确切而已。

随着现代企业理论中对产权研究的日益深入，财权也构成了现代财务理论的核心概念，并在现代财务理论体系中起着基础性的作用，是整个现代财务理论体系的主线，并统领着整个现代财务理论体系。一方面，它同现代财务理论体系的各组成部分有着强烈的相关性，能够使对各个局部的研究相互协调，具有高度的内在逻辑性；另一方面，我们可以通过把握它从而把握整个现代财务理论与运作体系。从传统财务理论向现代财务理论这一演进过程中，财权范畴的提出起到了关键作用，财权理应成为我们对财务研究的逻辑起点。

以财权（财力+权力）为起点的财务研究逻辑体系如图7-2所示。

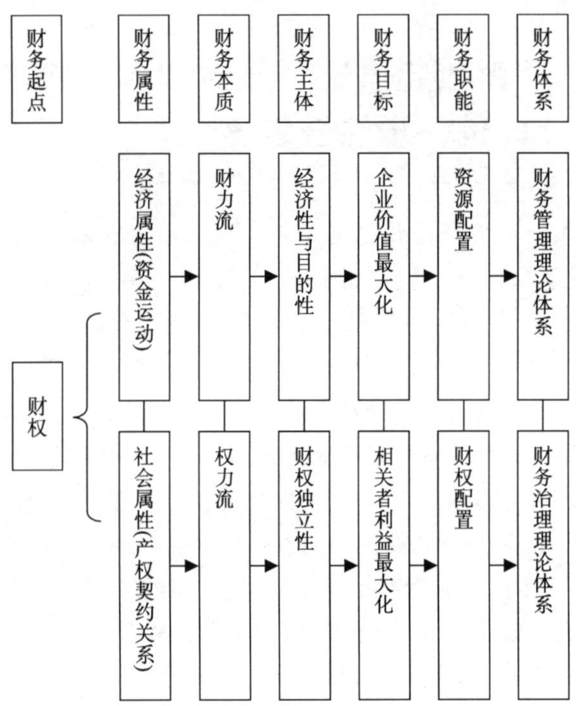

图7-2　以财权为起点的财务研究逻辑体系图

第 8 章

财权流：财务本质的恰当表述

在我国，财务本质理论的讨论由来已久，主要有货币收支活动论、货币关系论、分配关系论、价值运动论、资金活动论、本金投入与收益论等几种观点，它们在不同程度上反映了财务的某些特性，也在不同程度上推进了财务本质理论的建设。本章试从现代产权理论入手，从与“产权”相近的“财权”角度，对现代财务的本质进行探索。

8.1　现代财务区别于传统财务的标志：财权

8.1.1　财权的基本内涵

“财权”概念是一个与“产权”相似的经济学范畴，它表现为某一主体对财力所拥有的支配权，包括收益权、投资权、筹资权、财务预决策权等权能。这一支配权显然起源于原始产权主体，与原始产权主体的权能相依附、相伴随。随着产权的分离，财权的部分权能也随着原始产权主体与法人产权主体的分离而让渡和分离，这样原始产权主体在拥有剩余索取权的同时，也拥有收益权这一财权（当然是产权的权能）；法人产权主体在拥有占有权、使用权、处置权等产权权能的同时，也拥有了与此相联系的收益权、投资权等财权（当然也是产权权能）。这样对独资企业而言，由于产权没有分离，企业在拥有完整的产权的同时，也拥有全部的财权。对于产权分离的现代公司而言，财权随着产权的分解而分解，公司只拥有部分的财权。在严格的法人治理结构下，法人产权主体所拥有的产权权能具有独立性，公司的财权在其拥有的范围内也具有高度的独立性。公司是否拥有独立自主的法人财产权与公司是否能独立理财在含义上是协同的。由此，理想的财权在独资企业是独立的，在公司制企业也应是独立的。同产权一样，财权同样应具有可分性、可明晰性和独立性等特征，否则便成了与模糊产权关系相伴随的模糊的财权关系，或称模糊的财务关系。

作为财产权的产权，它从两个方面对财产实施管理，即实物形态的财产和价值形态的财产，如占有权、使用权、处置权等基本上是从实物形态对财产实施产权管理，我国目前国有资产管理体系，所实施的职能基本上处于这种状态。而财权侧重于对财力的配置，也就是从价值形态上对资金（本金）进行配置或支配。也就是说，在财权归于产权的内容中，主管价值形态的权能，并构成法人财产权的核心内容。如收益权以及收益分配权、筹资决策权、投资决策权、资金使用权、成本费用开支权、定价权等。

8.1.2　现代财务与传统财务相区别的根本标志

在我国传统的国有经济中，国家是全民所有制企业的唯一所有者，企业作为经营者只有有限的管理权，国家政府融行政职能、经济调控职能和所有者职能于一体，造成了国家与企业的行政关系和经济关系混淆不清，国有企业的内部无论原始产权还是对生产要素的支配、占有、使用权都统归于国家所有，企业不是独立的产权主体。随着改革的深入，企业法人产权得以提出和确立。企业产权的拥有者就是产权主体，当企业所有产权的边界都十分清晰时，市场经济的主体才能真正形成，企业才能成为既有内在动力，又有行为约束机制的经济实体。

与产权制度相适应，我国传统的国有企业实质上属于没有财权的“财务”，企业财务是财政体系中的基础部分，成为国家驻厂的“核算员”，一切按计划行事，“专款专用”“三段平衡”，企业没有独立的财权（也没有法人产权）。从这个意义上说，我国的传统国有企业不存在真正意义上的财务及其活动，至少可称为无财权的“财务”。那时所谓的“财务活动”是与会计活动融为一体的（会计无需财权），因此，在没有财权的前提下，要对财务和会计作出区别是十分困难的，理论界关于“大财务”或“大会计”的争论也就不足为奇了。

随着企业产权主体地位的确立，企业也相应取得了自己独立的财权，企业有权在法人产权的范围内独立行使投资权和收益（分配）权等各项权能。可以说，独立财权的确立，是现代企业财务区别于传统财务的根本标志，是企业是否真正开展财务活动的标志，也是财务区别于会计的重要“砝码”。

8.2 “财权流”是现代财务本质的恰当表述

依上所述，财权作为一种与现代产权思想相适应的财务观念已经渗透到现代财务的一切领域和一切方面。这在学术界已经引起了重视和共鸣。在此基础上，不管是“资金运动”还是“本金运动”都只是一种价值的运动。如果说“价值”是从财务活动的现象中或从“物资流”中抽象出来的带本质的东西的话，那么，在现代企业制度下，某种支配这一价值的“权力”则是隐藏在“价值”背后的更为抽象、更为实在的带支配能力的本质力量。为此，我们提出关于现代企业财务的本质表述：财权流。

（1）财权是现代财务区别于传统财务的根本标志，也是企业是否真正开展财务活动的标准。因此，用“财权流”作为现代财务的本质，有利于体现财务区别于其他事物（尤其是会计这一最相近的学科范畴）的矛盾特殊性，更有利于体现现代财务区别于传统财务的本质特征。“本金投入与收益论”可以作为任一时期的财务本质的一般表述，但在现代企业制度下，就很有必要把“本金论”背后带支配力量的矛盾特殊性体现出来，“财权流”的表述符合了这一要求。

（2）一种理论的推进，往往是一个“扬弃”的过程，而不是全盘否定。“财权流”的本质表述是在吸取了“本金论”“资金运动论”等“价值流”的优点并考虑到现代企业制度的产权思想下得出来的。用“财权流”来作为现代财务的本质表述，一方面可用“财力”的流动来替代“本金”“资金”等“价值流”，发挥它们在本质理论上的优势，而且随着商业信用的发展，企业“应收”“应付”项目已十分普遍，这些项目与其说是资金或本金，不如说是一种“权力”或“财力”，这样，用“财权流”来表述或许更加贴近现实。另一方面，通过“权力”的流动来体现一种在现代企业制度这一特殊历史条件下的“生产关系”。也就是说，与财力相伴随的“权力”的流动过程，实质上就是处理权力双方“财务关系”的过程，这在一定程度上弥补了“资金运动论”及“本金投入与收益论”在字面上不能反映财务关系的缺陷。

从产权角度看，一组产权的交换或流动，实质上包括一组价值的运动，也体现了一定的权、责、利的关系。现代产权经济学表明，“物质商品的交易实质上可以看成是这些物品所有者的一组权利交换，这一点是产权实际存在的原因。尤其对于一个复杂的交换过程来讲，产权的思想意味着权利的交换，是一个复杂的过程，因而交换实际上可以分解成不同的人拥有的不同权利之间的交换。”阿尔钦教授干脆说道：“产权不是人与物之间的关系，而是指由于物的存在和使用而引起的人们之间一些被认可的行为性关系。”

(3)“财权流”作为现代财务的本质表述，贯穿了财务基本理论的始末，在现代财务的理论体系中占据着核心和统驭地位。我们不难理解，有了独立财权的企业才能成其为财务主体，也才能有自己的财务目标，独立地处理企业与外部环境的财务关系，并独立行使企业的财务职能。

总之，用“财权流”作为现代财务的本质表述，既充分体现了“本金本质论”的优势，又反映了“本金本质论”在新的历史条件下的特殊性，注重了“价值”与“权力”的高度融合。如果说，在传统的企业制度下，不讲财权的财务活动还能称之为财务的话，那么，在企业拥有充分的法人产权和财权的现代企业制度下，在“法人治理结构”比较完善的前提下，如果脱离“财权”来谈财务，就很难体现现代财务的本质特色。因此，“财权流”是现代财务的恰当表述。

第 9 章

财务主体理论的经济学基础

9.1　市场主体确立的产权基础

9.1.1　市场主体的内涵及其特征

市场经济的建立首先应依赖于市场主体这一市场交易者或活动者的确立。“市场是一群厂商和个人为了买卖某些商品而彼此进行的接触与交往”（曼斯菲尔德，1992）。“要有市场交换，必须得有市场行为的主体，所谓市场主体，就是进入市场的商品的所有者，市场交换乃是市场主体之间所有权的交换”（吴敬琏，1993）。

依此可见，市场主体系指能动地进行市场活动的人，包括自主从事市场活动的自然人和法人，规范地说：“市场主体系指具有独立的产权，享有自主从事市场活动的权利并承担相应责任，具有自身经济利益并努力使其最大化的自然人或法人”。这一定义所揭示的市场主体的内涵是：①市场主体拥有独立的产权；市场交易的实质是权利的交换，交易双方必须对所要交换的物品有明晰和专一的可供自由转让的产权；②市场主体是市场活动中的自主决策者，市场活动中若缺乏自主权，不能自主进行生产经营、融资投资、择业选购等，只能是附庸而绝非主体；③市场主体是自身利益最大化的追求者，人们从事经济活动旨在谋求自身经济利益，这是马克思主义早已阐明的基本观点，绝不可能存在没有自身经济利益，不以利益最大化为市场活动目标的市场主体。以上三者是市场主体的三个不可或缺的规定性，共同构成市场主体的基本内涵或基本特征。是否具备这三个特征，就成了衡量是否是市场主体的尺度，依据这一标准，政府不能成为市场主体的角色，而企业（或其他经济组织）和家庭则有可能成为市场主体。

在传统的计划经济体制下，人们也称从事经济活动的单位为“企业”，而家庭也一直作为社会基本细胞而存在。但是，由于众所周知的原因，它们都不是市场主体。当我们在改革过程中终于认识到市场机制对于资源的有效配置是不可或缺之时，我们却面临着一个如何使国有企业成为真正的市场主体的难题，以及对于家庭成为市场主体的理论论证和实践培育的任务。正是改革实践提出了在中国确立市场主体这一根本任务。

9.1.2 产权独立是市场主体确立的财产基础

产权独立是指所有或占有主体对于所有或占有的财产依法享有支配、处置、收益等排他的权利。产权独立作为市场主体确立的财产基础，之所以是最为重要的条件，在于其他两个条件都密切依存于它。只有在享有独立的产权，从而拥有进行市场活动的财产基础的前提下，市场活动者的自主决策权才可能落到实处，而追求最大经济利益也才会有所依凭，以形成激励和约束的内在机制。由于产权不独立而使企业自主权难以落实，已由我国国有企业改革中的情况得到证实。

产权独立是市场主体确立的前提条件，还可以从市场主体的活动不能没有财产基础来认识。首先，拥有一定的财产权利是进入市场的必要条件。也就是说，市场主体之间的一切交易活动，都是建立在各自拥有的财产的基础上，没有相应的财产，不可能进入市场，这是因为没有谁会愿意同一个没有任何产权的人进行交易，除非愿意上当受骗。其次，拥有独立的产权，是市场主体在市场活动中相互建立平等契约关系的前提。平等契约关系达成的条件是各方具有平等的地位，即各自都有独立的地位，而各自的独立地位只能基于各自的独立产权存在。最后，只有产权独立才能形成激励和约束机制，才能进行真正的经济核算。如果产权不独立，经济活动中难以形成激励和约束机制，经济核算也将流于形式，即要么是无心“精打细算”，要么是“信息失真”，坑害国家或所有者。总之，产权独立是市场经济得以确立的财产基础，无论是企业、家庭或是其他经济组织，要想真正成为市场主体，都必须首先要具备“产权独立”这一根本条件。

9.2　财务主体的基本内涵和特征

有了对市场主体的基本认识，我们有必要对财务主体作进一步分析。所谓财务主体，就是进行财务管理活动的主体。财务主体是在满足市场主体的一般特征的条件下形成的，归纳起来，财务主体具有以下几个特征：

（1）财权独立性。如同产权独立与市场主体的关系一样，没有独立的财权，就不能形成财务主体，财权的取得并独立化是一个组织能否成为财务主体的根本条件。如前所述，没有财权的财务不能称为真正的财务，也就不可能形成财务主体，当然也不可能成为拥有独立产权的市场主体。这里所指的财权独立应包括如下内容：①产权明晰，即具有明确界定的财产范围；②独立核算权，要成为财务主体，必须首先具备会计主体的资格；③独立的财务自主决策权，并承担相应的责任。

（2）经济性。财务主体所从事的财务活动均带有经济性，“企业财务是生产财务，同生产和销售紧紧结合在一起，财务活动不是置于再生产过程之外，而是深入到再生产过程之中”（张国干，1979）。至于各种非经济性的实体，如各级行政机关和完全依赖国家拨款的事业单位，都不能构成财务主体，其资金收支活动实质上是国家财政资金收支活动，属财政管理的范畴。

（3）目的性。财务主体从事财务活动应有自己的目标，并根据这一目标来规划自己的行动。

依上所述，财务主体的概念可以确切地表述为：财务主体系指具有独立财权（产权），进行独立核算，拥有自身利益并努力使其最大化的经济实体。该概念表明，财务主体应是市场主体，具有独立产权（进一步理解为财权）和目的性的市场主体特征，但并非所有市场主体是财务主体，财务主体是市场主体中的那些能够独立核算的经济实体，一般的家庭作为市场主体但不一定是财务主体，值得一提的是，有的同志主张财务主体具有“价值性”特征，认为“财务主体主要运用价值手段进行活动”（谷峰，1996），我们认为，这样理解是混淆了财务主体和财务本身的概念，财务主体是一个经济实体，如企业，财务管理及其活动是带有价值性的特征，但作为财务主体的“企业”也完全是带有“价值性”特征吗？显然是不够确切的。

同市场主体的概念一样，财权的独立性是财务主体成立的首先条件和关键因素，我国传统的国有企业虽然都称“企业”，都称“财务主体”，但只能是会计主体，这个“企业”也不能叫“市场主体”，由此看来，要构建社会主义市场经济的市场主体，与构建真正的财务主体有着几乎相近的重要意义，其共同的关键在于产权或财权的独立。

刘贵生教授从“财务分配权”归属来讨论过财务主体问题。他认为，在独资、合伙企业，由于企业产权与企业资产所有权合一，其财务主体是一元化的；而股份制企业和我国国有企业，由于企业法人和原始产权主体均拥有一部分财务分配权，因而它们的财务主体具有“二元化”的特征；而随着形势的发展，“在现代股份制公司，所有者集团作为公司财务主体越来越只具有一种形式上的意义，真正的财务主体日趋移位于公司本身这一经济实体”（刘贵生，1995）。我们认为，财务分配权是财权的一部分，上面的论述可以从产权与财权的基本关系中得到进一步的认识：在独资或合伙企业，产权主体单一，财权也没有发生分离，因而财务主体是单一的。随着两权的分离，财权也随着由原始产权主体让渡一部分给法人产权主体，两主体各自拥有一部分不同内涵的财权，尤其是股份制初期或法规制度不健全时期，原始产权主体对自己的投资不放心，因而在股份制初期和我国国有企业当时所处的历史阶段，其财务主体呈现“二元化”特征。但是我们必须明确，二元化的财务主体，必然会带来二元化甚至多元化的财务目标，最终会导致企业的财务无所适从，应予及时纠正。而只有可能到了公司“法人治理结构”完善之时，有了充分的约束和制衡机制之时，这一情况才会得到改变，因为只有在这时，企业才会取得制衡和约束下的独立的财权，外界所有者也才不会干预企业的财权，只有独立的财权才是财务主体确立并走向“一元化”的根本保证。

9.3 财务主体与其他“主体”的关系

(1) 财务主体与产权主体、市场主体的关系。前文已叙，市场主体必须是拥有独立产权的主体，因而我们在此不必对市场主体和产权主体作出区别。这样，财务主体必须是产权主体或市场主体，而后者则不一定是财务主体。如家庭是市场主体，但不一定成为独立核算的经济实体。

(2) 财务主体与法律主体。两者是交叉的关系，如独资、合伙企业可能是财务主体，但不是法律主体；一个没有独立财权的法人企业是法律主体，但不是财务主体；非经济性的行政、事业单位可以是法律主体，但不是财务主体。

(3) 财务主体与会计主体。财务主体必须是会计主体，但会计主体不一定是财务主体，没有独立财权，不具备经济性的会计主体不是财务主体。也就是说，会计主体不一定具有独立财权，也不一定是经济实体（如行政事业单位会计），而财务主体必须是具有独立财权的、经济性的会计主体。我国传统的国有企业作为独立的核算单位只能称为会计主体，而不是真正的“财务主体”。此外，会计主体与财务主体在确立的目的和侧重点也有所不同，会计主体的确立在于规定一个核算的空间范围，侧重于确立一个产权明晰的界区，而财务主体的确立，主要是为了突出经济实体内在所拥有的某些权力或权能，与前者分别侧重于产权内在和外表的分工关系。在这里，财务主体与法律主体确立的目的有类似之处，法律主体的确立主要不是为了给企业设立什么空间范围，而是指出该主体是否具有行使法律规定的某些权限的权力，有这些权力的就是法律主体，否则就不是。财务主体显然是在会计主体界定空间范围的基础之上，对该主体是否拥有独立财权和经济属性的再确定。

第10章

资源配置与财权配置：现代财务的基本职能

财务本质决定财务职能，对财务职能的研究须从财务本质出发。以往对财务本质的认识常忽略了财务关系，“财权流”则完整地体现了财务内涵的要求。因而，对财务职能的界定，应以“财权流”财务本质为研究出发点。“财权流”本质包括“财流”和“权流”两方面，财务的基本职能则应该从这两方面出发，我们将其定义为资源配置职能与财权配置职能。而筹资、投资、分配等财务具体职能，无不体现着这两大基本职能。另外，财务二重性决定了财务应该包括财务管理和财务治理两方面。而财务管理主要是对财务活动的处理，其核心是资源配置，财务治理则主要是对财务关系的处理，其核心是财权配置。

10.1 从财务本质看财务职能

10.1.1 财务本质与财务职能

本质是事物的属性问题，每一门学科的本质都是该门学科理论体系的基石。而财务职能则是财务本身所固有的本质属性，是本质的具体化。以往对于财务职能的不同认识，主要是对财务本质的认识不一致所造成。财务本质不同的观点在不同程度上反映了财务的某种特性。在传统计划经济体制下，将财务解释为“分配关系”，其财务职能归纳为分配职能和监督职能。改革开放后，有些学者提出将财务本质理解为某种经济关系或某种资金运动。因而出现了如下对财务职能的理解：“组织资源”职能、“参与经济决策”职能；组织职能、调节职能、监督职能三职能论；财务计划、财务组织、财务指挥、财务协调、财务控制五职能论；以及筹集资金职能、垫支资金职能、增值价值职能、实现价值职能、分配价值职能、财务监督职能六职能论等等。这些观点虽然比较全面，但着重与财务活动的内容和环节相联系，很少从财务本质这个角度来分析。随后，郭复初教授认为财务本质是本金的投入与收益活动及其所形成的特定经济关系。并在此基础上提出了四职能的观点，即认为财务具有筹资职能、调节职能、分配职能、监督职能，该观点认为从本金的投入看，财务具有筹资职能与调节职能（通过本金投入方向、规模与结构，来调节生产经营活动的方向、规模与结构），从本金收益看，财务具有分配职能，从本金投入与收益的最佳统一看，财务具有监督职能。“本金投入收益论”尽管将“资金”概念的外延进一步缩小到“财务资金”范畴，然而终究是一种价值运动论，并没有将与价值运动相伴随的权力运动提到相应的高度。因而，由此得来的财务四职能也是侧重于价值运动过程。

从上可以看出，财务的本质和职能是有机联系在一起的。财务的本质决定财务的职能，财务的职能是财务本质的具体体现。因此，我们对财务职能的研究必须从财务本质出发，从而把财务职能同财务管理内容，如筹资、投资、分配等区别开来；把财务职能同财务管理环节（方法），如计划、控制等区别开来；把财务职能同财务管理原则，如财务协调等区别开来；把财务职能同资金运动规律，如垫支资金、增值价值等区分开来。

10.1.2　现代财务本质的恰当表述：财权流

关于财务的本质问题，我们认为“财权流”比“价值流”更接近财务的内在本质。因为“财务管理不是简单的对资金运动的管理，而是借助于资金运动的管理实现产权管理，是‘价值’与‘权力’的结合”（汤谷良，1994）。此外，菲吕博顿和配杰威齐在综述现代产权理论时说道：“产权不是指人与物之间的关系，而是指由物的存在及关于它们的使用所引起的人们之间的相互认可的行为关系。……它是一系列用来确定每个人相对于稀缺资源使用时的地位的经济和社会关系。”而“财权流”的本质表述正好符合了这些产权思想，可表现为“财流”和“权流”两个方面，即财权流 = 财力流 + （相应的）权力流。它一方面可用“财流”来体现企业再生产过程中的资金运动（价值运动），即财务活动；另一方面通过“权流”来体现一种在现代企业制度这一特殊历史条件下的“生产关系”，也就是说，与财力相伴随的“权力”的流动过程，实质上就是处理权力双方“财务关系”的过程。财务活动和财务关系共同构成企业财务完整的内涵，而以前对财务本质的认识常常忽略了财务关系，“财权流”则完整地体现了财务内涵的要求。

10.1.3 基于财权流的财务基本职能

正如前文所述，财务本质决定财务职能，财务职能是财务本质的具体体现。因此，我们对财务职能的界定，就应该从“财权流”这个财务本质来进行分析。由于“财权流”本质包括“财流”和“权流”两个方面，这样，财务的基本职能也应该从这两个方面出发，我们将其定义为资源配置职能与财权配置职能。企业的资源配置功能表现在经济资源的取得、经济资源的结构调整、人力资源和技术资源的配置等方面。而现代财务属于价值化管理范畴，侧重对企业经济资源的配置。因此，本章所指的资源配置是指财务资源的配置，是从价值方面考虑的，而财权配置则着重的是价值运动中权力的配置。这里须指出的是，为了更好地理解财务职能，本章将财务职能分为基本职能和具体职能，而资源配置与财权配置都属于财务的基本职能。对于如何界定财务的基本职能，我们认为，其一，财务的基本职能是财务本质决定的财务的最基本的功能，我们对财务职能的研究必须先从财务基本职能开始，只有这样才不会本末倒置，出现像以往从财务管理内容、财务管理环节来研究财务职能的情况。其二，财务基本职能决定财务具体职能，财务具体职能体现财务的基本职能。其中，财务具体职能包括筹资、投资、调节、分配和监督等职能。我们认为，前三个职能无不体现着企业参与市场资源配置和企业内部配置的功能。而作为企业资源配置的财务成果及其分配也应该是资源配置的重要体现。因而，我们完全可以把筹资、投资、调节、分配四大职能作为资源配置这一基本职能的具体职能看待。另外，我们也认为这些具体职能同样体现着财权配置这一基本职能，并对此进行如下分析。

10.2　财权配置：现代财务的基本职能

10.2.1　筹资——财权的流入（配置）过程

筹资活动是指从企业内外筹集生产经营所需资金的过程，是企业得以成立的前提。企业筹资主要来源于企业所有者与债权人，来源于企业所有者的资金形成企业的自有资本，而来源于企业债权人的资金形成企业的负债，自有资本和负债是两个完全不同的概念，其所体现的财产权利和义务也是完全不一样的。自有资本是所有者的权益，对企业的债权则是企业债权人所拥有的按期对企业索回投资本息的财产权利。由于不同的资金来源所体现的权利和义务的不同，因此，企业自有资本与负债的比例不同，就必然导致企业财产权利与财产义务结构的不同。可见，企业资本结构问题的实质是企业产权结构问题。具体说来，企业的筹资规模反映了财权的配置总量，筹资结构反映了财权的配置比例，筹资方式和渠道反映了财权的配置质量，不同筹资规模、筹资结构与筹资方式反映了财权的不同配置与安排。总之，筹资活动的目的是要保证投资资金的需要和资本结构的合理，要达到这个目的，就必须使企业财权实现合理配置。

10.2.2　投资——财权的流出（配置）过程

企业投资活动是指将所筹集的资金在企业内外合理投放的过程，是财务管理活动的中心内容。由筹资活动而流入的财权，在企业内部已转化为企业的资本。但是财权的转化并没有改变财权的本质，即财权仍然依附于某一特定的本金。这样，对本金投向与投量的调整其实也就是对财权如何流出的一种配置过程。投资活动的目的是最大限度地获得投资收益，这里的投资收益包括企业内部的经营收益和外部的投资收益。因此，只有使财权流出（配置）合理，才能使投资收益达到最大化。而要使财权流出合理化，进行投资活动的企业就应该是拥有独立财权的市场参与者。只有在市场参与者都是拥有独立财产的财产所有者的情况下，市场参与者才会为了自己的利益去力求最快地掌握和领悟所有会影响市场价格的信息，并能立刻采取相应的行动，从而力求在投资活动中实现资产组合的多样化，并在投资活动中自觉地遵循这样的原则：在既定收益条件下，追求最小风险；在既定的风险条件下，追求最大的收益。因此，有效的投资活动应该是拥有独立财权的市场参与者对财权流出进行合理配置的过程。

10.2.3 财务调节——财权的重组（配置）过程

企业的财务调节主要是针对企业资产组合不好，或者虽然资产组合起初较好，但经过生产经营后出现“板结”或“沉淀”时，对现有资产所作的重新调整，以利于企业财务目标的实现。其主要表现为企业的资产重组，是指通过不同法人主体的法人财产权、出资人所有权及债权人债权进行符合资本最大增值目的相互调整与改变，对实业资本、金融资本、产权资本和无形资本的重新组合。然而，对资产组合的重新安排并不是直接完成的，而是通过从存量上改变和优化资本结构，然后根据资本的投入进而改变企业的资产组合。因而，财务调节实质上是一个“改变”再“改变”，即“否定之否定”的过程，正是这种否定之否定规律的运用，使得企业资本经营一环扣一环，形成了一个良性循环圈。而在这个否定之否定规律运用的同时也就是企业财权不断重新配置的过程。综上所知，财务调节可以说是对投资结果（资产组合）的一种再次投资（存量调节），从财权角度讲，就是企业对流入财权进行流出配置后的优化重组。

10.2.4 收益分配——财权的分配（配置）过程

收益分配是指企业在一定时期内对所创造的剩余价值总额在企业内外各利益主体之间的分割过程。按照企业契约理论，股东是企业股权资本的投入者，债权人是企业债务资本的投入者，经理层与雇员是企业人力资本的投入者。依照合同约定：股东分享股利，债权人分享利息和本金，经理人员和雇员分享工资报酬。这里的股利、利息和工资报酬都是企业的投资活动即财权运用的结果。因而，财务分配就是将财权运用的结果在各利益主体之间进行分配的过程，也就是财权的分配过程。从另一方面来讲，财务分配也是正确处理满足国家政治职能与组织经济职能的需要，处理投资者、经理层与雇员等几个方面物质利益关系的基本手段，而这种利益关系从本质上讲就是产权关系。因此，财务分配也是处理产权关系的过程。

10.2.5 财务监督——财务监督权的配置

财务监督是依据国家法律法规和企业单位内部财务预算、规章制度等，对企业单位财务活动的合法性和合理性进行检查、控制和督促。而要发挥好财务的监督职能，则必须对财权中的财务监督权进行有效的配置。财务监督权在公司内部是分散配置的，主要有两大监督体系：一是内部财务监督体系，包括横向财务监督、纵向财务监督、内部审计监督和员工财务监督。其中，横向财务监督是在公司治理结构内部相平行的组织机构之间进行的财务监督和约束行为；纵向财务监督是在公司内部上级组织或个人对下级组织或个人的财务监督约束行为，如董事会对经理班子的财务监督等。二是外部财务监督体系，包括政府的财务监督、出资者的财务监督、债权人的财务监督和注册会计师的财务监督等。我们只有将财务监督权在各机构之间进行合理的配置，才能够形成完善的监督体系，从而有效地实施财务监督。

综上而知，筹资活动是财权的流入配置过程，投资活动是对财权的流出配置过程，财务调节是对财权流出配置后的重组，而收益分配则是对以上财权运用的结果进行配置。另外，财务监督的核心是财务监督权的安排。这样，筹资、投资、分配、调节、监督等具体职能无不体现着企业财权的配置，因此，我们同样可把财权配置作为企业财务的基本职能。

我们曾经把资源配置和财务监督作为财务的两大基本职能，并认为两者的关系是：在资源配置中进行着财务监督，在财务监督中进行着资源配置。我们认为，财务监督是对资源配置过程的广泛性监督，财务监督权是财权的重要组成部分，也是财权配置的重要组成部分。后来我们通过研究进一步发现，在对筹资、投资、调节和分配等财务资源配置中，还存在一种除监督权之外的不同财权配置（如上所述），因而我们把财务监督权纳入财权配置这一更大的、更确切的范畴中，并进而与资源配置相并列，而且更符合我们价值与权力结合研究的特色，也更符合我们“财权流”的思想。

当然，我们将资源配置与财权配置作为财务的基本职能，并不是认为两者是截然不同的两个职能。正如财务本质中的财流与权流是附于一体的，是一个财务本质的两个方面一样，基于财流的资源配置与基于权流的财权配置也是同一客观过程的两个方面，是不可分割的。两者的关系是：在资源配置的同时进行着财权配置，在对财权实行有效地配置的同时也就是实现资源配置的效率最优化。

10.3 以资源配置为核心的财务管理与以财权配置为核心的财务治理

财务是指企业生产经营过程中本金的投入与收益活动及其所形成的特定的经

济利益关系。财务的这一概念特征决定了财务学的研究应从财务的二重性——经济属性（资金运动）与社会属性（产权契约关系）相结合来进行考察。然而，传统财务理论的研究框架和思路基本上遵循的是新古典经济学的研究范式。新古典企业理论把企业作为一个追求利润最大化和成本最小化的整体，将制度和结构假定为既定，而探究实现资源最优配置的条件。因此，传统财务管理理论是以财务的资源配置职能为核心的，仅仅从数量层面来对财务的经济属性进行分析，总体上属于价值管理理论的范畴，从而强调对财务管理活动的研究，如资本结构理论、投资组合理论、资本资产定价理论、MM 理论、股利理论等。不可否认，这些理论对现代财务的理论研究与实践运用起到了积极的推动作用。

然而，传统财务理论忽视了对现代企业产权契约关系特征的研究，没有把制度纳入财务行为的解释框架，轻视对财务社会属性的研究。兴起于 20 世纪 60—70 年代的新制度经济学告诉我们，一个节省交易成本的制度安排、制度框架和制度创新是至关重要的。新制度经济学将注意力集中于制度和结构本身，探寻资源配置的制度结构，强调制度在经济学中的重要作用，孕育出一个令人耳目一新的制度分析框架。这样，人们开始重视财务的财权配置职能，从而导致了财务治理结构理论研究的兴起。

现代财务治理结构理论正是研究财权配置的理论，是构建于新制度经济学基础之上的一个理论体系。新制度经济学研究中的核心概念是“产权”。新制度经济学的分析通常是从“产权”概念开始的，以产权在不同利益主体之间的分配为制度分析的出发点。可以说，“产权”范畴是新制度经济学分析的逻辑起点。而现代财务治理结构理论是构建于新制度经济学基础之上的一个理论体系，按这一逻辑推理下去，现代财务治理结构理论的核心概念应该是产权中具有财务属性的那一部分权能——财权。事实上，整个现代财务治理结构理论体系的研究正是围绕着财权这一核心概念而逐步展开的。“企业治理的核心是财务治理，公司法所规定的公司治理权配置的核心是财务治理权配置”（李心合，2000），“财务治理结构的核心是财权的配置”（林钟高，2002），“财务治理结构是以产权中的核心部分——财权为基本纽带，逐步确立出资人、董事会、经理人和企业财务人员财权流动和分割中所处的地位和作用，分别体现各主体在财权上相互约束、相互制衡的关系”（伍中信，2001）。尽管理论界对公司财务治理的论述不尽相同，然而，建立在财权理论基础上以实现财权合理配置为目的的财务治理理论已成为目前财务理论界的共识。不可怀疑，以财权配置为核心的财务治理理论将是今后财务理论研究的新焦点。

综上所述，以资源配置为核心的财务管理与以财权配置为核心的财务治理的关系如图 10－1 所示。

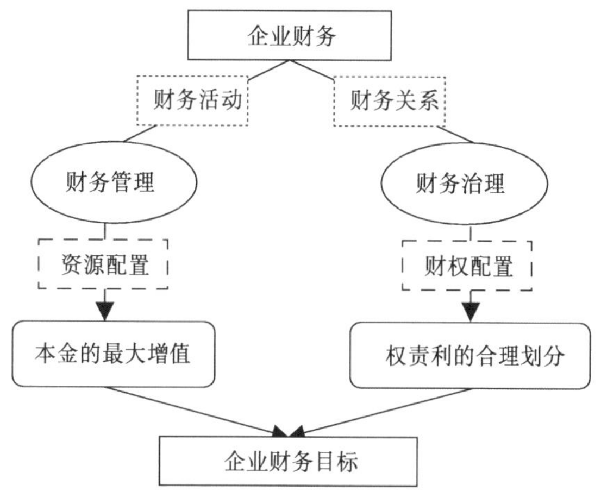

图 10－1 财务管理与财务治理关系图

10.4 最优财权配置论纲

以不完全契约中之完备部分与不完备部分为标准，财权可以划分为基于企业公平的“通用财权”范畴和基于企业效率的“剩余财权”范畴，论证了基于企业公平的通用财权观和基于企业效率的剩余财权观。主张财权配置价值取向合理定位应是一个二元价值体系，即基于企业公平的通用财权配置和基于企业效率的剩余财权配置；在实践上表现为某项具体财权配置对公平与效率的权衡。如果一项财权中通用财权占主导，那么该项财权在配置时就应侧重公平；如果一项财权中剩余财权占主导，那么该项财权在配置时就应侧重效率。在此基础上逻辑推演出“最优财权配置规则”和“最优财权配置细则”。

10.4.1 财权新思想之发轫

伍中信和曹越（2007）认为，财权可以分为基于企业公平的通用财权范畴和基于企业效率的剩余财权范畴。通用财权诞生于企业不完全合同中明确规定并且其结果可由第三者验证（即其中的完备部分）的企业“财权”。而剩余财权缘起于不完全合同中的不完备部分，是企业合同疏漏、未作具体规定或无法作出具体规定或虽作出明确规定但第三方不能验证其结果或虽可以作出明确规定但受成本效益原则约束以致事实上并不可行的企业“财权”。如果将财务治理从静态和动态两个维度来理解，那么财务静态治理侧重于企业公平的强调，而财务动态治理则是在兼顾企业公平的前提下，侧重强调企业效率。该文提出“通用财权”和“剩余财权”范畴的思想是值得借鉴的，这为本章的研究奠定了良好基础。但他们并没有对“通用财权”和“剩余财权”本身的深层次问题展开深入探究，这为本章的研究留下了空间。

我们认为，企业财权是企业产权的核心权能，是体现财务权责结构的一系列权利束的总和；它是侧重从财务关系方面反映财务本质属性的核心概念；它是一个权力结构系统，大体包括财务决策权、财务执行权、财务监督权和财务收益分配权。其中，财务决策权是指对企业各项财务活动和财务交易所具有的决定权；财务执行权是指对最优财务决策方案执行、实施的权力；财务监督权是指对决策性财权和执行性财权的运用情况进行监督的权力；财务收益分配权是指对企业通过运用财务活动和处理财务关系所创造的企业剩余（净利润）的要求权。鉴于现有关于“财权”的最新研究成果，我们可以得出一个十分重要的等式：“财权 = 通用财权 + 剩余财权”。即任何一项具体的财权都是由“通用财权”和“剩余财权”两部分构成。其中，“通用财权 = 通用财力 + （相应的）通用权力”，“剩余财权 = 剩余财力 + （相应的）剩余权力”。伍中信和曹越（2007）是在企业产权理论和契约理论的基础上，以不完全契约的完备程度为标准，从一个全新的视角将“财权”作了进一步细分。本章则立足“财权”本身，对他们的“初步研究成果”进行总结，完善“通用财权”和“剩余财权”的基本内涵，并对其展开深入探讨。我们认为，“通用财权”和“剩余财权”划分了财权的不同领域，对“财权”一系列重要问题的研究具有重要意义。

10.4.2 通用财权与剩余财权：价值取向及其合理定位

作为不完全“企业财权”合同中完备部分的“通用财权”，其事前权责的各种明确规定，都是为企业各契约方提供合理稳定的公平预期。Hume（1969）认为，产权的不稳定是阻碍社会财富增长的主要因素。可见，作为产权与契约交叉领域的“通用财权”，其事前明确规制也就是为所有财权契约各方提供稳定预期，这种预期是以公平价值取向为基础的。企业“通用财权”安排的一般范式包括两个层面：一个是法律层面，如公司法等；另一个是公司层面，如公司章程等。具有制度规模经济的国家提供的公司法、证券法、物权法等是所有公司共有的公共契约，旨在彰显民主国家诉求的社会公正价值目标，表明对所有公司的共同要求和对所有投资者的平等待遇（诺斯，1980；Easterbrook，1991）。通用公司治理范畴是基于社会公正原则设计的强制性规定，具有确定性、一般性和普遍性，是为了实施事先确定的平等保护所有投资者（包括中小投资者）等社会公正价值目标的人造秩序（陈汉文等，2005）。我们认为，通用公司治理中的“企业财权”契约是相对完全的，这是因为公司法、证券法和公司章程等有关“企业财权”的具体规定，是为了突出对利益相关者的产权保护，因而整体来说是相对完全的。根据“财权 = 通用财权 + 剩余财权”这个等式可以发现，此时，“通用财权”在“企业财权”中占主导地位。通用公司治理以公平为价值取向，那么其中的财权配置也就传承了公平价值观，而通用公司治理中的财权又以通用财权为主导，合乎逻辑地，这种在法律和公司层面耦合而成的“通用财权”理应突出对利益相关者的产权保护，侧重对企业公平的强调，以公平价值观为导向。因此，发轫于不完全财权契约中之完备部分的“通用财权”就传承了通用公司治理所强调的企业公正价值观。

作为不完全“企业财权”合同中之不完备部分的“剩余财权”，其事后对或然状态进行谈判来解决事前无法规制的权责，这种“讨价还价”式谈判会引致高昂的交易费用以致很多情形下不会发生。理性的契约方就呼唤在不完全“财权”完备程度（即通用财权）既定的情况下，通过对“剩余财权”的“流动”与“分割”及其有效配置以最大化企业组织租金创造。也就是在“通用财权”主张公平价值取向的前提下，“剩余财权”价值取向应定位于效率价值观。简言之，“剩余财权”担负着将企业价值“蛋糕”如何做大做强的使命，而“通用财权”则担负着将“蛋糕”如何公平合理地分配给利益相关者（Stakeholder）的使命。其次，由于法律的一般性和普适性，就给个体的公司留下了较大的剩余公司治理空间，这体现在《公司章程》《股东大会议事规则》和《董事会工作规则》等规则中，主要是内部治理机制（陈汉文等，2005）。由于市场经济的自由竞争理念及投资者逐利的本质，使得剩余公司治理成为基于自由竞争理念的、以股权强势原则为基础的、旨在追逐公司效率的一个博弈以后的制度均衡（Kreps，1990），以求在市场中取得有利于公司效率的结果。剩余公司治理诉求于特定公司个体的经济效率目的。相对通用公司治理而言，剩余公司治理作为一种内部治理机制，灵活性大，适应能力强，因而剩余公司治理中“企业财权”契约是相对不完备的。根据“财权 = 通用财权 + 剩余财权”可知，此时“剩余财权”在“企业财权”中占主导地位。剩余公司治理以效率为价值取向，那么该领域的财权配置也就传承了效率价值观，而剩余公司治理中的财权又以剩余财权为主导，合乎逻辑地，“剩余财权”理应侧重对企业效率的强调，最大化企业组织租金，以效率价值观为导向。因此，发轫于不完全财权契约中非完备部分的“剩余财权”就传承了剩余公司治理所强调的企业效率价值观。

综上可知，通用财权以“公平价值观”为取向，剩余财权以“效率价值观”为取向。因而，通用财权配置应坚持公平价值取向，而剩余财权配置则应坚持效率价值取向。任何一项财权配置本质上是一个二元价值体系，即基于企业公平的通用财权配置和基于企业效率的剩余财权配置；在实践上表现为某项具体财权配置对公平与效率的权衡。权衡的规则是：如果一项财权中通用财权占主导，那么该项财权在配置时就应侧重公平；如果一项财权中剩余财权占主导，那么该项财权在配置时就应侧重效率。

10.4.3 最优财权配置规则与细则

(1) 最优财权配置规则：逻辑推演

我们认为，企业产生在人们无法拟订完全合同，从而财权配置变得十分重要的地方。根据理论逻辑的一般推演，最优财权配置规则可以凝结为如下命题：

规则一：通用财权配置应坚持公平价值取向，在企业层面侧重保护利益相关者产权利益，为各财权契约方提供稳定预期。

规则二：剩余财权配置应坚持效率价值取向，在企业层面侧重为创造最大化组织租金服务，从而为各财权契约方提供激励机制。

规则三：财权 = 通用财权 + 剩余财权，在一项具体财权中，如果通用财权占主导，则该项财权配置应侧重公平价值取向；如果剩余财权占主导，则该项财权配置应侧重效率价值取向。

规则四：通用财权和剩余财权谁占主导，应根据具体财权契约之完备程度来评判，其中公司法、证券法等法律与公司章程是重要参考依据。

最优财权配置应同时满足上述四条规则。只有这样，理论上的财权配置才是最优的。下面，我们针对实践中企业各项具体财权进行更深入的分析。

(2) 最优财权配置细则：基于具体“公司财权”本身的分析

李连华（2002）认为，公司财权实际上是一个权力结构系统。我们认为，从横向来看，企业财权分布状态有：财务决策权、财务执行权、财务监督权和财务收益分配权。

①财务决策权配置细则。财务决策权是指对企业各项财务活动和财务交易所具有的决定权。在财权配置中，决策权配置通常居于中心地位，是财权分配的关键（李连华，2002）。财务决策权既可以由出资者（股东）拥有，也可以由公司

法人（董事长或总经理）拥有；财务决策权既包括重大决策权，又包括日常决策权。其中，重大决策权主要有企业分立与合并权、资本变更权、重大投资权和重大融资权等；日常决策权主要有中小投资权、资金结算权、资金调度权和资产处理权等。那么财务决策权如何才能达到最优配置呢？这就必须以“最优财权配置规则”为指导，进行深入分析。公司法中对重大决策权的规定如下：第一，决定公司经营方针和投资计划；第二，选举和更换非由职工代表担任的董事、监事，决定基本报酬事宜；第三，对公司增加或减少注册资本作出决议；第四，对发行公司债券作出决议；第五，对公司聘用、解聘会计师事务所作出决议。一方面，从现实来看，公司法等契约已对上述重大决策权都作了相对完备的规定，如决策程序、决策规则等都有详尽而又具体的规定；另一方面，从理论上讲，由于重大决策权大都涉及战略层面问题，因而客观上呼唤各契约对之予以明确规定。可见，重大财务决策权这一财权中“通用财权”占主导，根据“最优财权配置规则”，这一财权配置应侧重“公平价值取向”才是有效的。

那么，重大财务决策权配置给谁呢？我们认为，它应该配置给在公司层面体现公平价值观的财权主体，由于股东是企业终极产权所有者，将重大财务决策权配置给全体股东才能在公司层面体现公平价值观。因为相对于企业经营者而言，所有者作为委托者具有信息劣势，而经营者作为代理人具有信息优势，只有将重大决策权配置给全体股东（所有者），才能在“信息优势”与“信息劣势”之间进行权衡，从而为全体股东产权利益保护提供一个稳定的预期，鼓励他们追加投资。因此，将重大决策权配置给全体股东符合最优财权配置规则。股东大会是公司的权力机构，依法行使重大决策权。但是，由于股权比例不同，中小股东在行使重大决策权时从自身成本效益原则出发，往往选择“搭便车”行为，加之股东大会并不是经常召开，所以股东大会通过选举董事，组建董事会，而将重大决策权中相对不重要的决策权委托给董事会行使，而股东大会行使重大决策权相对重要部分。因而，正常情况下，作为“通用财权”占主导地位的重大财务决策权的最优配置结果就是：重大决策权中相对重要的部分配置给股东大会，如注册资本变更处理权、重大投资权、重大融资权、重大资产处置权、公司合并变更清算决定权和薪酬契约决定权等；重大决策权中剩余部分就配置给董事会，如中型投资决策权、中型融资决策权和财务信息披露等。

如果企业处于破产清算状态，那么重大决策权配置给谁才是最优的？《企业破产法》规定：“企业法人不能清偿到期债务，并且资产不足以清偿全部债务或者明显缺乏清偿能力的依照本法规定清理债务。”根据该条规定，破产界限有两个可供选择的原因：一是企业法人不能清偿到期债务，并且资产不足以清偿全部债务；二是企业法人不能清偿到期债务，并且明显缺乏清偿能力。由此可见，破产界限的实质标准就是企业法人不能清偿到期债务，通常简称不能清偿。《企业破产法》对破产申请的主体、破产案件的管辖、破产申请形式、破产申请受理期限与效力、债权人会议等破产管理人都具有十分详尽的规定。涉及重大决策权的主要有：第一，选任和更换债权人委员会成员；第二，决定继续或停止债务人的营业；第三，通过重整计划；第四，通过和解协议；第五，通过债务人财产管理方案；第六，通过财产变价方案；第七，通过破产财产分配方案。对这些具体的重大决策权，《企业破产法》对决策程序、决策规则都具有详细的规定，也就是说破产清算条件下的重大决策权是相对完备的，即“通用财权”占主导，那么根据“最优财权配置规则”，破产清算条件下重大决策权应坚持公平价值取向。由于正常情况下，重大决策权分配给股东符合全体股东是企业风险的最终承担者理念，符合公司层面的公平价值取向。但是，破产清算条件下，重大决策权配置要体现公平，就只能配置给全体债权人。因为债务契约具有刚性约束，债权人具有优先受偿权，由债权人来行使重大决策权才能在公司层面体现公平价值取向。我们认为，重大决策权与日常决策权的划分标准是以事项性质及金额大小为依据的。重大决策权通常具有如下特征：涉及资本变更、交易金额巨大、非经常性，而日常决策权则相反（李连华，2002）。一般而言，有关重大决策权的合同规定是相对完备的，若不相对完备就不能在公司层面保护利益相关者的产权，公平价值观在公司层面就无法实现，公司持续成长就是“空中楼阁”，因而重大决策权中“通用财权”占主导。在正常情况下，它应该配置给股东，股东再将其中相对不重要的部分委托给董事，而保留其中相对重要的部分，这种委托实质上是一种“授权”，涉及公司集权与分权的经济分析，在此不予展开。而在破产清算条件下（非正常条件下），它应该配置给债权人。

那么，日常决策权又如何配置呢？日常决策权主要包括中小投资权、融资权、资金结算权和资产处置权等。日常决策权的主要特征就是经常性的。这个“经常性”就表明了日常决策具有很大的灵活性，公司法等相关法律和公司章程对其进行详细规制就很困难或几乎不可行或虽作出相关规定但不能由独立的第三方予以验证，也就是说有关日常决策权的合同规定中，不完备部分占主导，即“剩余财权”占主导。根据“最优财权配置规则”，日常决策权配置时应侧重效率价值取向。那么，谁又是日常决策权配置的承担者呢？我们认为，日常决策权配置的“效率”价值取向应通过经营管理者（董事、经理）来实现。“两权分离”形成的委托代理关系是现代企业制度的显著特征，经营者作为代理人对企业资产保值、增值乃至实现企业价值最大化负有受托经济责任。实现组织租金创造最大化，提高企业效率是经营者的使命。日常决策权在董事会和经理之间的配置取决于日常决策权的相对重要性及组织“授权与分权”状况。一般而言，日常决策中相对重要的部分应配置给董事会，而剩下部分应配置给经理层；另一方面，如果组织分权较充分，董事会可将部分日常决策权委托给经理层。这里要强调一点的是，董事会既可以享有重大决策权，又可以享有日常决策权。似乎与我们的“最优财权配置规则”相悖。我们认为，这不存在矛盾，而是根据“通用财权”和“剩余财权”标准对董事会决策权的进一步细分。董事会享有重大决策权是通过受托“通用财权”而形成的，而董事会享有日常决策权是因“剩余财权”本身而赋予的。

②财务执行权配置细则。财务执行权是指对最优财务决策方案执行、实施的权力。在现代公司组织结构中，执行权随着委托代理层次逐级递增。与委托代理链相对应，执行权分布也具有阶层性，对于上一层来说，下一层级就是执行单元（李连华，2002）。因此，董事会是股东大会的执行者，CEO 是董事会的执行者，CFO 是 CEO 的执行者。董事会、CEO 和 CFO 都应该配置相应的执行权。我们认为，立足于财务执行权本身的考察，以“最优财权配置规则”为指导，是实施财务执行权最优配置的关键。公司法中规定的财务执行权主要有：第一，执行股东大会决议；第二，制定公司年度财务预算方案、决算方案；第三，制定公司利润分配方案和弥补亏损方案；第四，制定公司合并、分立、变更公司形式、解散的方案；第五，主持公司的生产经营管理工作，组织实施董事会决议；第六，组织实施公司年度计划和投资方案。我们认为，一方面，公司法中对财务执行权的具体规定过于笼统与模糊，没有提出具体操作程序；另一方面，还有大量的财务执行权无法在公司法等法律层面上作出规定，如日常资金调配执行权、交易结算执行权、财务信息披露执行权等。这就决定了“财务执行权”契约中不完备部分占主导地位，即“剩余财权”占主导。根据“最优财权配置规则”，财务执行权配置时应侧重效率价值取向，即配置给经营者（包括董事会、经理层（CEO、CFO））。那么财务执行权又如何在董事会、CEO 和 CFO 之间进行分配呢？我们认为，分配的依据仍是财务执行权之间的相对重要性和组织分权状况。一般而言，相对重要的财务执行权应配置给董事会，一般性财务执行权应配置给 CEO，CFO 作为一个专业部门经理，其执行权主要来自 CEO 财务执行权的委托。具体而言，配置给董事会的财务执行权包括：执行股东会有关决议，制定投资方案，制定财务预决算方案，制定利润分配或亏损弥补方案，制定融资方案，制定薪酬方案，制定公司合并、分立、变更公司形式、解散方案等。配置给 CEO 的财务执行权包括：组织实施董事会财务决议，组织实施公司年度经营计划和投资方

案，组织实施融资方案、利润分配、亏损弥补，以及组织实施资本变更方案等。CFO 的财务执行权包括：日常资金调配执行权、交易结算执行权、财务信息处理权、参与投资方案和融资方案制定权等。只有这样配置财务执行权，才符合“最优财权配置规则”，才能在公司层面体现效率价值观，激发经营者的创造性。

③财务监督权配置细则。财务监督权是指对决策性财权和执行性财权的运用情况进行监督的权力。监督权可以进一步细分为日常监督（事中监督）和定期监督（事后监督）等，监督权的分层设置与委托代理中的层级有直接对应性。当某一管理层将决策权或执行权向下一层分解时，该管理层自然就拥有了对下层进行监督的权力。因此，监督权因决策权和执行权的逐级分解、委托而延伸。现在，我们从财权契约本身来考察财务监督权。公司法中规定的财务监督权主要有：第一，审议批准董事会报告；第二，审议批准监事会或监事的报告；第三，审议批准公司年度财务预算方案、决算方案；第四，审议批准公司利润分配方案和弥补亏损方案；第五，检查公司财务；第六，对董事、高级管理人员执行公司职务的行为进行监督，对违反法律、行政法规、公司章程或者股东大会决议的董事、高级管理人员提出罢免建议；第七，当董事、高级管理人员的行为损害公司利益时，要求董事、高级管理人员予以纠正；第八，依照《公司法》规定对董事、高级管理人员提起诉讼。《企业破产法》中有关财务监督权的主要有：第一，核查债权；第二，申请人民法院更换管理人，审查管理人的费用和报酬；第三，监督管理人；第四，监督债务人财产的管理和处分；第五，监督破产财产分配。这些法律条文对各项具体财务监督权如何行使都有明确而详尽的规定，具有可操作性。这表明，有关契约对财务监督权的规定是相对完备的，这一财权中“通用财权”占主导。根据“最优财权配置规则”，财务监督权配置时应侧重公平价值取向。正常情况下，作为“通用财权”占主导的财务监督权配置给监事会（未设监事会的则配给监事）和股东大会是最优的。因为监事会成员主要由股东代表和适当职工代表组成，其中职工代表比例不得低于 1/3，具体比例由公司章程规定。监事会职工代表由公司职工通过职工代表大会、职工大会或者其他形式选举产生。这种配置能够在公司层面代表股东、员工等利益相关者的利益，体现公平价值取向，因而将财务监督权配置给股东大会和监事会是最优的。

那么，财务监督权又如何在股东大会与监事会之间进行分配呢？我们认为，监督权可以按其重要性和是否经常性分为重大监督权和日常监督权。其中，重大监督权应配置给股东大会，而日常监督权则配置给监事会。因为重大监督权事关企业发展全局，应优先配置给所有者机构行使，即股东大会。而日常监督权是对企业日常经营过程的监督，侧重对公司利益相关者的产权保护，应配置给代表不同利益的机构行使，即监事会。鉴于此，股东大会行使的财务监督权主要有上文公司法中的第一、第二、第三、第四，而监事会行使的则是第五、第六、第七、第八。然而，现实中董事会、CEO 和 CFO 都拥有一定的财务监督权。我们认为，这种监督权是因“授权”而产生的，而一般意义上的财务监督权则是在公司层面因经济受托责任而产生的。董事会、CEO 和 CFO 本身并不是最优财权配置的承担者。在企业处于破产清算的条件下，作为“通用财权”占主导的财务监督权应配置给债权人会议，以保护全体债权人利益，体现公平价值取向。因为相对于“股权强势”来说，“债权弱势”特别需要保护。

④财务收益分配权配置细则。财务收益分配权是指对企业通过运用财务活动和处理财务关系所创造的企业剩余（净利润）的要求权。获取财务收益是股东投资并控制企业的直接目的，为保障其根本利益，财务收益分配权理应由代表全体股东利益的组织——股东大会直接行使，以免不当授权产生部分股东利益受损（衣龙新，2005）。衣龙新教授对财务收益分配权的理解是“狭义上的”，是在“资本强权”和“股东至上”思想下对财务收益分配权的合理定位。

现代企业理论认为，企业是多边契约关系的联结体，是要素所有者交易产权的结果，因而主张利益相关者共同治理。公司法中对企业财务收益分配权的规定按收益分配形式，有的非常明确，具有刚性约束，有的则十分模糊，视企业经营状况好坏而定，因而应按收益分配形式具体分析。收益分配具体形式主要包括：固定工资、固定工资 + 奖金、利息、税收、股利（现金股利和股票股利）等。公司法、公司章程和劳务合同中对工资这一收益分配形式作出了明确而又详细的规定，这种报酬契约中完备部分占主导，即“通用财权”占主导，则其配置应侧重公平价值取向，其最优财权配置的承担者是普通员工。而为了激励员工积极性，很多企业采用“固定工资 + 奖金”报酬形式，在这种情况下，如果有关“奖金”这一分配形式弹性很大，则这种报酬契约中，“剩余财权”占主导，应将其配置给高级人力资本所有者（如 CEO、CFO 和高级技术人员），如果“奖金”分配弹性小，则这种报酬契约中“通用财权”占主导，应将其配置给一般性人力资本所有者（如一般技术人员）。债务合同中对“利息”这一分配形式的规定简单明了，具有刚性约束，是相对完备的，即“通用财权”占主导，因而其配置应侧重公平价值取向。根据“最优财权配置规则”，应将“利息”这一财务收益分配权配置给全体债权人。同理，公司法中对税收合同的规定也具有刚性约束，“通用财权”占主导，其配置应侧重公平价值取向，即将“税收”这一财务收益分配权配置给政府。而对股利这一分配形式而言，相关法律和公司章程大多规定除优先股股利外，股利一般应视企业经营业绩好坏进行分配。因而有关股利分配这一形式的相关规定视经营业绩而定则暗含了极大的不确定性，即有关股利财务收益分配权契约中不完备部分占主导，即“剩余财权”占主导，其配置应侧重效率价值取向。由于股东是企业风险的最终承担者，将这一财权分配给股东是最有效率的。

上述“四条细则”是我们以不完全财权合约的完备程度为标准，从“财权=通用财权+剩余财权”公式出发，立足于各具体财权本身而得出的“最优财权配置细则”。我们的研究与目前研究范式存在重大差异。目前主流研究范式在财权配置这一问题上侧重从公司各职能部门出发来研究应配置哪些具体财权，很少考虑公平与效率价值观对财权配置的影响。而我们的研究是从不完全财权合约之完备程度出发，通过划分为“通用财权”和“剩余财权”范畴并论证其价值取向，立足各项具体财权本身的考察，寻找该财权的归属。简言之，我们的研究范式是“逆流而上”。

第 11 章

财权理论研究：动态演进与学术争鸣

动态演进的财权理论，以其空灵广阔、大气深邃的特质，引起了经济学界和财务学界的广泛关注，与此同时，也引发了一场财权理论研究的学术论争。学术贵在学科交叉与融合，学术贵在思想碰撞与争鸣。为了廓清理论界和实务界对财权理论的认识，减少不必要的误解，本章力图全面透视财权理论研究的动态演进过程，系统勾勒出财权理论学术共鸣的恢宏图景，客观映射财权理论的广泛社会反响与论争。

11.1　财权理论动态演进透视

产权财务思想因产权经济学的蓬勃发展正日益成熟。汤谷良（1994）认为，企业财权是原始产权派生而又独立于原始产权的一种财产权；企业财权是法人财产权的核心，也是企业其他经营权的保证和前提，并在企业内部具有明显的层次划分。

伍中信（1998）在《财权流：现代财务本质的恰当表述》一文中，初步提出了“财权理论”，并在其专著《现代财务经济导论》中，对财权性质、内涵及财权配置等问题进行了更深入的研究，提出了“财权流”范畴，并将其作为现代财务本质的恰当表述。其基本思想是：“财权”是一种“财力”以及与之相伴随的“权力”的结合，即财权 = 财力 + （相应的）权力。这里的“财力”表现为一种价值，是企业的财务资金或本金，而相应的权力便是支配这一“财力”所具有的权能。财权表现为某一主体对财力所拥有的支配权，包括收益权、投资权、筹资权、财务预决策权等权能。这一支配权起源于原始产权主体，与原始产权主体的权能相依附、相伴随。而随着产权的分离，财权的部分权能也随着原始产权主体与法人产权主体的分离而让渡和分离。这样，原始产权主体在拥有剩余索取权的同时，也拥有收益权这一财权。法人产权主体在拥有占有权、使用权、处置权等产权权能的同时，也拥有了与此相联系的收益权、投资权等财权。在严格的法人治理结构下，法人产权主体所拥有的产权权能具有独立性，公司的财权在其拥有的范围内也具有独立性。公司是否拥有独立自主的法人财产权与公司是否能独立理财在含义上是协同的。理想的财权在独资企业是独立的，在公司制企业也应是独立的。财权具有可分性、可明晰性和独立性等特征。在财权归于产权的内容中，主管价值形态的权能，并构成法人财产权的核心内容。独立财权的确立，是现代企业财务区别于传统财务的根本标志，是企业是否真正开展财务活动的标志；“财权流”作为现代财务的本质表述，贯穿于财务基本理论的始末，在现代财务的理论体系中占据着核心和统驭地位。因此，“财权流”是现代财务本质的恰当表述。

财权流财务本质理论的提出，激发了许多学者对财权问题研究的学术兴趣。刘贵生（1999）认为，财权又称理财权，通常有广义与狭义之分。广义的财权包括两个方面：一是与财产所有权相联系的财力支配权；另一个是与政治相联系的财力分配权。前者属于财务范畴，后者属于财政范畴。著名财务学家郭复初教授（2001）将财权理解为投资权、筹资权、留用资金支配权、资产处置权、成本费用开支权、定价权和分配权。李连华（2002）则认为财权并非仅指财务权，而是体现在资金运动和财产上的各种权力，相当于一般意义上的财产权或物权，并将公司财权划分为出资者终极财权、公司法人财权以及法人财产权所分割形成的明细财权，进一步认为公司财权是由不同层次、不同权能所构成的一个权力结构系统。也有学者认为财权大致有三种解释：一是狭义上的现金收支及财务运作权；二是包括财务与会计在内的广义上的所有权力；三是构建财务控制系统的依据，包括重大财务事项决策权、现金调度支配权和日常财务处理权等方面（王斌，2003）。企业财权是关于企业财务方面的一组权能，包括财务收益权和财务控制权（张兆国和张五新，2005）。将权利的一般概念与公司财务特征相结合，财权可定义为公司获取、控制和运作财务资源的权力，主要包括：获取财务资源的权力；控制、使用和处置财务资源的权力；分享收益的权利；公司财权的来源已从股东资本向利益相关者资源扩展（李心合等，2005）。财权是派生于产权的财务权利，是体现一定财务经济关系的一组权利束，大体包括财务决策权、收益分配和监督等权能；公司财务与公司治理研究的重点是派生于企业所有权的“企业财权”（衣龙新，2005）。此外，还有学者主张财权就是财务治理权，并将其分成财务收益权和财务控制权两类。其中财务控制权包括财务决策权、财务执行权和财务监督权（张栋，2006）。

伍中信（2007）在其专著《现代企业财务治理结构论》中，对财权理论作了进一步发展。该论著认为，财权流表现为“财流”和“权流”两个方面，即财权流 = 财力流 +（相应的）权力流。用“财权流”作为现代财务的本质表述，既充分体现了“本金本质论”的优势，又反映了“本金本质论”在新的历史条件下的特殊性，注重“价值”与“权力”的高度融合。

伍中信、曹越和张荣武（2007）提出与论证了通用财权与剩余财权范畴，使得财权理论得到进一步拓展。研究认为，财权可以分为基于企业公平的通用财权范畴和基于企业效率的剩余财权范畴，即“财权 = 通用财权 + 剩余财权”。通用财权诞生于企业不完全合同中明确规定并且其结果可由第三者验证（即其中的完备部分）的企业“财权”。而剩余财权缘起于不完全合同中的不完备部分，是企业合同疏漏、未作具体规定或无法作出具体规定或虽作出明确规定但第三方不能验证其结果的企业“财权”。在“财权 = 财力 +（相应的）权力”等式的基础上，可以派生出以下两个等式：通用财权 = 通用财力 +（相应的）通用权力；剩余财权 = 剩余财力 +（相应的）剩余权力。财权本质上是一个二元价值体系，即基于企业公平的通用财权范畴和基于企业效率的剩余财权范畴。

11.2　财权理论学术共鸣的恢宏图景

11.2.1　以“财权”为基础的财务理论与运作体系研究：路演历程

财权流财务本质论引发了以“财权”为基础的财务理论与运作体系学术研究热潮的兴起。在财权流思想的指导下，伍中信（1999）明确提出财权的取得并独立化是一个组织能否成为财务主体的根本条件，指出企业财务目标的理想模式是企业价值最大化，论证了资源配置是现代财务的基本职能。后来，进一步以“财权”为基础解剖了财务本质理论的财权意义、财务主体确立的财权基础、财务目标形成的财权动因、财务职能研究中的财权思想以及财务运作是对财权运作的原理，论证了财权构成整个财务理论体系的主线，并成为财务基础理论与运用理论的共同起点。夏既明和张荣武（2002）将现代企业财务目标定格为“财权合理配置”。伍中信和杨晴（2003）论证了财权理论是财务治理理论的基石，以及财权的分层管理、财权的监督与激励等问题。伍中信和贺正强（2004）考究了财权分层理论是财务分层理论的核心、一元性是财务主体的真实属性等基本命题。伍中信（2006）考量了财权是财务研究逻辑起点的现实选择。

事实上，财权理论力图打造一整套以“财权”为核心的、充分体现价值与权力两条主线完美结合的财务理论体系。对此，伍中信、张荣武和贺正强（2006）进行了集中探讨，研究表明：财务研究的逻辑起点是财权，即财力+（相应）权力；财权流是财务本质理论的恰当表述；财务主体应具有经济性（价值性）和财权独立性两大基本标准；企业价值最大化与相关者利益最大化两大财务目标是从价值与权力两个不同侧面对财务目标的准确表述；资源配置与财权配置是现代财务的基本职能；财务的“资源配置”与“财权配置”基本职能的提出，将现代财务分为“财务管理”和“财务治理”这两大既相联系又相区别的领域。

11.2.2 以“财权配置”为核心的财务治理理论体系：研究演进

伍中信教授秉持财权配置论，认为财务治理结构是以财权为基本纽带，逐步确立出资人、董事会、经理人和企业财务人员财权流动和分割中所处的地位和作用，分别体现各主体在财权上相互约束、相互制衡的关系（伍中信，2001）。从利益相关者角度看，公司财务治理“是指通过财权在利益相关者之间的不同配置，从而调整利益相关者在财务体制中的地位作用，提高公司治理效率的一系列动态制度安排”（杨淑娥，2002）。财务治理的核心在于明确出资人、董事会、经理人和企业财务人员在财权流动和分割中所处的地位和作用，而财权体现为剩余索取权和剩余控制权的对称分布，在各利益相关者之间合理分配剩余索取权和控制权已成为财务治理的现实内容（张敦力，2002）。后来，伍中信（2005）以“财权”为基本工具，对现代财务治理理论的形成与发展进行了探寻，构建了以“财权配置”为核心的现代财务治理结构理论体系。衣龙新（2005）也是财权配置论的拓展者，认为财务治理是指基于财务资本结构等制度安排，对企业财权进行合理配置，在强调以股东为主导的利益相关者共同治理的前提下，形成有效的财务激励约束等机制，实现公司财务决策科学化等一系列制度、机制、行为的安排、设计和规范；财务治理客体具有两种表现形式，治理框架下具体体现的是“财权”，财务范畴之内总体体现为“本金”；财务治理机制是在企业财权配置的基本框架下，基于财务治理结构安排和一定制度设计，能够自动对企业财务治理活动进行调节和规范的一种机制。

财务治理结构是以财权为基本纽带，以融资结构为基础，在股东为中心的共同治理理念的指导下，通过财权的合理配置，形成有效的财务激励与约束机制，实现相关者利益最大化和企业决策科学化的一整套制度安排；财务治理的客体是（财）权，即特指财务治理范畴的财之权，因为财务治理主要就是对财权的配置；财务治理结构体系以财权配置为核心，以融资结构为基础，以财务激励与约束机制为内核；财务治理权具有财务决策、控制和监督三个权能，是财权范畴中的核心，其对财权配置的作用和影响主要是通过财务决策权来实现的，因此财务决策权就成为财务治理权、财权配置乃至企业财务治理结构的核心（伍中信，2007）。

张荣武（2007）认为，财务治理是在股东主导的利益相关者共同治理的基础上，通过财权合理配置和财务冲突协调，形成财务治理结构、财务治理机制与财务治理环境良性互动，实现财务决策科学化和财务治理效率最大化的制度安排；财务治理的客体可以从广义和狭义两个方面来理解，广义的财务治理客体是指“财权”，狭义的财务治理客体特指“财权”中的“权力”（虽然“财权”包括通用财权和剩余财权两个方面，“权力”也包括通用财权中的“权力”和剩余财权中的“权力”，但广义财务治理客体的核心是指剩余财权，狭义财务治理客体的核心则是指剩余财权中的“权力”）；公司财权结构是动态的，具有状态依存性；公司剩余财务索取权为利益相关者参与利益博弈提供动力，剩余财务控制权则决定着利益博弈的动向；剩余财权配置是财务治理的本质，剩余财务索取权与剩余财务控制权对应则是财务治理效率的核心；通用财权配置侧重于公平性与静态性，但并非排除效率性与动态性，通用财权契约的履行显然包含着效率和动态因子；从理论上讲，公司财务治理效率既包含通用财权契约的履行效率，又包含剩余财权的配置效率；鉴于通用财务治理对公平的突出强调（虽然包含效率的因子）和剩余财务治理以“效率”为灵魂和根本特征（尽管高效率意味着更高层次的公平），公司财务治理效率研究主要应以剩余财权配置效率为线索。

11.3　财权理论的社会反响

财权理论的创造性提出和以财权为主线的财务理论体系的构建，使人耳目一新，引起了强烈的社会反响。目前财权理论已成为我国财务治理理论研究的基石与核心。经文献检索发现，我国财务治理这一研究热点领域都是围绕“财权流”

这一学术硬核而展开的（张荣武，2007）；《财政研究》连续刊登了伍中信教授的《财务主体理论的经济学基础》（1999）、《财务资金平衡与国民经济综合平衡：中国社会资金运动分析》（2000）、《现代财务理论的产权基础》（2000）等与财权相关的理论研究成果；《中国会计年鉴》相继登载了伍中信教授撰写的《建立以财权为基础的财务理论体系和财务运作体系》（2001）、《关于财权理论的几个问题》（2003）、《财权分层理论与财务主体一元性》（2004）等财权理论相关论文；"财权流财务本质论"被著名财务学家王庆成教授（2003）列为我国最新的两大代表性财务本质理论观点之一（另一观点是我国著名财务学家郭复初教授提出的"本金投入与收益论"）；《现代公司财务治理理论的形成与发展》一文构建和论证了以"财权配置"为核心的现代财务治理理论体系，该文的前期成果《现代企业财务治理结构论纲》荣获中国会计学会优秀论文一等奖。财权理论目前已成为我国财务学的主流理论之一。

财权理论的重要代表人物伍中信教授自踏上漫漫学术长路，就始终躬耕于产权会计与财权流这一颇具影响力的学术前沿领域，并取得了丰硕的成果。其中，有关财权理论研究的60余篇论文先后在《管理世界》《会计研究》《财政研究》等专业刊物发表，其财权流思想集中体现在《现代财务经济导论——产权、信息与社会资本分析》（1999）、《产权会计与财权流研究》（2006）和《现代企业财务治理结构论——以财权为基础的财务理论研究》（2010）等专著中。

财权理论的创造性提出与论证，赋予了现代财务理论以灵魂与核心，使得财权成为现代财务区别于传统财务的根本标志和判断企业是否真正开展财务活动的标准，犹如空谷足音，寓意深邃，为财务理论研究开辟了一片崭新的天空；"财权流"作为现代财务的本质表述，贯穿了财务基础理论的始末，在现代财务理论体系中占据着核心和统驭地位，从而使其成为我国财务理论研究和财务学科建设中不可或缺的理论基石。

当然，财权理论作为一个开创性理论流派，虽然取得了丰硕的成果，但也不可能做到天衣无缝、滴水不漏而成为精致绝伦的完备理论。由此，引发了一场有关财权理论研究的学术论争：白华和余国杰（2004）认为在财务理论研究中存在"将财权理解为法人财产权的核心，以企业拥有的十四项经营自主权为依据来界定财权的内涵；将企业本身界定为财务主体；认为企业财务具有资源配置职能"等认识误区；沈辉和肖小凤（2006）则对前文作出相应回应，认为白华和余国杰（2004）一文对新制度经济学及其产权理论的理解、运用均出现了偏差，其得出的逻辑结果只会引起财务基本理论的混乱，并在对相关概念进行辨析的基础上指出了前文的错误；石友蓉和黄寿昌（2006）针对这场学术争论，概括并评价了当前经典文献（该文作者将伍中信教授和汤谷良教授关于财权理论研究的系列文献称为“经典文献”）关于财权理论的研究范式，并以该范式为基础，回顾了法人财产权概念、探究了财权主体和财务主体的界定、分析了财权权能的概括并质疑“财权”范畴的科学性；夏宁（2005）对将财权作为财务治理核心概念提出了质疑。

11.4　对财权理论的再评价：由一场学术争鸣引起

《财务理论研究中的几个认识误区》一文（以下简称“白文”），白华和余国杰对财权、财务主体以及财务职能等三个基本财务理论范畴提出了质疑。该文发表近两年后，沈辉和肖小凤发表了《“财务理论研究中的几个认识误区”的认识误区》（以下简称“沈文”）一文，对“白文”的主要观点作了有力回应。同年石友蓉和黄寿星又发表了《对财权理论的一个评价——由一场学术争鸣谈起》（以下简称“石文”），作者概括并评价了当前财权理论的研究范式，通过对财权与法人财产权、财权主体与财务主体以及财权权能的讨论，质疑“财权”范畴的科学性，并形成了自己的观点，认为对“财权理论”的科学性进行了全面“检视”。但“白文”和“石文”对财权、财务主体诸范畴的理解缺乏从整体上把握“财权理论”精髓，加之对产权经济学和法学理论的理解与运用显得较为轻率和武断，由此导出的逻辑结果就如“盲人摸象”，难以做到客观公正。鉴于上述争论对财务理论研究具有重大的理论和实践意义，它必将有利于推动国内外财务学界对财务基础理论的研究，因此我们愿参与其中。这种争鸣有利于完善财权理论本身，但若评价不客观，也将导致财务理论界严重的思想混乱，因而对财权理论予以客观公正的“再评价”显得十分迫切，且具有重要的学术价值。

11.4.1　“财权”缘起：本意与曲解

从财务角度提出“财权”范畴的本意主要是解决财务本质理论的争论。在我国，对财务本质的讨论比较激烈，主要有：①资金运动论、资金关系论；②价值运动论、价值关系论；③货币关系论、货币资金运动论；④分配关系论。它们在不同程度上反映了财务的某些特性，也在不同程度上推进了财务本质理论建设。综合上述观点，郭复初教授（1997）认为，财务本质应从财务的二重性——经济属性与社会属性相结合去考察，但在这两个方面中应首先强调经济属性，它揭示财务经济活动与其他经济活动质的区别，并且是财务社会属性赖以存在的基础，基于此，财务是在社会再生产过程中的本金投入与收益活动，并形成特定的经济关系，即本金投入与收益论。在此基础上，伍中信教授（1997）认为，从价值和权力层面而言，本金是现代财务研究的逻辑起点，分析现代财务要从分析本金及其运动规律开始。财务管理不是简单的对资金运动的管理，而是借助于资金运动的管理实现产权管理，是“价值”与“权力”的结合。从这个意义上讲，不管是“资金运动”还是“本金运动”都只是一种价值运动。如果说“价值”是从财务活动的现象中或从“物资流”中抽象出来的带本质的东西的话，那么，在现代企业制度下，某种支配这一价值的“权力”则是隐藏在“价值”背后的更为抽象、更为实在的带支配能力的本质力量，而且这一“权力”与该“价值”，“价值”与相应的“实物”都是可以附于一体的，只是前者比后者更抽象、更接近事物的内在本质。基于对财务之“价值”与“权力”的融合分析，伍中信教授找到了具有丰富内涵的全新“财权”范畴。并认为：①财权流是现代企业财务的本质表述；②财权是现代财务研究的逻辑起点，是现代财务的核心概念。

所谓的“财权”是一种“财力”以及与之相伴随的“权力”的结合。这里的“财力”表现为一种价值，是企业的财务资金或本金，而相应的权力便是支配这一“财力”所具有的权能。财权流 = 财力流 +（相应的）权力流。我们认为，“财权流”吸收了“本金投入与收益论”的全部优点，注重了“价值”与“权力”的高度融合，是从经济属性和社会属性、财务活动和财务关系两个层面对财务本质的完整表述。以“财权”为基点，伍中信教授及其研究团队对财务本质、财务目标、财务职能、财务理论体系等财务治理和财务管理基础理论及债转股、国有股减持、股票期权与管理层收购等财务应用理论进行了卓有成效的探索，取得了丰硕的成果。财权表现为某一主体对财力拥有的支配权，包括收益权、投资权、筹资权、财务预决策权等权能。这一支配权显然起源于原始产权主体，与原始产权主体的权能相依附相伴随。而随着产权的分离，财权的部分权能也随原始产权主体与法人产权主体的分离而让渡和分离。这样原始产权主体在拥有剩余索取权的同时，也拥有收益权这一财权（当然是产权的权能）；法人产权主体在拥有占有权、使用权、处置权等产权权能的同时，也拥有了与此相联系的收益权、投资权等权能（当然也是产权权能）。在财权归属于产权的部分内容中，主管价值形态的权能，并构成法人财产权的核心内容。财权与产权是两个相近的经济学范畴，在两者交叉的领域里，财权构成了产权中最核心的内容。这就是财务学“财权”范畴的本意。

值得特别注意的是，伍中信教授对“财权”赋予更为丰富的内涵，与日常生活中“三权”中的“财权”内涵具有本质的区别。“石文”认为，作为一个严格的学术概念，“财权”是中国财政理论所特有的，与这一概念相对应的还有“事权”；现有文献中的“财权”与“财力”是两个来源于传统财政学并带有相当计划经济时期行政色彩的范畴，并认为在经典文献提出“财权理论”之前，“财权”这一概念在现代财务学中不存在，借此宣称“财权”是一个过时的概念，并质疑“财权”范畴的科学性。我们认为，作者没有对“财权理论”中“财权”范畴有一个全面的了解，仅仅从表面意义上将财务学中一个具有丰富内涵的全新“财权”概念等同于财政学中或日常生活中的“财权”概念，从而质疑财务学中“财权”范畴的科学性。

除此之外，该文作者还认为，财务理论界应该寻找一个更为科学的范畴来取代“财权”概念，以此构建相应的理论体系，那么请问“更为科学的范畴”又是什么呢？作者并没有回答。我们认为，长期以来，财务学界为探寻财务本质，其核心概念沿着以下路线在演化：货币→资金→资本→本金→财权。“财权”范畴已为财务学界所广泛认同并不断发展，正成为财务学界的主流。这从侧面也反映出“财权”范畴的科学性。“石文”认为，经典文献将产权权能区分为主管实物形态的权能与主管价值形态的权能的做法是武断的，财产的实物形态和价值形态是一体两面的关系，是无法截然分开的。我们认为，经典文献只是为了找到“财权”的产权基础，而将产权权能从“实物”和“价值”形态两个方面来理解，并没有把两者割裂开来，这在前文“财权”本意中也可以得到佐证。

再次，“石文”认为，现有文献对财权权能概括具有较大的随意性和不规范性，这大大削弱了财权理论本身的科学性，并提出完善财权权能概括的建议。我们认为，作者关于“财权权能”与“财权具体内涵”的建议及产权权能与财权权能之间的区别提议对完善“财权权能”研究具有一定借鉴价值。任何一种理论在刚刚诞生之时肯定有不足之处，“财权”还是一个新生事物，但借此认为“大大削弱了财权理论”的科学性似有夸张之嫌。

最后，“石文”概括出财权理论研究的基本范式是以新制度经济学的产权理论为基础，结合相关法学理论，从而构建财权理论。事实上，基本研究范式还是以产权理论为基础，并参考法学理论。这里要注意的是，财务学主要属于经济学范畴（尽管我国现在将财务学划归管理学门类），以致很多学者称其为“财务经济学”。按照科斯的逻辑，判断某种经济活动是否达到最优状态，首要的是经济学标准，而不是法律标准；并且法律对某种经济活动责任的裁定或作出产权安排是否是最优的判定，要依据经济学的效率标准来判定。但是由于法律作为产权界定的一种重要方式会对产权效率产生重大影响。因而，财务学的“财权”研究也要参考法学理论。“财权”本是经济学与法学的共生概念，但现代财务学中的“财权”则应主要以新制度经济学中的产权理论为基础、以法学财产权理论为参考去诠释。“白文”则认为，财权就是与资本价值运动有关的控制权，即财务控制权，遵循“企业所有权→控制权→财权”的思路，而否定“法人财产权→财权”思路。这一提法要成立的基本前提是企业所有权就是控制权，那么“所有权与控制权”分离岂不同义反复？将“财权”与“财务控制权”等价也是对“财权”内涵的曲解。遵循“白文”逻辑，为什么财务索取权就不是“财权”？我们认为，财务控制权只是财权权能的重要组成部分，而不是全部，将财权等价于财务控制权似有以偏概全之嫌。综上可知，认识现代财务学中的“财权”范畴，必须从“财权”本意缘起开始，否则将难以把握“财权”范畴和财权理论的精髓，难以客观评价财权理论。

11.4.2 财权与法人财产权：争论与注释

伍中信教授（1999）认为，财权→财产权→产权，通过“财产权”嫁接起来的财权与产权，不仅在字面上很相近，而且有着重要的比较研究价值。“白文”认为“理论界对财权的认识基本上是遵循产权→法人财产权→财权的思路进行的”，这个观点是对财权本意的误读，颠倒了财权认识思路，况且财产权也并非仅指法人财产权，还包括自然人财产权，尽管前者是讨论的重点。伍中信教授的本意是在对现代财务中的“财权”作出全新解释并赋予其独特而又丰富的内涵后，为寻求其背后更为雄厚的经济学（产权经济学）基础，而将“财权”引申到“财产权”，进而引申到“产权”，目的是深化“财权”范畴的研究。遗憾的是“沈文”和“石文”均受“白文”影响，都遵循着从产权→法人财产权→财权的认识思路，没有全面把握财权缘起与本意。

更简单地说，产权即财产权，包括以所有权为主的物权、债权和知识产权等，其内涵可分为资本所有权、占有权、收益权和处置权等，产权不仅仅是一个财产归属问题，而且有一个经济运用问题，因而可以将产权分为原始产权（或终极所有权）和法人产权（或法人所有权）。“石文”据此认为，将原始产权视为终极所有权，而将法人产权视为法人所有权明显违背了“一物一权”原则。我们认为，伍中信教授有关产权的理解是侧重从经济学而非法学层面。他认为财权之产权归属问题属于原始产权（或终极所有权），而产权之经济运用问题则归属于法人产权（或法人所有权）。如果将法人产权视为法人财产权，可能更符合法理，但将法人产权视为法人所有权是否违背“一物一权”原则呢？

（1）法人财产权与法人所有权

法人财产权的根基是法人财产制度，其核心在于企业具有独立的法人地位，有明确的权利和责任以及相应的利益和风险，其功能是利用责、权、利之间互相制约和促进作用，完善企业的经营机制，增强企业的主动性、积极性和自我约束能力。法人财产权的重要意义和作用，不在于它是否包括所有权，而在于企业法人的责、权、利是否明确，三者关系是否合理，有无保障，是否有利于发挥激励和约束的作用。法人财产权关系是法律在调整法人与其他民事主体之间，对财产的占有、支配、交换和分配的过程中所形成的权利义务关系，它是来自于一定的生产关系，而不是来自法律的界定。目前，法学界和经济学界在法人财产权和法人所有权关系问题上仍存在较大分歧：刘诗白（1994）认为，若法人财产权就是法人所有权，将违背所有权的排他性与不可兼容原则；在法人财产制度下，公司“法人所有权”只不过是外观，实质上并非所有权，而只是一种实际支配权，简称经营权。陈永正（2004）认为，在本质上法人财产只表现为一种权利，这就是共同所有权；只有一个权利主体，就是出资者；法人财产不表现为这个法人自身的所有权，因而不存在法人所有权范畴。《公司法》规定“公司享有由股东投资所形成的全部法人财产权”，但是这种完全的物权并不是归属意义上的所有权，而是一种支配意义上的权利。

公司法人制度形成以后，财产的所有权分解为出资者所有权和公司法人财产所有权，前者是抽象的或虚拟的所有权，后者是具体的或实在的所有权。法人财产权是以法人财产所有权为实质内容：包括经营权、债权、知识产权，以及请求法律救济权在内的一组权利的综合体。法人财产权认定为法人经营权更为务实一些。法人财产权是经营权与法人制度的结合，经营权是所有权派生又独立于所有权的一种财产权，这种财产权一旦与法人制度相结合，即构成法人财产权。公司法人财产权是具有所有权的物权，是物权中的自物权，它具有所有权性质。公司法人（财产）所有权是公司法人财产权中最为基础和最为重要的组成部分。法人财产所有权的核心和实质是所有人对所有物的支配控制权。由于企业法人财产权与产权的相互制衡关系，使得两者相对于法人所有权来说都不是绝对的。以“法人财产权”为基础建造的公司人格体制，使得法人组织缺乏独立的财产所有权，法人所有权是公司法律人格的核心要素。“企业法人财产权”是一种有所有权之实而假经营权之名的折中性权利，是企业经营权与法人所有权的妥协产物，具有过渡性，它必然为法人所有权所取代。吴宣恭（1995）通过详细论述不同产权结构下法人财产权的内涵及其性质表明，公司（法人）财产权是包括所有权与收益权在内的完整的财产权利。《中华人民共和国物权法》指出：①物权是指权利人对特定的物享有直接支配权和排他的权利，包括所有权、用益物权和担保物权；②所有权人对自己的不动产或动产，依法享有占有、使用、收益和处分的权利；③国家、集体和私人所有的不动产或者动产，投到企业的，由出资人按照约定出资比例享有资产收益、重大决策以及选择管理者等权利并履行义务；④企业法人对其不动产和动产依照法律行政法规以及章程享有占有、使用、收益和处分的权利。可见，从法学上看企业法人享有的权利（占有、使用、收益和处分权）与所有权人享有的权利基本类同。因而才有“法人所有权”一说。

综上所述，目前法学界和经济学界对“法人财产权”与“法人所有权”之间关系的理解仍存在分歧，但比较一致的看法是法人所有权是法人财产权最基础、最重要的组成部分，《物权法》的最新规定也采纳并佐证了这一观点。著名法学家杨立新教授（2007）认为，在实践中，确认“一物一权”原则至关重要：①一物的“物”，应当依照社会交易中的通常观念来判断，是指法律观念上的一个物，可以是单一物或者合成物；②一权的“权”，在理解上要解决以下问题：第一，在共有的情况下，两个或者两个以上的人对一物享有共有权，并不违反一物一权原则，而是两个或者两个以上的主体对一个物享有一个所有权，他们所共有的是一个所有权，而不是两个或者两个以上的所有权；第二，这里的“权”是指物权，但仅指所有权，而不是他物权；第三，一物一权原则并不排斥在一个所有权之上设立几个他物权。可见，出资者所有权与法人所有权之“物”都是企业财产，是法学意义上的合成物，出资者和经营者（法人代表）所共有的一“权”就是企业（财产）所有权。出资者所有权与法人所有权表面上看违背了“一物一权”，但是它们的权能是根据权利义务对称而进行分工合作所形成，共同目标都是提高财产利用效率。表象的“二权”实质上是合二为一的完整权能。两个“所有者”之说只是“权能”在出资者与经营者（法人代表）之间的复杂细分，各权能之间是排他的，而不是重叠的。即作为整体的权能是独立而又完整的，而各项具体权能仍是排他的和可转让的，实际上仍符合产权法学上的“一物一权”原则。严格讲来，企业是多边契约关系的联结体，其本身是无所谓“所有者”的，但经济学界对“企业所有权”的说法如此根深蒂固，经济学家们保留了“企业所有权”概念。而法学家则称其为“法人所有权”。严格上讲，在法学中，“企业”是“法人”类型中的一种，即企业法人。但在这里，从限定于企业层面来讲，“企业”与“法人”本质上是一致的，只是经济学界和法学界对同一本质的不同称谓而已。因而，伍中信教授将法人产权理解为法人所有权是从狭义上对“产权”的理解，毕竟“产权”与“所有权”还是紧密相连的两个范畴。

因而这是无可厚非的。

“石文”认为，将法人财产权界定为所有权首先是不符合学理的，我们依据《物权法》有关“企业法人占有、使用、收益和处分的权利”的规定，可以推知“法人所有权”有其存在的法理依据。企业可以成为所有权主体，否则，就与企业作为投资主体对外投资并享有“所有权”的现实相违背。其次，“石文”认为，企业法人没有真正实现收益权，只是控制更多资源，并以国有资本经营预算编制为例证。我们认为，目前法学界对企业法人享有收益权是高度认同的，但应注意的是自然人与法人之“收益权”的实现方式则是存在差异的。国有资本经营预算编制改革的推行，实际上是国资委作为出资者应履行出资者之权利与义务的客观要求，以此认为，国资委独吞“收益权”，企业法人没有“收益权”显得较为武断。再次，“石文”认为，企业与财产是融为一体的，而自然人则与财产是可以分离的，“所有权”只针对自然人而言，企业法人是无所谓“所有权”的，借此否认“法人所有权”范畴。我们认为，企业对外投资并拥有“企业财产所有权”的现实便使“石文”说法不攻自破。可见，“石文”对“法人财产权”与“法人所有权”范畴的理解，没有遵循主流法学尤其是经济学传统，这与他们宣称的财权理论研究范式相矛盾。

（2）法人财产权主体

“石文”认为，我们现在所正在进行的实际上是从新制度经济学的产权理论而展开的财务学研究，而不是法学研究，将法人财产权主体定位于公司（企业）不符合新制度经济学坚持的“个体主义”方法论，财权研究之“个体主义”逻辑不能因为有关法律分析方法的引入而遭破坏。令人费解的是，“石文”在文章一开始就概括出财权理论的研究范式，即以新制度经济学的产权理论为基础，结合相关法学理论，构造财权理论，并积极肯定了该范式，而在这里，作者又似乎排斥法学理论在财权理论中的运用，有点前后矛盾。难道“个体主义”方法论就不能从经济学上得出法人财产权的主体是公司（企业）吗？功利主义、个体主义、自由主义以及当代科学哲学的一些流派构成现代西方产权经济学基本方法论的核心，甚至历史唯物主义与辩证唯物主义及其他哲学思考也在一定程度上影响现代西方产权经济学。可见，将以产权经济学为重要组成部分的新制度经济学方法论仅仅理解为“个体主义”是很不全面的。众所周知，新制度经济学也研究企业、市场、法律和国家，并认为企业是市场的微观基础。“石文”借“个体主义”之名否定经济学上“法人财产权”主体是公司（企业）的观点是没有说服力的，不符合生活现实。除此之外，“石文”还认为，法人财产权应定性为经营权，这在法学界也是很值得商榷的。鉴于这个争论对财权理论评价的影响不大，在此不再赘述。

11.4.3 财权主体与财务主体：重新诠释

现代企业理论认为，企业是多边契约关系的联结体，是要素所有者交易产权的结果。只要是投入要素的契约方都应成为企业的产权主体。产权主体包括自然人和各种法人，其中也有国家；只要是一个产权主体，而无论这一个有多大，拥有多少财产，都只是一个微观单位。可见，产权主体是多元的。而并不像“石文”所说产权主体是二元的，正因为产权主体是多元的，所以财权主体也是多元的。只要是投入“财力”的各契约方就都是财权主体，具体包括股东、经营者、债权人、员工、政府、供应商、社区等。“石文”认为，伍中信教授未将所有者财权纳入其理论体系。事实上，伍中信（2001）在其博士后出站报告中对所有者财权问题进行了详细论述。

“石文”认为，经营者财权是财务管理的依据，而所有者财权则是财务治理的依据。产权财务学者认为，财务管理的理论依据是“本金”运动及其增值，而财务治理的理论依据是“财权”流动及其配置。前者主要是处理财务活动，后者则主要是处理财务关系，前者对应财务的资源配置职能，后者则对应财务的财权配置职能。

“石文”认为，财务主体的认识思路应该遵循“产权主体→财权主体→财务主体”思路，并认为企业产权主体的“二元性”决定了财权主体的“二元性”，而财权主体的“二元性”最终决定了财务主体的“二元性”，即财务主体由财务管理主体和财务治理主体组成，前者是经营者，后者是所有者。并认为经典文献只承认财务管理主体，而忽视了财务治理主体。我们认为，首先应给“财务主体”一个界定。财务主体系指具有独立财权（产权），进行独立核算，拥有自身利益并努力使其最大化的经济实体。这个经济实体就是现代企业（组织）。我们知道，会计主体是会计工作的空间范围。财务主体是财务活动的载体，即独立从事财务活动的空间范围，财务主体“二元性”乃至“多元性”理论如何定义财务活动范围？财务主体“二元性”乃至“多元性”显然违背了财务主体的内涵。目前，理论界普遍认为，公司在正常情况下，财务治理主体应是股东大会、董事会、经理层和监事会，财务管理的主体是财务活动的参与者与执行者，主要是财务机构和财务人员。可见，财务治理主体与财务管理主体都是多元的。股东大会、董事会、经理层既是财务管理主体又是财务治理主体，两者并不矛盾。相反，这是财务二重性（经济属性和社会属性）使然。监事会是财务治理主体而非财务管理主体。某财务主体外的财务主体如债权人也可能构成该财务主体的财务治理主体。然而以上主体都不能与财务主体等同或与其并驾齐驱，只有企业才是真正的企业财务主体。这种财务主体的一元性与财务管理主体以及财务治理主体的多元性，既使企业作为市场竞争的主体具有了独立性，又使其内部财权划分具有了管理性。

我们认为，“石文”坚持“产权主体→财权主体→财务主体”的认识思路是正确的，但逻辑推导的结论则是错误的，违背了财务主体的经济内涵。实际上，产权主体的多元性与财权主体的多元性都是因企业这一契约组织而衍生的。而企业财务主体的一元性是企业作为市场主体参与竞争的必然要求，是现代企业的显著特征。“白文”认为，企业是一个契约的联结，它本身不可能成为产权主体，也不可能是财务主体，能成为财务主体的只能是对企业投入要素的签约人。那么，请问产权主体的内涵是什么？按照他们的逻辑，既然签约人是财务主体，企业也可以作为签约人对外投资，不是也可以成为财务主体吗？可见，“白文”没有弄清财务主体内涵，从而混淆了“产权主体、财权主体和财务主体”诸范畴的界限、区别与联系。

的确，理论需要争鸣才能不断完善，我们推崇和鼓励学术争鸣。但是，正如上文分析，“石文”与“白文”在运用产权理论和法学理论的过程中出现了偏差，加之他们没有从整体上全面把握财权理论的精髓，因而使得其对“财权理论的评价”有失偏颇。时下，财权理论方兴未艾，并日益成为财务学界的主流理论，若在没有全面理解“财权理论”的基础上妄加评论，势必导致财务学界之思想混乱。鉴于此，本章将财权理论的主要观点进行梳理，并与其商榷，是为“再评价”。

中篇
国有企业产权制度改革中的财务治理研究

第 12 章

现代财务治理理论的形成与发展

新制度经济学的研究促进了现代财务治理理论的发展。西方对财权和财务治理的研究着重分析了资本结构对公司财权的安排和对财务治理结构的影响，然而并没有明确地提出财务治理这一概念范畴。对此，国内理论界取得了一系列研究成果，明确提出了财权、财权配置和财务治理结构等概念，但是仍然没有完整地提出一个关于财务治理的理论体系。本章认为财务治理结构是财务治理研究的基本框架，其核心是财权配置，并从两个方面影响企业治理：一是形成特定的财务结构（或资本结构），从结构上影响企业治理；二是形成一种财务激励约束机制，从制度上影响企业治理。

12.1　基本缘起

财务是指企业生产经营过程中资金的投入与收益活动及其所形成的特定的经济利益关系。财务的这一概念特征决定了财务学的研究应从财务的二重性——经济属性（资金运动）与社会属性（产权契约关系）相结合来进行考察。传统财务管理仅从数量层面来对财务的经济属性进行分析，从总体上属于价值管理理论的范畴。传统财务理论的上述缺陷导致了财务治理理论研究的兴起。

公司财务治理是公司治理的重要内容和主要方面。公司财务治理从财务的社会属性（产权契约关系）出发，以财权流为主要逻辑线索，研究如何通过财权在公司内部的合理配置，形成一组联系各利益相关主体的正式和非正式的制度安排，以期达到维护投资者利益的根本目的。因此，从本质上说，财务治理是一个关于财权配置的合约安排。

企业理论与公司财务理论之间存在着密切关系。公司财务理论构建于特定的企业假定基础之上，企业的不同界定和企业特征的现实变迁都会对公司财务理论构成决定性影响（张谊浩，2003）。现有的公司财务理论构建于传统的企业特征基础之上，基本上是一种价值管理理论。随着现代企业在组织制度、治理结构等方面出现的变革，公司制企业已成为市场经济中的经营主体，在长期的企业制度变迁过程中，公司制企业的所有权和经营权产生了分离，这样就出现了伯利、米恩斯意义上的由“所有权与控制权分离”而带来的公司治理问题。两权分离框架下的公司治理本身是解决公司高层经理和股东之间的委托代理问题，其目标为最大化保护投资者的利益，其手段为消除或减少对股东实施控制权的障碍。因此，信息的透明度、财务控制权的制度性安排、审计委员会的设立、激励与约束机制的建立等问题已成为当前公司财务理论的主要议题。

从实践上看，近年来，中国资本市场频繁发生大股东侵占挪用上市公司资金、大股东欺诈中小投资者、上市公司虚假陈述、信息披露违规误导、市场操纵等违纪违法现象，严重阻碍了资本市场的发展，损害了投资者的权益。造成目前我国上市公司财务舞弊和大肆圈钱行为的根本原因是，公司内外均缺乏有效的投资者利益保护机制，公司财务治理失控，投融资决策权旁落。因此，加强上市公司的财务治理，使上市公司财权的配置能真正起到对投资者利益的保护，已是一个迫切需要解决的现实问题。面对这样的状况，迫使人们不得不从更本质的角度，对建立健全现代公司财务治理结构和运行机制进行研究和探讨。

12.2 现代财务治理理论研究的经济学溯源

传统财务理论的研究框架和思路基本上遵循的是新古典经济学的研究范式，重视对企业技术特征的研究，我们不妨将这一研究方式称之为技术分析模式。新古典经济学在分析问题时总是把经济制度看作是一既定的前提，认为市场是无摩擦的，具备完全信息和无逆向选择与道德风险等问题的存在。新古典经济学上述暗含假设的严重缺陷和错误，反映在传统财务理论体系上主要有如下方面：第一，忽视了对现代企业产权契约关系特征的研究，理论与现实相背离。第二，由于认同了既有的制度，没有把制度纳入财务行为的解释框架。第三，以经济人假设为理论前提，必然形成对财务经济性效率和经济性规则的过分关注以及对财务的社会属性的轻视，使得在财务学领域至今仍看不到“社会人”的影子（李心合，2002）。这也就是当今资本市场中财务舞弊行为日益蔓延的思想根源。第四，与当今新制度主义经济学的研究成果相脱节。

解决传统财务理论的上述缺陷，需要实现财务理论研究模式与思路的重大转变。财务理论研究的这一转变过程需要理论经济学的支持。兴起于 20 世纪 60—70 年代的新制度经济学是在对新古典经济学的批评中发展起来的。新制度经济学将注意力集中于制度和结构本身，探寻资源配置的制度结构，强调制度在经济学中的重要作用，新制度经济学告诉我们，一个节省交易成本的制度安排、制度框架和制度创新是至关重要的。

企业资本结构的契约属性，决定了新制度主义经济学与财务学进行理论融合的可能性。现代财务治理理论的研究框架与思路就是承袭新制度主义经济学的最新研究成果，以不完全契约理论为核心提出：融资结构通过财务契约来对公司治理机制产生影响或制约。这就涉及企业合约的性质（合约不完备性）与企业所有权配置的关系问题，从而达到与新制度经济学的完美结合。由于现代企业财务治理理论的上述研究特征，我们不妨将这一研究方式称之为制度分析模式。

现代财务治理理论的制度分析模式重视制度与资本结构在财务学研究中的重要作用，研究如何通过财权在公司内部的合理配置，形成一组联系各利益相关主体的正式和非正式关系的制度安排和结构关系网络，以期达到维护投资者利益的根本目的，这一研究在当前是很有现实意义的。

12.3　西方理论界对公司财务治理理论的研究

12.3.1　西方新、旧财务思想的历史变迁与新制度经济学的兴起

现代西方财务学从旧财务思想发展到新财务思想，有其深刻的逻辑思路和理论背景。从历史文献看，现代西方财务学的旧财务思想形成于 20 世纪 50 年代，内容上包括资产组合理论、现代西方资本结构理论（MM 定理）、市场效率理论、投资决策理论等。经过 20 世纪 60 年代的发展，现代西方财务学（旧财务思想）基本上确立了两大理论框架，即以马克维茨、托宾、夏普、林特勒和莫申为代表的现代资产组合理论和以莫迪格莱尼和米勒为首的现代财务政策理论（包括资本结构理论、股利政策和投资决策）。但是这两大理论框架本身皆存太多的理论假设条件和不完整的实证支持等致命弱点，因而很难从根本上解释清楚现实生活中

的企业财务问题。正是认识到旧财务思想两大理论框架的缺陷，所以代表新财务思想的一批学者开始转向寻求能够更好地解释企业现实生活的新理论。新财务思想是指20世纪70年代后期西方财务学界关于财务问题研究的各种观点、看法和主张。从内容上看，主要包括罗尔和罗思的“套利定价理论”，詹森和麦克林的“代理成本学说”，罗斯的动机激励模型，梅耶斯的新优序融资理论，史密斯的“财务契约论”，利兰和派尔的信号模型（资本结构），巴塔恰亚的信号模型（股利政策）等（沈艺峰，1999）。

从西方新、旧财务思想历史变迁的理论背景上看，20世纪70年代正是西方经济理论产生另一次革命的时期，其中一个重要标志就是新制度经济学研究的兴起。经过20世纪后30年的发展，新制度经济学的产权理论、交易成本经济学理论、契约经济学理论、不对称信息理论等相继登上学术界的舞台。新制度经济学的出现为财务学家进一步深入研究财务问题开阔了思路，拓宽了视野，提高了分析层次。经济学的一些新概念如委托、代理、激励、信号、契约、公司治理等等开始出现在财务学文献里。旧财务理论中习惯上采用的从破产成本和税收等企业外部因素入手的分析思路被新财务思想所强调的从“信号”“动机”“激励”和“公司内部治理”等企业内部因素入手的新思维所替代，早先文献里的许多财务问题演变成了结构或制度设计问题。同时，在不对称信息条件下，旧财务理论里所惯用的新古典研究方法被废除了，不对称信息下的博弈论取代了大部分财务学文献里关于价格接受者假设的方法（沈艺峰，1999）。

12.3.2 西方新财务思想对财权与公司财务治理的研究

西方对财权与财务治理的研究突出表现在新财务思想对资本结构的非数量性研究上。从内容上看，主要是西方新资本结构理论，包括：资本结构的代理成本理论（或称激励理论）、资本结构的信号模型理论（或称信息传递理论）、资本结构的控制权理论。

（1）资本结构的代理成本理论

该理论认为资本结构会影响经营者的工作努力水平和其他行为选择，从而影响企业的市场价值。该理论强调的是融资结构与经营者者行为之间的关系。这一理论的典型代表是詹森和麦克林（Jensen 和 Meckling）。詹森和麦克林（1976）认为，代理成本是企业所有权结构的决定因素，代理成本的存在源于经营者不是企业的完全所有者（即存在外部股权）这样一个事实。在这种情况下，经营者的工作努力可能使他承担全部成本而仅获得部分收益；当他在职消费时，他得到全部好处却只承担部分成本。其结果是经营者的工作积极性不高，热衷于追求在职消费。因此，企业的市场价值也就低于经营者是完全所有者时的市场价值，这两者之间的差额就是外部股权的代理成本。他们得出的基本结论是，均衡的企业所有权结构是由股权代理成本和债权代理成本之间的平衡关系来决定的，企业的最优资本结构是使两种融资方式的边际代理成本相等从而总代理成本最小。

（2）资本结构的信号模型理论

在非对称信息条件下，不同的资本结构会向资本市场传递有关企业真实价值的不同信号。罗斯（1977）认为，投资者把具有较高债务水平当成一种高质量的信号，也即企业举债表明管理层预期有更好的业绩。综合看来，债务水平越高，同时企业内部人持股比例越高，企业的质量也越好。

（3）资本结构的控制权理论

资本结构的选择也就是企业控制权在不同证券所有人之间分配的选择（Harris 和 Raviv，1988；Stulz，1988）。由于未来是不确定的，契约也就不可能完备，剩余控制权的分配由此就变得很重要。当契约不完备时，谁拥有剩余控制权对企业效率有重要影响。

通过上述分析，可以看出，1977 年以后西方新资本结构理论以信息不对称理论为中心，来展开对资本结构中财务契约治理的研究与分析。这种对资本结构的非数量性研究，抛开了对最佳资本结构的具体求证，着重分析资本结构对公司财权的安排和对财务治理结构的影响，为财务治理研究奠定了坚实的理论基础。

12.4　国内理论界对公司财务治理理论的研究

12.4.1　财权与财务治理的初步探索阶段

西方有关公司财务治理方面的研究成果散见于企业理论和资本结构理论之中，并没有系统地、明确地提出财务治理这一概念，更没有形成一个完整的理论体系。在这一方面，我国财务学者做了一些有益的探索和尝试，并形成了一些有代表性的观点。刘贵生（1995）的财务分配论认为，财务本质上是拥有分配权的所有者对财力资源的一种分配活动，这种分配活动反映着不同所有者之间的经济利益关系；谢志华（1997）的出资者财务论认为，必须建立出资者对经营者的财务激励与约束机制，这样形成的产权机制才能真正发挥作用；汤谷良（1997）的经营者财务论认为，应该把企业产权机制引入企业财务理论，法人财产权的确立和运行是经营者财务产生的客观基础。

12.4.2 财权与财务治理研究的发展阶段

上述几位学者针对财务治理理论的某一方面所进行的探索，为我们继续进行该方面的研究提供了有益的帮助与启发。在此基础上，伍中信教授（1999）在《现代财务经济导论——产权、信息与社会资本分析》一书中，从现代产权理论入手，从财权角度论述了现代财务的本质，提出了“财权流是现代企业财务本质的恰当表述”的观点，财权流理论将产权经济学思想引入到财务学之中，扩大了财务学研究的视野，其从“价值”和“权力”两个角度综合考察财务理论和实践问题，显得更为系统、全面，该理论对财务治理结构理论发展起着重要的指导作用。

1998—2001 年，伍中信教授在博士后出站报告《现代企业财务治理结构论》中提出了以“财权”为基础构建现代财务理论体系的观点，较系统地提出了财务治理结构的概念和理论体系，认为公司财务治理结构是公司治理结构的重要内容和主要方面。它以产权中的核心部分——财权为基本纽带，逐步确立了出资人、董事会、经理层在财权流动和分割中所处的地位和作用，体现了各主体在财权安排上相互约束、相互制衡的关系。财务治理结构是一套制度安排，它用以支配若干在企业财务治理活动中有重大利害关系的团体——股东、债权人、经营者的关系，以期提高企业理财效益。

12.4.3 财务治理的全面探索和繁荣阶段

杨淑娥教授认为，公司财务治理是通过财权在利益相关者之间的不同配置，从而调整利益相关者在财务体制中的地位，提高公司治理效率的一系列动态制度安排。认为财务治理需要从静态和动态两个角度理解：静态理解具体表现在财权配置结构和权利分布状态上；动态理解具体表现为财权配置中的相互制衡过程和激励约束机制的形成（契约的设计及再设计）、新的债权人和股东的加入（新的融资结构的形成和对现有资本结构的调整和改善）、由于扩容和收缩引致的公司治理结构的变化、由于需要适应经营发展使得公司财务集权和分权交替引起的财务治理结构的调整等。因此，公司财务治理是契约不断协调、不断冲突，而又不断耦合、不断修正的过程。

李心合教授以利益相关者理论为基础，提出了利益相关者财务论，认为历史地看，公司财务的价值导向经历了从股东利益向相关者利益的演进过程。利益相关者公司财务模式的基本特征是：公司财务的目标是利益相关者价值最大化，公司财务实行共同治理，员工与公司保持长期稳定的财务关系，公司财务实行分层治理和管理，公司财务控制权相机配置等。从利益相关者角度研究财务问题，将参与财务治理的主体扩大到债权人等外部利益相关者，对研究中小股东及债权人权益保护问题有重要现实意义。

李连华（2002）教授认为，财权相当于通常所说的财产权或物权，公司财权是由不同层次、不同权能所构成的一个权力结构系统。同时认为，要提高公司治理的效果，应转变治理理念，由强调治理主体转向重视治理客体，提出建立以财权配置为中心的公司治理结构的思想并分析了各种财权的配置方式。

张敦力教授认为，财务治理是界定与协调各利益相关主体在财权流动和分割中所处地位和作用，最终实现各主体在财权上相互约束、相互制衡关系，促使企业提高资源配置效率和效果的公司治理。

衣龙新教授综合运用现代财务理论、公司治理理论、企业理论及产权经济学等学科知识，以本金在企业不同层面运动所形成的特定财务关系为研究主线，通过对财务治理内涵、目标等基本理论问题的研究，基于企业所有权安排逻辑，提出了财权配置一般框架，初步构建了财务治理体系，并提出财务治理应包含治理结构、治理机制和治理行为规范三方面内容。

因此，这一阶段国内财务理论界有关财权与财务治理结构的研究取得了显著的成果：明确提出财权、财权配置和财务治理结构等概念，并剖析了其内涵；初步形成了财务治理结构理论，并在此基础上继续向前发展。但是国内理论界并没有完整地提出一个关于财务治理的理论体系，仍存在诸如缺乏系统性、可操作性等突出问题。

12.5　建立以“财权配置”为核心的现代财务治理理论体系

12.5.1　财权理论是财务治理理论的重要基石

财权理论是一整套以“财权”为核心的财务理论体系，财务的基本理论应该是价值与权力完美结合的产物。财务研究的逻辑起点是财权，即财力 + （相应）权力；财权流是财务本质理论的恰当表述；财务主体应该具有经济性（价值性）和财权独立性等两大基本标准；企业价值最大化与相关者利益最大化两大财务目标是从价值与权力两个不同侧面对财务目标的准确表述；资源配置与财权配置是现代财务的两大基本职能。

12.5.2 理清财务治理诸范畴的关系是研究财务治理的前提

研究财务治理，有必要先理清企业治理与财务治理、企业治理与企业管理、财务治理与财务管理以及财务治理与财务治理结构等概念之间的关系。我们认为对于“财务治理”内涵的认识，可以在“企业治理”框架下进行，财务治理是企业治理的核心和重要组成部分，财务治理结构又是财务治理的核心和表现方式，也就是说，财务治理是通过财务治理结构的方式来履行和实施的。企业财务治理问题的解决能促进企业治理问题的解决，企业财务治理为企业治理的完善提供基础。企业治理和企业管理是现代企业的两个重要构成部分，两者是同一问题的两个方面。财务管理是企业管理的核心，财务治理则是企业治理的核心，因此研究解决好财务管理与财务治理问题将成为企业治理与企业管理好坏的关键。经研究我们发现，财务治理主要处理“财务关系”，财务关系的处理也就是对财权流（权力）的配置；财务管理主要处理“财务活动”，财务活动也就是对本金运动（价值）的处理，如图 12 - 1 所示。

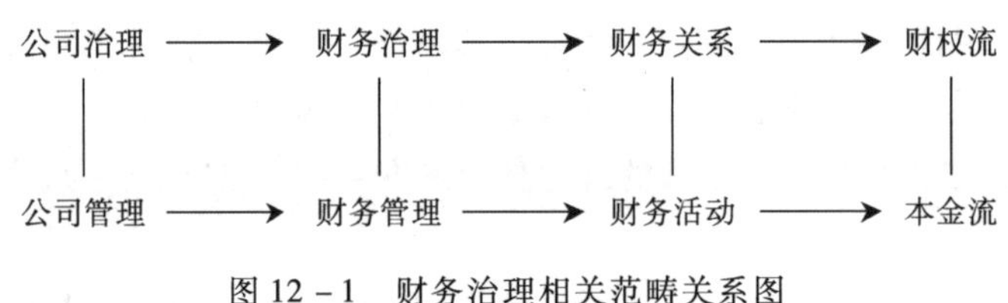

图 12 - 1　财务治理相关范畴关系图

12.5.3 财务治理结构体系是财务治理研究的基本框架

企业财务治理结构是内含于企业治理结构中的一个关于企业财权配置的制度安排，财务治理结构是企业治理结构的核心和重要组成部分，需要将财务治理结构纳入到企业治理结构框架当中。财务治理结构是以财权为基本纽带，以融资结构为基础，在股东为中心的共同治理理念的指导下，通过财权的合理配置，形成有效的财务激励与约束机制，实现相关者利益最大化和企业决策科学化的一套制度安排。同时，财务治理结构作为财务治理的实现方式，它又是一个系统的理论体系，具体包括：治理主体理论、治理客体理论、治理中心论、治理模式论、治理目标论等内容。

12.5.4　财权配置是财务治理结构的核心

公司财务治理结构的主要功能是配置权、责、利。在这三个要素中，财权的配置是前提，公司财务治理结构建立的基础是公司财权的配置。在公司的权力结构中，财权是一种最基本、最主要的权力，因为公司的各种经营活动最终都会通过资金和资产的相互交换或转变加以完成并在财权上体现。因此，以财权配置为核心建立公司财务治理结构，可以说是抓住了公司财务治理中的"纲"。这种治理思想有如下优点：①可以加强控制的广泛性和渗透性。在公司的经营活动中，财权的涉及面最为广泛，大到重要投资、小到日常收支都受其影响。因此，以财权配置为中心构建公司财务治理结构，可以提高公司财务治理中的控制力和控制范围，减少失控区域；②可以有效地防止代理人的败德行为的发生。代理人败德行为的主要目的是谋取私人利益，这种利益集中体现在财务利益上。而以财权配置为中心建立公司财务治理结构，可以通过财权的恰当配置和约束机制的设立，堵塞资金漏洞，防止利益流失，从而有效抑制代理人的机会主义行为（李连华，2002）；③反映了公司财务治理结构的本质。公司财务治理结构的实质是有关公司财权安排和利益分配问题，这种财权安排和利益分配的合理与否是公司财务绩效最重要的决定因素之一。从总体上看，公司财务治理结构是一个有关财权的合约安排。

财务治理权是与企业财务治理结构密切相关的权力制衡观念，它是由财务决策权、财务控制权和财务监督权构成的。财权配置是财务治理结构的核心，而财务治理权又是财权配置中的权利制衡方面，因而财务治理权又构成财权范畴中的核心。而在财务治理权的三权中，财务治理权对财权配置的作用和影响，主要是通过财务决策权的影响来实现的，因而财务决策权就成为财务治理权、财权配置乃至企业财务治理结构的核心。

12.5.5　资本结构是财务治理结构的基础

企业财务治理的财权安排最终从两个方面影响企业治理，一是形成特定的财务结构（或资本结构），从结构上影响企业治理；二是形成一种财务激励与约束机制，从制度上影响企业治理。其中资本结构是财务治理结构的基础，而激励与约束机制是财务治理结构的内核。我们认为，在既定的制度框架下，资本结构是企业财务治理结构的基础和依据，企业财务治理结构是资本结构的体现和反映；资本结构的选择在很大程度上决定着企业财务治理效率的高低。股东和债权人如何在企业治理中发挥作用，是研究资本结构在企业财务治理中作用的关键。从这个意义上讲，资本结构对企业财务治理结构的形成有着重要影响，并在很大程度上决定了企业财务治理的范围及效率。

12.5.6 激励约束机制是财务治理结构的内核

依前所述，影响企业治理的财权安排的制度层面，便是形成一种财务激励与约束相融的财务机制。企业财务治理结构的核心是财权配置，而财权配置的更核心问题便是建立一套激励与约束相融的财务制度或者财务机制，其中激励对人的行为起到发动机作用，约束则起到方向调节和刹车作用，两者缺一不可。通过财务激励与约束机制这一内核的建设，财权配置才会得到制度保障，并使财权配置落到实处，最终使企业财务治理结构得以建立和完善。

第 13 章

现代企业财务治理结构论纲

财务治理结构是以财权为基本纽带，逐步确立出资人、董事会、经理人和企业财务人员在财权流动和分割中所处的地位和作用，体现了各主体在财权上相互约束、相互制衡的关系。在此定义基础上，将财务治理结构主要问题可以概括为：如何建立一套以财权为基础的财务理论体系；如何把握以财权为基础的财务运作体系；财务治理结构与法人治理结构的相机治理；如何建立财务激励与约束机制；如何在不同的理财主体间配置财权，如何实现财权的分层次管理、债权人对企业财务的相机治理。

13.1　研究背景与理论基础

13.1.1　关于 20 世纪财务研究的反思

（1）以资金—价值研究为核心的研究体系一直围绕“数量化的价值运动”而展开。在我国财务理论研究发展过程中，主要经历了货币收支活动论、货币关系论、资金运动论、收益分配论和本金运动论等几种观点。纵观这些财务理论观点，可以归纳出几种不同的财务核心概念即货币、资金和本金。从这三个概念来看，资金相对于货币、本金相对于资金有其一定的合理性。从货币概念扩展到资金概念，符合我国财务活动的实践，有利于在企业组织全面的财务管理；而从资金到本金，则有助于区别财务资金与财政、保险、保障等资金。但无论是货币、资金还是本金，这三个概念都有一个共同点，即都是“物的价值表现”，都是从数量方面说明财务的本质。另外，以预算管理为重点的企业内部财务管理，虽然以预算为其研究核心，但其内容也是对企业资金或货币进行管理，只不过改变了其管理方式，是以预算的形式对企业的财务资源进行管理，没有跳出数量研究的圈子，依然停留在财务指标或数字对企业效益影响的研究上。

（2）财务研究的重心在财务活动，忽视了对财务关系的研究。受经济学研究的影响，财务理论研究也往往注重人与物之间关系的研究而忽略人与人之间关系的研究，即重视财务活动而忽视财务关系。在我国财务理论界盛行50余年之久的资金运动论认为，企业财务的本质是企业再生产过程中的资金运动及其所形成的经济关系。虽然它把资金运动中形成的各种经济关系也纳入了财务研究中，但从其几十年来研究重点来看，它还是把研究资金运动放在绝对重要的核心地位，对资金运动过程及其特点进行了大量的研究，而对资金运动过程中体现的各种经济关系所花笔墨甚少，只是提出这种经济关系具体分为企业与国家之间的经济关系等四个基本方面，至于这些经济关系之内涵并没有深入分析。近年来，郭复初教授把财务的本质概括为本金投入与收益分配论，把“本金”作为财务资金的代名词来代替“资金”，具有较大的合理性，但它仍侧重于对财务活动的描述，本金的投入与收益的取得只是财务活动表面的可感知的现象，并未直接看到其背后所反映的经济关系。因此，目前的各种财务理论过于重视对财务活动的描述，而对真正能体现财务本质的财务关系突出不够。但我们知道，企业的收益不仅可以通过合理安排财务活动而取得，通过研究财务关系同样也可以为企业带来经济效益，忽视对财务关系的研究无疑是目前财务理论研究的一大缺陷。

13.1.2 理论界对财权及其治理结构的研究：一个综述

（1）西方对财权及其治理结构的研究

西方对财权与治理结构的研究突出地表现在资本结构研究中的非数量性研究上。这种研究抛开了对最佳资本结构的具体求证，从其对财权的安排和对治理结构的影响着手，提出了资本结构的激励理论、信息传递理论和控制权理论三个非数量性研究成果：①资本结构的激励理论。该理论认为，资本结构会影响经营者的工作努力水平和其他行为选择，从而影响企业的收入流和市场价值。该理论强调的是融资结构与经营者行为之间的关系。自詹森和麦克林的开创性论文之后，相当一部分研究的精力都被花在这一类模型中，比如格罗斯曼和哈特、哈里斯和雷维吾、斯达尔兹、戴蒙德、海什里弗和赛克尔；②资本结构的信息传递理论。

一般来说，经营者对企业的经营状况比外部投资者掌握更多的信息，只有这些信息被传递到市场上去，市场才会对企业的市场价值作出判断。在非对称信息条件下，不同的资本结构会传递有关企业真实价值的不同信号：内部人选择合适的资本结构，以增强正面的信号，避免负面的信号。罗斯、梅耶斯和梅吉拉夫作了相关方面的论述；③资本结构的控制权理论。资本结构不仅决定企业收入流的分配，而且决定企业控制权的分配。当契约不完备时，谁拥有剩余控制权对企业效率有重要影响。在交易费用和契约不完备的基础上，阿洪和博尔顿提出一种有关财产控制权的资本结构理论。

（2）国内对财权及其治理结构的研究

刘贵生教授的《财务原理论纲——财务分配论》。他认为财务本质上是拥有分配权的所有者对财力资源的一种分配活动，这种分配活动反映着不同所有者之间的经济利益关系。强调财务分配权在财务研究中的重要地位，可以说，这是国内对财权研究的具有开创性的重要探索；谢志华教授的《出资者财务论》，从配合产权制度改革角度出发，认为必须建立出资者对经营的财务约束机制，这样新形成的产权机制才能真正发挥作用。他对财务激励、财务约束和财务监督的研究实际上是对企业财务治理结构进行了初步探索；汤谷良教授的《经营者财务论》认为，我们应该把企业产权机制引入企业财务理论。传统财务理论忽视了财务与产权的关系这个主题，将产权概念引入财务理论，将从多方面影响到我们对现代企业财务的理论认识，可以使我们对企业财务产生符合市场经济原理的基本认识；干胜道教授的《所有者财务论》从所有权的角度研究财务，提出了所有者财务。他认为所有者财务主要研究所有者的资本派生权力的内容及其行使方式、所有者的财务监督和财务调控等。该理论提出的背景也在于对财权的考虑：经营权泛滥而所有权弱化。

13.2　财权流：建立以“财权”为基础的财务理论体系

13.2.1　财权：财务治理结构与财务理论体系的核心概念

（1）财权的概念

财权表现为某一主体对财力所拥有的支配权，包括收益权、投资权、筹资权、财务预决策权等权能。这一支配权显然源于原始产权主体，与原始产权主体的权能相依附、相伴随。而随着产权的分离，财权的部分权能也随着原始产权主体与法人产权主体的分离而让渡和分离。对独资企业而言，由于产权没有分离，企业在拥有完整的产权的同时，也拥有全部的财权。而对于产权分离的现代公司而言，财权随着产权的分解而分解，公司只拥有部分财权。在严格的法人治理结构下，法人产权主体所拥有的产权权能具有独立性，公司的财权在其拥有的范围内也具有相应的独立性。公司是否拥有独立自主的法人财产权与公司是否能独立理财在含义上是协同的。由此，理想的财权在独资企业是独立的，在公司制企业也应是相对独立的，同产权一样，财权同样应具有可分性、可明晰和独立性等特征，否则便成了与产权关系模糊相伴随的模糊的财权关系，或称模糊的财务关系。

(2) 财权与产权的关系

作为财产权的产权，它从两个方面对财产即实物形态的财产和价值形态的财产实施管理，如占有权、使用权、处置权等基本上是对实物形态的财产实施的产权管理。而财权则侧重于对财力的配置，即从价值形态上对资金（本金）进行配置或支配。也就是说，在财权归于产权的内容中，主管价值形态的权能，并构成法人财产权的核心内容。另外，由于财务管理与产权管理在职能、目标等方面的区别，财权有着区别于产权的其他内容，如财务预测、财务分析的权能等。当然，产权也有许多与财权不完全相干的独立权能，如前面所说的资产使用权等。总之，财权与产权是两个相近的经济学范畴，在两者交叉的领域里，财权构成了产权中最核心的权能。如果说产权与产权结构是企业治理结构的核心概念的话，那么财权便是财务治理结构的核心概念，并在财务理论体系中起着基础性的作用，是整个财务理论体系的主线，并成为财务基础理论及运用理论的共同起点，统领着整个财务理论体系。一方面，它同财务理论体系的各组成部分有着强烈的相关性，能够使对各个局部的研究相互协调，具有高度的内在逻辑性；另一方面，我们可以通过把握它从而把握整个财务理论与运作体系。

13.2.2 以“财权”为基础的财务基本理论体系

现代财务基本理论体系主要包括：财务本质理论、财务主体理论、财务目标理论和财务职能理论等。“财权”作为其中的一根主线，贯穿于理论体系的全过程，形成一个逻辑严密的整体。

(1) 财务本质理论的“财权”意义

随着现代企业制度的产生和发展，一种反映与现代企业产权思想相适应的财务观念也在日益成熟。“财务管理不是简单的对资金运动的管理，而是借助于资金运动的管理实现产权管理，是‘价值’与‘权利’的结合”（汤谷良，1994）。

从这个意义上说，不管是“资金运动”还是“本金投入与收益分配”都只是一种价值的运动。如果说，“价值”是从财务活动的现象中或从“物资流”中抽象出来的带本质的东西的话，那么某种支配这一价值的“权力”则是隐藏在“价值”背后的更为抽象、更为实在的带支配能力的本质力量，而且这一“权力”与该“价值”，“价值”与相应的“实物”都是附于一体的，只是前者比后者更抽象、更接近事物的内在本质。为此，我们把现代企业财务的本质简要表述为：财权流。在现代企业拥有充分的法人产权和财权的条件下，以“财权”来谈财务，就能更好地体现现代财务的本质特色。

（2）财务主体确立的“财权”基础

如同产权独立与市场主体的关系一样，没有独立的财权，就不能形成财务主体，财权的取得并独立化是一个组织能否成为财务主体的根本条件。没有财权的财务不能称为真正的财务，也就不可能形成财务主体。这里所指的财权独立应包括如下内容：①产权明晰，即具有明确界定的财产范围；②独立核算权，要成为财务主体，必须首先具备会计主体的资格；③独立的财务自主决策权，并承担相应的责任。我国传统的国有企业虽然都称“企业”，都称“财务主体”，但只能是会计主体，这个“企业”也不是“市场主体”，由此看来，要构建社会主义市场经济的市场主体，与构建真正的财务主体有着几乎相同的重要意义，其共同的关键在于产权或财权的独立。

（3）财务目标形成的“财权”动因

现代企业是多边契约关系的总和，不同的产权主体有其自身的利益。企业财务目标在确定过程中需要首先考虑产权关系的特征，如果试图通过损伤一方利益而使另一方获利，必将导致矛盾，从而不利于企业的发展。在“两权分离”的条件下，公司法人拥有对公司的实际控制权，其他各产权主体只拥有法律规定的所有权或财务要求权，而且这两个相区分的利益团体，行为动机与目标选择也必然不同。因此，“现代企业在选择财务目标时要考虑两个问题而不是一个，即一是公司归谁所有，二是公司由谁控制，这是因为目标是人来制定并执行的，离开公司控制权归属的现实讲‘股东财富最大化’将有失片面而不够客观”。

一个折中的办法是：既能充分反映法人产权利益的“企业价值”，又能通过“企业价值”的扩大来增进其他各产权主体利益。这是“企业价值最大化”财务目标理论能够占据主流地位的根本原因所在。

（4）财务职能研究中的“财权”思想

目前对财务职能的表述中，一般认为财务具有筹资、调节、投资、分配和监督等几大职能。前四个职能可以统一归结为资源配置职能。企业的资源配置功能表现在经济资源的取得、经济资源的结构调整、人力资源和技术资源的配置等方面。现代财务属于价值管理范畴，因而它侧重对企业经济资源进行配置，其目的就在于促使经济资源配置效率的最大化和经济资源的保值、增值。具体来说，它是通过筹资结构的安排和调整及资产结构的调整来完成。企业筹资结构的安排实际上就是企业的产权安排，反映了企业法人财产权、债权人债权、出资人所有权三者之间相互制衡的关系。调整筹资结构就相当于改变了这三权的分布。资产结构反映企业的投资分布，对外投资于债券则形成企业法人债权，投资于股票则形成企业法人所有权。因此，通过调整资产结构同样可改变这三权的分布。对筹资结构和资产结构的重新调整可看作一种产权重组，而产权重组又是对资源进行配置的重要方式。所以，财务实际上是通过调整产权的分布来实现对资源的优化配置。

13.3 财务结构下的治理结构：建立以“财权”为基础的财务运作体系

13.3.1 资本结构：债转股与企业治理效率

资本结构的选择对于一个企业是非常重要的，因为它不仅影响企业的融资成本和企业的市场价值，而且它与企业的治理结构密切相关，不同的资本结构影响着企业的治理效率。我国的国有企业改革中，历来没有从资本结构入手进行改革，而是直接从企业治理结构进行改革，从而形成控制权的错位，导致“内部人控制”比较严重的现状。要从根本上解决国有企业法人治理问题就必须从资本结构改革着手，优化资本结构，从而改善企业法人治理结构。

(1) 资本结构理论与企业治理之间有着高度的相关性。首先，资本结构通过激励委托人努力工作和减少代理成本上发挥作用，通过规定一定的举债规模、以一定的财务杠杆效益来实现对企业的激励。其次，资本结构通过从股权约束与债务约束两方面来形成对企业的约束机制。最后，资本结构与企业控制权问题，一个企业的资本结构的安排实际上就是企业控制权的安排。资本结构中最典型的比率关系权益负债率的选择，就是决定控制权在何时（企业不能支付债务时）由股东转移给债权人。这种安排克服了控制权在投资者与经营者之间非此即彼分配的简单、机械、低效的弊端，既能防备投资者随意插手和滥用权力，又能防备经营者攫取投资者的投资收益的机会主义行为。

（2）我国企业资本结构优化与企业治理结构的完善：债转股的实施。债转股是指将银行对企业的债权转化为资产管理公司（AMC）对企业的股权。其终极目标是实现资本的充分流动，增加资本整体回报率，所以债转股实质上是一种在特定环境下的资本运作或财务运作。其运作机理为：①AMC 购买商业银行的不良债权，形成新的债权债务关系；②AMC 与企业实施债转股，形成新的股权关系；③AMC 对债转股企业实施资产重组，以备出售；④AMC 通过兼并、合并、股份回购等方式收回投资。上述四个环节环环相扣，与此同时，资本结构的优化、资产重组的调节、资产组合的调整三个方面也同时展开。将债权转化为股权，降低企业的资产负债率，优化企业资本结构；通过资产重组，剥离掉非经营性资产，剥离掉企业办社会的那些不应由企业负担的部分，变不良资产为优质资产；新的资产组合在资产重组过程中也得以形成。

在这三个方面中，关键在于资产重组，因为 AMC 的性质是对债转股企业实行阶段性持股，最终要让股权变现，收回资金，保全国有资产，并使其增值，而重组和转制是 AMC 股权退出并增值的重要保障，只有通过重组才能提高企业的成长性、营利性和投资价值，企业才能被社会所认为，另外，资产重组在这三者中起着核心作用，通过资产重组，企业盈利增加，充实企业自有资本，从而可以改善资本结构，利用新的内源资金也有利于形成新的良性的资产组合。所以在债转股的运作体系中，无论是债权与股权的转换，还是股权的阶段性控制与退出，均留下了财权流动的足迹，也是治理结构完善的有力保障。

13.3.2 股权结构、减持国有股与企业治理

长期以来，我国国有企业存在着投资主体错位的问题，真正有能力、有资格当股东的投资者成了债权人，而没有能力当股东的国家却是最大甚至是唯一的股东。减持国有股的根本目的就是在国有企业股权中让出一部分股权甚至大部分股权给社会公众，使企业国有股比重降低到让有能力、有积极性控制企业的股东能够较好地控制企业的地步，国家无须操心便可获取“搭便车”所带来的资本收益。不仅如此，国有股由不同所有制的法人来经营后，有利于形成多元产权模式，改善企业法人治理结构和微观运行机制，保证国有资本的安全与效率。国有股减持从财务的角度看，实质上是对财权结构的调整。即把一部分原由国家控制的财权退出来，让给有积极性、有能力控制企业的股东。它非常有利于企业财权的独立和财务目标的实现。因为在国有股占绝对控股的情况下，由于国家拥有

"一票否决权"，企业难以摆脱国家以资本所有者的身份对企业实施行政干预，企业的市场主体和产权主体地位依然难以确立。在财权不能独立的情况下，企业就难以按照自己的意图行使财务职能，更不用谈财务目标的实现了。

13.3.3 分配权结构与经理股票期权：激励相容的财务治理结构创新

从财务治理的角度分析，经理股票期权至少有如下几大功能：其一，有利于解决目前财务分配行为短期性与财务目标长期性的矛盾；其二，有利于克服经理人员付出与回报的不对称性从而导致激励不相容的现象；其三，有利于经理人员目标与企业财务目标的一致性；其四，经理股票期权实质上是对财务分配权的重新分割和瓜分，有利于建立开放式的股权结构，改变剩余索取权的单一归属，从而有利于建立人力资源所有者的财务分配制度。在我国传统的国有企业，其剩余索取权归国家这一抽象主体，任何人都不可能合法地处置它，企业管理人员及其他人员在剩余索取权中处于空白地位。这既不利于调动企业经理人员的积极性，不利于企业制度的建立，也有悖于以知识和人力资本为基础的知识经济的客观要求。为此，在我国企业制度的建设和企业经营中，应避免将保护所有者权益的原则绝对化、片面化，特别是在企业经营中，要充分注重企业人力资本所有者权益的保护，应当给予人力资本所有者一部分剩余索取权。

13.4 企业财权的分层次管理问题

实践表明，只有针对财务事项的不同特点，将财权分割给所有者、经营者等不同的理财主体才是最有效率的。汤谷良教授在《经营者财务论》一文中，就财权如何在出资者、经营者、财务经理这三个层次进行划分进行了有益的探讨，但该文并未回答财权为什么这样划分，即财权分割应遵循什么样的原则这样一个问题。事实上完全可以将这一问题置于委托代理这一理论框架中进行分析。企业的所有者是否将某些财权以及将哪些财权让渡给其他理财主体，归根结底是其将代理收益和代理成本进行比较和权衡的结果。如果某一财务事项因委托代理而产生的代理收益大于其成本，则所有者便会让渡该财务事项的处理权，反之则不让渡。此外，所有者对其他理财主体的财务监控方式取决于财务事项的性质，在这里，将财务事项划分为两大类：第一类是事关企业发展全局的战略性财务事项，其特点是发生频率低，且其结果对企业影响重大；第二类是日常性、重复性的财务事项，该类财务事项的特点是发生的频率高，且对企业的影响较小。这两类财务事项的代理成本是不同的，对于战略性财务事项由于其发生次数少，故监督成本低，又因其事关企业全局，对企业影响重大，故一旦其他理财主体实行机会主义行为，企业股东发生的剩余损失会较大，而对于日常性财务事项，由于其发生频率高，故监督成本较高，但由于其对企业影响较小，故其他理财主体实行机会主义行为而给股东带来的剩余损失也较小。因而，若要降低战略性财务事项的代理成本，应适当加大监督力度，如企业的重大投资活动、筹资活动、收益分配活动等都应由企业股东进行必要的控制；若要降低战术性财务事项的代理成本，应适当地放松管制，这便是在理财主体之间分割财权的一条基本原则。

13.5　财务治理结构与企业治理结构的相机治理

13.5.1　企业治理结构对财务治理结构的影响

（1）企业治理结构影响着企业财务目标的确立。企业治理结构是多边契约关系的总和，财务目标的确立是企业内部各产权主体博弈的结果。传统治理结构理论奉行“股东至上”的治理逻辑，企业财务目标便体现企业股东的意志，表现为股东财富最大化。现代治理结构理论遵循“共同治理”的逻辑，企业的财务目标就表达为企业价值最大化。

（2）企业治理结构对财务主体的确立以及财权在不同财务主体之间的分割有重要影响。事实上，企业财务主体首先是产权主体，它是依附于企业所有权主体而存在的，不同的企业所有权安排导致企业的财务主体具有不同的特征。例如独资企业、合伙企业、公司制企业的所有权安排不同，而这些企业的财务主体的特征也迥然不同。

（3）企业治理结构决定着企业财务控制权的安排。企业财务控制权是一种状态依存权，在通常的情况下，企业的日常财务控制权掌握在企业的经营者手里，而最终控制权掌握在企业的股东手里，当企业资不抵债或无力清偿到期债务时，企业的财务控制权就转移到债权人手中。

（4）资本治理结构通过资本结构的传导对企业理财的影响。企业治理结构的有效性在很大程度上都取决于资本结构：当企业正常经营并有偿债能力时，资本家（所有者）和企业经营者掌握企业的剩余索取和控制权；而当企业偿债能力不足时，企业的控制权则转移到债权人手中。因此，企业控制权是否转移主要取决于企业资本结构，不同的资本结构会导致股东或债权人对企业的不同控制，从而影响到企业财务控制权和理财活动。

13.5.2 财务治理结构在企业治理结构中的地位

企业治理是一种企业剩余索取权和剩余控制权（即广义的产权）安排机制，通过这种机制来解决代理问题（即经营者激励和约束问题）及经营者选择问题，而代理问题的出现很大程度上可归因于企业相关成员之间存在着经济利益上的冲突，经营者激励和约束问题也在绝大多数方面体现为经济利益方面的激励和约束。如何协调和解决好这种经济利益方面的冲突是企业治理所要解决的基本问题之一。从企业治理所包含的具体内容来看，可将企业治理分解为：财务治理、生产治理、人事治理、市场治理等几个方面，财务治理作为企业治理的一个重要方面，其目的就是为了解决这种经济利益方面的冲突。前面的分析表明企业治理是以产权（广义的）为核心和纽带的，而财务治理则是以企业财权为核心和纽带构成的，财务治理应该是一种企业财权的安排机制，通过这种财权安排机制来实现企业内部财务激励和约束机制。财权包括收益权、投资权、筹资权、财务预测权、财务决策权等权能。在一家企业中，究竟谁拥有投资权、谁来行使筹资权、财务预测权和财务决策权归谁掌握，谁又拥有最终的收益权？这些正是财务治理所要解决的问题，当然财务治理的这种财权安排是在企业剩余索取权和剩余控制权安排的基础上进行的。财务治理的财权安排最终从两个方面影响企业治理：首先是形成一种财务激励与约束机制，从制度上影响企业；其次是形成特定的财务结构（或资本结构），从结构上影响企业。

诚如前文所指出，我国国有企业资本结构普遍存在着负债率过高的问题，在国有企业的股权结构中依然存在着国有股权偏高的局面。这两种财务结构的严重扭曲，势必会影响到财务治理结构的建立和完善，也必将危害到企业治理结构和微观运行机制的完善。因此，国有企业债转股和减持国有股既是国有企业财务结构的量化调整，也是对财务治理结构和法人治理结构的双重完善和突破，因而也是国有经济改革的重要内容和必须攻克的关键环节。同时还应当明确，债转股与国有股减持必须要以国有经济战略性重组和战略性退出为根本目标，并努力寻求国有企业与民营企业相互参股和融合发展的道路，以最终达到增强国有经济整体控制力和国家综合实力的目的。

第 14 章

法律制度、法律外制度与财务治理效率

法律制度在公司财务治理活动中发挥着基础性指引、保障与渗透作用，是激发财务治理效率的重要基石，但其作用也是有边界的。财务治理的法律外制度是指除法律之外的影响财务治理绩效的外部制度束，它在改进财务治理和催生财务治理效率方面扮演着替代性或补充性的重要角色。在此基础上，创造性地提出了法律制度与法律外制度对财务治理效率的“双轮驱动”构想，从而开辟了财务治理效率研究的一个全新视角。

14.1　问题的提出

财务治理是指在股东主导的利益相关者共同治理与相机治理耦合的基础上，通过财权合理配置，形成财务治理结构、财务治理机制与财务治理环境良性互动，促进财务冲突协调、财务决策科学化和财务核心竞争力提升，实现财务治理效率最大化的一整套静态制度安排与动态制度演化。财务治理效率则是指实施了各种财务治理活动后所获得的收益（效用）总和与该财务治理活动所付出的成本总和之间的比较，即财务治理收益与财务治理成本的对比。法律制度在公司财务治理活动中发挥着基础性指引、保障与渗透作用，并在财务治理环境因素中处于核心位阶，而财务治理环境是财务治理体系的基石，也是财务治理效率释放的根基，但法律助推财务治理效率的作用也是有边界的。事实上，无论是发达国家还是发展中国家，法律外制度在改进财务治理、催生财务治理效率方面均扮演着重要角色。

近年来，国外学者从法律制度角度研究公司治理问题取得了较为丰硕的成果，并逐步将研究触角延伸至法律外制度这一崭新领域。遗憾的是，我国公司治理的法律制度研究刚刚起步，作为公司治理核心的财务治理及其效率领域，其法律制度视角的研究成果仍是凤毛麟角，法律外制度的研究则几乎还是一片空白。本章试图突破既有的研究范式，转而从法律制度和法律外制度二元视角探视财务治理效率问题。

14.2 法律制度与财务治理效率

财务治理既是一个经济问题也是一个法律问题，甚至是一个减少经理对投资者“剥削”的政治问题。一个国家法律制度水平（投资者法律保护程度）与其资本市场完善程度、股利支付率及上市公司价值正相关，而与上市公司的股权集中度负相关（La Porta 等，1997，1999，2000，2002）。高效的财务治理需要以有效的投资者法律保护为基础。国家对投资者权利的法律保护程度及法律执行效果已成为影响公司财务和财务治理演进的重要因素。因而，从法律角度分析财务治理效率，它直接涉及投资者权利保护问题，而这正是研究财务治理问题的重要使命。Denis 和 McConnell（2003）认为，全球公司治理研究主要是沿着以下两条线索来展开：一是研究公司治理本身（尤其是董事会构成和股权结构）对公司绩效和公司其他财务政策的影响；二是关注内部治理机制与外部治理机制的相互作用，主要考察法律制度环境对公司治理结构本身以及公司治理有效性的影响。财务治理是公司治理的核心，法律在财务治理中的直接作用主要体现为：通过公司法、证券法、破产法等法律直接对公司契约参与人的行为进行规范；通过合同法等对公司章程和其他契约执行提供保证，对公司契约参与人的行为进行约束。研究表明，法律对投资者的保护程度越完备越到位，财务治理与公司治理就越有效率，外部融资市场越发达，公司价值也越高。公司法、证券法、破产法等许多法律都与财务治理效率密切相关，其中，公司法又在诸多法律中处于核心地位。本章主要就三个具体法律制度对财务治理效率的影响机理进行剖析。

14.2.1 《公司法》与财务治理效率

治理结构是股东与股东、股东与公司、公司与高管人员以及高管人员与员工等之间一系列契约的集合体（Easterbrook 和 Fischel，1991）。公司法的法律条款是公司参与各方之间签订的正式契约之通用契约。公司法作为标准契约，使公司利益相关者集中磋商特殊契约，有利于降低公司成立和运作的交易成本。此外，公司法具有界定模糊产权的功能，正如张维迎（2005）所说，产权规则和责任规则是保护个人权利的两个基本规则，法律在产权规则和责任规则之间进行取舍时，必须在产权规则导致的交易成本与责任规则可能导致非效率之间进行权衡。因此，在法院难以对损失作出准确判断尤其是法官存在严重腐败行为时，严格坚持产权规则更可取甚至可能是最好的选择，从而提高司法效率，降低司法成本。

我国旧《公司法》中存在较为严重的审批制度、所有制歧视等行政和计划经济色彩以及对中小股东和债权人等弱势产权主体利益保护缺失等诸多问题。2006 年 1 月 1 日开始实施的修订后的《公司法》，使得相关不足得到了一定程度的弥补。修订后的公司法对公司的注册资本制度、公司治理结构、股东权利保护、财务会计制度、合并分立制度等作出了比较全面的修改，增加了法人人格否认、关联关系规范、累积投票、独立董事等方面的规定。法律对中小股东的产权保护水平影响股权结构，对债权人的产权保护力度影响债权结构。一方面，法律对股权与债权的保护越完整，它为财权契约争议私下解决提供的威慑和参照作用，使得股权契约和债务契约的通用财权契约履行就越有效率；另一方面，由于财权契约是不完整的，除通用财权契约之外，还存在剩余财权契约，同样，法律对产权的保护力度越大，剩余财权的配置效率也就越高。法律通过对购并的限制、对关联方的界定及对强制性信息披露的监控与执行等，影响公司股权结构和控制权市场有效性，而股权结构与控制权市场是影响财权契约有效性的重要手段，法律进而逻辑地影响财务治理效率。可见，新公司法的改进，激发了利益相关者参与财务治理的积极性，改进了财务治理结构与机制，必将直接或间接提高财务治理效率。

14.2.2　《证券法》与财务治理效率

《证券法》是我国最贴近市场脉搏、最触动股东神经的一部经济法律。2006 年 1 月 1 日开始实施的修订后的《证券法》，加强了证券公司的内控制度，强化了证券监管机构的监管职权，完善了证券违法行为的法律责任，增加了证券发行上市保荐、证券投资者保护基金、证券发行交易的预先披露等新制度，为稳步推进金融业综合经营，创建证券衍生品种，推进证券期货交易，拓宽资金合规入市渠道，逐步开展融资融券等创造了条件。与修订前相比，修订后的《证券法》增加了上市公司控股股东或实际控制人以及高管人员诚信义务的规定和法律责任，明确了对投资者造成损害的民事赔偿制度，建立了证券发行的保荐制度和发行申请文件的预披露制度，从制度上进一步保障发行人的质量，提高发行透明度，防范发行人采取虚假手段骗取发行上市。由此可以看出，新《证券法》在持续信息公开披露、民事赔偿制度、股东诉讼及大股东掠夺公司和中小股东等方面，作出了重要改进。

一般认为，由于“理智的冷漠”“搭便车”问题以及管理层和大股东常常漠视中小股东利益等原因，容易导致处于弱势地位的中小股东可能要承担管理层机会主义给股东造成的代理成本以及控股股东“掏空”行为损害中小股东利益所造成的损失。因此，立法理念的公平正义、法规制度的完备性和法律执行的有效性，对中小股东产权保护具有重大作用。新证券法的改进对推进资本市场改革开放和稳定发展将发挥深远影响和显著作用，既有助于推动稳定健康发展，又有利于防范市场风险，对资本市场是长期利好，从而有利于缓减两类典型的代理问题，降低代理成本，增进财务治理效率。

14.2.3 《破产法》与财务治理效率

《破产法》与财务治理及其效率直接相关。从理论上讲，破产会导致公司控制权从股东转移到债权人手中以及财务治理各参与方的关系发生实质性变化。如果公司不能偿还到期债务，那么作为债权人重要权力的破产申请，将使债权人从财务治理的被动角色转变为主动角色。由于股东和政府不太愿意当地公司破产，因此，强制破产机制就变得非常必要。一般来讲，强制破产的决定者是法院，而依据则是《破产法》。我国企业特别是国有企业，尽管经营绩效较差、债务到期不还的情形较为普遍，债权人权利受损严重，而破产比例却很低（孙永祥，2002），原因虽然很多，但与我国在2006年之前没有一部适用于所有企业的《破产法》有关。可见，我国法律对债权人权利保护是非常不够的。这些问题的存在，使得面临破产的公司有关各方的权利义务得不到有效规范，财务治理受到扭曲，影响产业退出和剩余财权的合理配置。债权人与中小股东一样，也属于弱势群体。在大多数情况下，公司的终极决策权往往掌握在股东手中，而股东与债权人之间又常常存在利益冲突，通常表现在以下四个方面：股利发放政策；债权稀释；资产置换；投资不足（Smith和Warner，1979）。因此有必要采用法律手段来保护处于弱势地位的债权人权益。

2007年6月1日，被誉为“经济宪法”的新《企业破产法》开起施行。它的适用范围有所扩大，第一次引进管理人制度和重整制度，强调债权人自治，严格规制了破产不当行为，规定担保债权优先职工债权，规定了金融机构的破产程序，规定了严格的破产责任，首提跨国破产问题。总之，新企业破产法必将对我国法律体系完善产生深远影响，是我国市场经济体制改革进程中一部具有标志性的法律。破产法制度的建立和完善影响到公司破产清算制度的完善，并最终影响到产品市场竞争机制的有效性。实际上，破产机制是公司陷入财务困境情况下，弱势产权救济的重要手段。健全的破产法和有效的破产执行机制，对公司高管阶层形成持续性外部威胁，使其在忧患意识的敲打下，减少机会主义行为，尽最大努力提高公司组织租金的创造能力，更好地协调公司利益相关者的财务冲突与组织租金的分配，激发全体员工的积极性和创造性，使合作收益远远超过合作成本，从而为通用财权契约有效履行奠定物质基础，为剩余财权配置提供持续动力。可以预期，新破产法将有助于保障债权人权益，更好地协调债权人与股东之间的财务冲突，发挥债权治理功效，降低代理成本等财务治理成本，进而拉升财务治理效率。

14.3　法律外制度与财务治理效率

Dyck 和 Zingales（2004）在对控制权私人收益度量的基础上，考察了产品市场竞争、媒体、税务实施等法律外制度可能扮演的公司治理角色，打破了 LLSV（1998）以来形成的关注法律制度的研究范式，而转向同时关注法律外制度，成为该研究领域的开创性工作。目前，对法律外制度所扮演的公司治理角色的理论研究和经验证据已成为国际理论界新的热点。国内学者郑志刚（2007）对道德规范的内在约束、文化、媒体、税务实施等法律外制度所扮演的公司治理角色进行了综述。遗憾的是，对于法律外制度，国内外迄今为止尚没有一个较为权威统一的定义。我们在前人研究的基础上，尝试将公司治理的法律外制度界定为“除法律之外的影响公司治理绩效的外部制度束”，具体包括：（1）市场竞争机制（可进一步细分为经理人市场竞争、产品市场竞争、控制权市场竞争）；（2）声誉机制（借助于媒体、信用体系等，声誉对公司控制人和经理人进行社会奖惩的机制）；（3）依靠政府保障的一些制度安排（税务实施、经济政策等）；（4）社会规范（价值观、文化等）。

财务治理是公司治理的核心。财务治理的法律外制度就是指除法律之外的影响财务治理绩效的外部制度束。在公司财务治理体系中，法律在防止公司代理人变成“坏人”方面是有效的，若要他们变得更好，也需要法律外制度来推动。由于实施市场化改革的时间较短，我国在利用法律外制度影响财务治理效率的理论研究和实践方面基本上还处于萌芽期。本章拟在法律外制度的公司治理角色研究的基础上，将法律外制度延展至财务治理效率这一更核心的层面，剖视法律外制度与财务治理效率释放的内在机理，从而为更好地实现财务治理的根本目标提供一个新的观测点。我们认为，当前探讨我国财务治理效率问题，需要重点考察的法律外制度主要包括：市场化水平（产品市场竞争）、媒体（公众舆论压力）、契约文化、信用体系和税务实施等。

14.3.1 市场化水平与财务治理效率

市场化是指从计划经济向市场经济进行体制转轨的过程，它不是一项规章制度的变化，而是一系列经济、社会、法律乃至政治体制的变革（樊纲等，2003）。中国的市场化进程，有发展意义上的市场化成分，但更主要的是改革或转轨意义上的市场化（王立平等，2004）。概言之，目前对市场化主要有两种理解：一种是指市场机制在一个经济体资源配置中发挥作用持续增加的经济体制演变过程（即发展意义上的市场化）；一种是特指改革或转型国家资源由计划配置向市场配置的经济体制转变过程（即改革或转型意义上的市场化）。

企业的基本目标行为首先是产权决定的，其次是市场结构决定的，市场竞争起着重要的纠偏和调整产权的作用（刘小玄，2003）。市场化水平越高，产权越完整，生产效率、资源配置效率越高，经济增长速度越快。建立以市场为主的经济体制是走向现代化的必由之路，市场化带来的制度创新促进了经济效率的提高。有关研究表明，中国产品市场发育程度相对较好，但要素市场发育程度不理想。非国有经济的发展在各地还非常不均衡，特别在西部地区发展不足，影响了西部地区的市场化程度。此外，在政府与市场的关系，以及市场中介组织发育和法律制度环境方面，各地差异也较大，这两方面总的进展还不够理想。方军雄（2006）发现市场化程度较高时，资本更快地实现由低效率领域向高效率领域的转移。无论是纵向从同一国家或地区的中长期经济增长看，还是横向从世界上不同市场化水平的国家经济发展来看，市场化进程对经济增长有明显的推动作用。黄怡胜（2005）将其根源归结为如下市场化效应：人力资本投资快速增长；吸引大量增量资本；提高了存量资本的配置效率；自由贸易直接传播生产技术。

基于此，我们认为，研究我国公司财务治理效率，离不开市场化进程这一财务治理环境因素。市场化水平、产权与效率三者密切相关。市场化水平越高，产权越完整，公司价值较大，财务治理效率越高；反之，市场化水平越低，产权越残缺，公司价值较小，财务治理效率受损。同一国家不同时期，或同一时期不同国家或地区，市场化水平的差异，将通过各种途径对企业的财务治理效率产生深刻影响。

14.3.2　媒体与财务治理效率

在现代社会，包括电视、报纸、网络、广播等在内的媒体发挥着重要的收集和传播信息的中介作用。媒体不仅掌握了强大的引导公众话题和舆论导向的权力，而且成为一种重要的财富与资源配置机制。对媒体的公司治理角色和作用进行系统研究，则是新近的事情。媒体公司治理角色的实施途径是通过影响声誉实现的：媒体关注将促使政治家修改并有效实施公司法，迫使公司董事（经理人）维持“好”的董事（经理人）声誉，影响公司董事（经理人）的社会声誉和公众形象（Dyck 和 Zingales，2002）。在政府适度监管下形成媒体充分竞争的局面和对新闻自由的法律保护等成为提高媒体可信度，从而发挥公司财务治理作用的关键。

无论是在新兴与转型经济国家，还是在法律制度相对完备的发达国家，媒体都扮演着重要的公司财务治理角色。这一方面是由于受到公司法和公司章程所规定的时限和程序的限制，公司股东提议是被严格限制的，更换董事要经过其他股东的同意，而唯一有影响力的股东表决权则不可避免面对公共选择问题的困惑；另一方面，攫取私人收益的可能性与经理人权利相关，而按照在英美等国所实践的业务判断规则，法庭通常难以限制经理人权利，因而，寻求媒体等法律外制度对减少控制权私人收益将具有十分重要的意义。财务治理理论研究和政策实践要从以往更多关注法律和契约的财务治理途径转移到同时重视包括媒体在内的法律外制度对财务治理可能产生的重要影响，从而不断激发财务治理持续释放效率。

14.3.3　契约文化与财务治理效率

社会主义市场经济“法治国家”目标的实现，离不开现代市民社会“契约文化”的支持与呵护，契约文化是市场经济社会文化精神的血脉。雷光勇（2004）认为，契约是利益分配的理想方式，是一种经济权利流转转让的载体，是人们进行理性选择的基本手段，是对各种交易的自由平等规制。我国传统伦理文化（亲情文化）的庸俗化与滥用，以及以平等、法制和信用为特征的契约文化的缺失，使得市场经济中普遍存在的契约签订与执行成本高企。市场经济归根结底是一种以契约为基础的经济，其人文基础是契约文化而非伦理文化。基于契约基础的经济比基于人情基础的经济，其运作效率要高得多。在我国当前应着力培育契约文化，在经济社会运行中形成社会成员的契约责任感和诚信精神，同时适当兼顾“亲情文化”。可喜的是，市场经济、法治诉求、市民社会与契约文化之间辩证同构与深层契合，正逐渐成为我国改革开放以来最深刻的社会转型之一。

没有从“人情文化”到“契约文化”脱胎换骨般的观念变革，我国上市公司财务治理效率将大打折扣。当代中国社会的发展呼唤着契约文明、契约理念和契约实践。上市公司是利益相关者之间缔约形成的合作收益大于合作成本的产权契约共同体，其核心是财权契约。财务治理是通用财务治理与剩余财务治理的结合。通用财务治理的着眼点是公平公正，核心是通用财权契约的有效履行；剩余财务治理的着眼点是效率，核心是剩余财权的有效配置。契约文化的形成，是财务契约论的基石，也是契约自我履行的基础。因此，塑造契约文化，不仅可以促进通用财权契约的履行效率，而且可以提高剩余财权的配置效率，实现财务治理收益与治理成本之比最大化，即财务治理效率最优化。

14.3.4 信用体系与财务治理效率

诚信是现代市场经济完善与成熟的集制度与伦理为一体的标志。十六届三中全会明确提出建立我国社会信用体系的基本框架和运行机制，形成以道德为支撑、产权为基础、法律为保证的社会信用体系。与此同时，我国社会信用体系建设试点工作也于 2003 年 10 月底全面启动，因受到普遍重视正在大力推进和完善。作为和谐社会基础工程与切入点的社会信用体系，是一套由个人信用、企业信用和政府信用组成基本架构，由信用主体、征信机制、信用市场和失信惩处机制等内容集成的制度安排。市场经济是信用经济，是法治与德治统一的经济。规则和信用是市场经济的两大基石：规则是市场经济的法制基石；信用是市场经济的道德基石。信用与契约、法律等共同构建起社会经济顺利运行的保护屏障。信用有序化可以极大地提升经济活动效率、减少交易费用和增进社会福利。

在经济转型时期，信用缺失必然增加社会交易成本，造成社会资源配置的低效率。契约化交易基础的社会信用体系与人格化交易基础的社会信用体系产生信用断裂，导致信用环境混乱。信用体系发育不良和信用失序是我国信用目前表现出来的两大主要问题（程民选，2000）。因此，要规范上市公司财务治理行为，提高财务治理效率，就必须为其持续健康发展营造一个“守信者得到激励，失信者受到惩罚”的社会信用环境，打造一个竞争有序的良性循环的财务治理环境。只有这样，公司财务治理效率的提升，才有良好的生存土壤和夯实的根基。

14.3.5　税务实施与财务治理效率

Desai 等（2004）认为，以往的公司治理文献通常关注法律对投资者的保护、董事会的角色以及大机构投资者的存在等，政府的税务实施行为并没有进入公司治理标准的分析框架。但研究发现，与其说法律制度，不如说包括税务实施在内的法律外制度导致加拿大的经济增长和公司治理的改善（Morck，2000；Siegel，2005）。由于对公司现金流的税收要求权，国家事实上是几乎所有公司“最大的小股东”。理论界可以将公司财务治理与政府税务实施行为结合起来进行研究，税务实施在公司财务治理中的重要作用也相应成为公司财务治理领域关注的新动向。

对税务实施等法律外制度的重视反映了对近年来 La Porta 等强调的法律制度对公司治理（核心是财务治理）基础性作用的理性思辨。税务当局有动力像小股东一样监督公司内部人，确保公司财务会计信息的透明度、相关性与可靠性，以规避资产转移等应税收入的隐匿或肢解。此外，税务当局在财务治理过程中不会选择搭便车行为，同时其法律保护等优势使税务实施成为法律制度之外的改善公司财务治理的重要举措。严格的税务实施对于降低公司内部人控制权私利具有显著功效。可以推测，税务实施是影响财务治理效率的一个重要因子，与此同时，我们不得不承认，税务实施的财务治理效率促进功效的理论研究刚刚起步，有待深化。

14.4　财务治理效率：法律制度与法律外制度的“双轮驱动”构想

企业是人力资本所有者与非人力资本所有者之间相互签约形成的合作收益大于合作成本的产权契约共同体，产权契约的核心是财权契约。利益相关者之间的财务冲突与协调是通过财权契约来实现的，而财权契约的履行主要落实到财权契约的动态运行与优化上。优化财权契约的经济途径是将剩余财务控制权配置给决策效率最高的参与者；而法律途径则是运用格式化方法将经过长期实践检验、对促进财权契约有效运行的惯例加以总结，以此节约财权契约的规范成本。法律作为财权契约的公共强制性履行基础，其作用在于提供财权契约争议私下解决的参照物，而不是一定要直接参与财权契约纠纷的调解，其效率也不在于直接带来履约成本的节约，而在于其威慑和参照作用使得一些财权契约纠纷本来需要在法庭上解决，而实际上在法庭外就得到了解决。对投资者产权保护和资本市场规制深深根植于一个国家的法律起源与法制结构。一般情况下，法律制度作为财务治理环境因素，借助于各种财务治理结构和治理机制等传导媒介，对财务治理效率产生深刻影响。值得注意的是，有时法律制度本身俨然已成为财务治理制度规则的有机组成部分，直接催生财务治理效率，因而财务治理也可以说是公司自治与法律规制的统一。然而，法律制度的财务治理角色是有边界的，因为：（1）公司是具有独立法律人格的私法主体，私法自治是私法领域最高指导原则，在公司领域表现为公司自治，而公司自治的特点决定了财务治理行为中的一部分不属于法律调整范围；（2）法律的抽象性、概括性以及相对稳定性与财务治理实践具体的丰富的特点之间存在深刻矛盾；（3）法律制度自身的不完备性和法律制度异化，势必造成法律规制的真空地带，消解法律制度的财务治理功效；（4）市场机制等其他替代机制的存在。因此，开展法律外制度的财务治理效率角色研究具有重要价值。

为此，张荣武（2010）提出法律制度与法律外制度对财务治理效率的“双轮驱动”构想：（1）财务治理环境是基石，财务治理结构是内核，财务治理机制是引擎，财务治理效率是根本目标。法律制度在财务治理环境因素中处于核心位阶，在财务治理活动中发挥着基础性指引、保障与渗透作用，通过法律制度的变革和完善，夯实财务治理环境这一财务治理体系的基石，进而激活财务治理结构（内核），发动财务治理机制（引擎），从而直接或间接催生财务治理效率的持续强劲释放。（2）包括市场化水平（产品市场竞争）、媒体（公众舆论压力）、契约文化、信用体系和税务实施等在内的法律外制度，对于财务治理效率释放不可或缺。（3）法律制度和法律外制度两个轮子只有同节奏、同频率地协调运转，才能保证财务治理效率这架战车快速稳健地向前推进。（4）通常法律制度与法律外制度作为财务治理环境因素，在财务治理效率释放功效方面是有区别的，其中法律制度是基础性的，是需要长期努力的方向；而法律外制度是替代性或补充性的，在短期内（亦可能是长期性地）弥补法律制度的不足。总之，法律制度与法律外制度共同驱动财务治理效率，尽管两者存在主次之分，但需紧密结合，方可呵护好财务治理效率这架战车平稳健康快速前行。本章的贡献在于，提醒财务治理理论和实务界，在继续重视法律制度之财务治理环境因素核心角色的同时，绝不应忽视可能存在的法律外制度对解决公司代理问题和契约不完备所引发的财务冲突发挥重要作用的事实，此为其一；其二，本章提出的法律制度与法律外制度对财务治理效率的“双轮驱动”构想，为财务治理效率这一深层次问题的研究，开辟了一个全新的视角。

第 15 章

产权、竞争与财务治理效率

财务治理是公司治理的核心，财务治理的根本目标是提高财务治理效率。财务治理效率是指实施了各种财务治理活动后所获得的收益（效用）总和与该财务治理活动所付出的成本总和之间的比较，即财务治理收益与财务治理成本的对比（张荣武，2009）。产权和竞争是两个不同的范畴，在一定条件下，两者均是财务治理效率产生的重要源泉。但是，产权和竞争作用于财务治理效率的动力机制与传导机制迄今仍是一个黑箱。本章试图从产权和竞争二元联动视角揭示该黑箱，从而使产权、竞争与财务治理效率之间的关系由混沌状态走向清晰化。

15.1　产权与财务治理效率

15.1.1　产权理论解读

产权（Property Rights），即财产权利，是对财产的广义所有权，包括狭义所有权（归属权）、占有权、支配权和使用权；它是产权主体对客体的不同权能与责任，是人们围绕或通过财产所形成的经济权利关系；其直观形式是人对物的关系，实质上却是产权主体之间的关系。产权具有排他性、有限性、可交易性、可分解性和行为性等基本属性，其基本功能包括减少不确定性、外部性内在化、激励与约束功能、资源配置功能以及收入分配功能等（黄少安，2004）。产权理论有四大支柱，即交易费用理论、产权的“生产效率”、产权制度的效率比较和产权制度的演进，其中心论题是：只要交易费用存在，产权制度就对生产产生影响（张军，1994）。产权理论的核心就是研究如何通过界定、变更和安排产权来降低交易费用，提高经济运行效率，从而优化资源配置。本质上，经济学是研究稀缺资源的产权，一个社会中的稀缺资源分配是指将权利在资源的使用中进行分配；经济学问题其实就是在既定约束条件下，产权应该如何界定和交换的问题（Alchian，1967）。产权效率体制具有三大标准：产权的普遍性、产权的排他性和权利的可转让性。企业产权理论主要研究两方面的问题：一是企业的产权地位或拥有什么产权；二是企业内部的权利安排（黄少安，2004）。产权保护来自司法独立，法院必须独立于行政，产权保护受到的最大威胁来自于行政部门。产权保护不是简单的入宪或写入某部法律的问题，而是整个社会的共识问题。在我国社会主义市场经济体制改革逐渐深化的过程中，明晰和保护产权（尤其是“弱势产权”）已经成为我国宪法（权利法案）修订过程中的重要导向。产权制度是一项基础性的母制度，是其他制度衍生的源泉。产权保护和平等规则是人类社会最基本的制度安排，但当今中国社会最迫切需要得到保护的是弱势产权和私有产权。产权保护意识逐步增强，为产权保护真正成为我国社会的核心价值观，进而为产权效率的释放夯基固本。宏观层面上，产权保护导向的市场化改革已不可回避；微观层面上，产权保护导向的财务变革也应步调一致。

15.1.2 产权保护与财务治理效率：关系探寻

随着产权社会化程度不断提高，财务的资源配置和产权价值配置功能日益凸显，一种产权经济学与财务学融合研究的思想正在萌动。效率是经济学中的一个中心范畴，对效率问题的分析是西方经济学的一条主线。现代产权经济学实则是始终围绕产权效率性问题展开的，效率性是贯彻始终的基本定点，产权效率是产权经济理论研究的出发点，同时也是其归宿点；科斯定理是一个对制度环境交易成本最小目标的选择和不断追求的系列函数和评价体系，其实质就是要充分发挥好产权制度的效率性功能，达到产权效率支配状态最优（曹钢，2001）。交易费用理论是整个现代产权理论大厦的基础。任何一个社会或国家，只要存在交易，交易费用就必然产生。诺斯在《经济学的一场革命》中指出“作为最直接的形式，交易费用是解释经济绩效的关键”。在给定产出的情况下，交易费用的高低决定资源配置的效率，节约交易费用就是提高效率。产权规则的确立就是为节约交易费用，促进合作协议的达成，增进各方的利益（Coase，1960）。产权明晰与合理安排对于效率的提高具有重要作用，因此产权是上市公司财务治理效率研究不可逾越的屏障。明晰的产权有助于人们以效率最大化原则来支配和处置产权，形成合理预期，激发创造性和产权优化配置的动力；反之，产权不明就会给资源配置及其效率带来严重障碍。尽管不同性质的产权具有不同的效率特征和适用领域，但是产权保护对于效率的提高具有极端重要性是毋庸置疑的。

企业本质上是不完备要素使用权资本化交易契约履行过程，从价值角度可以描述为人力资本与非人力资本的一个不完全契约组合。不完全契约未能规定各种或然状态的权责，而主张在自然状态实现后通过再谈判来解决，因此重心就在于对事前的权利（包括再谈判权利）进行机制设计或制度安排（杨瑞龙和聂辉华，2006）。不论是公有产权还是私有产权，也不论是强势产权还是弱势产权，均应该得到平等有效的保护，因为产权保护是产权效率释放的必要前提。但是，从当前我国的现实来看，对弱势产权与私有产权的保护显得格外迫切和必要。上市公司是利益相关者一系列复杂委托代理关系形成的契约结合体。委托人与代理人、监督者与被监督者的产权结构安排，以及包括股权持有者结构、股权集中度结构、股权流通性结构等多种类型的股权结构安排，均对财务治理效率产生重要的决定作用。

效率从最一般的意义上讲，是指产出与投入或者收益与成本之间的对比关系。财务治理效率是指实施了各种财务治理活动后所获得的收益（效用）总和与该财务治理活动所付出的成本总和之间的比较，即财务治理收益与财务治理成本的对比。财权理论是财务治理效率研究的学术硬核和根本指针，而财权是产权的核心。研究财务治理效率，就离不开对产权保护的探索；探索产权保护就离不开财务之于产权保护的独特优势；协调和均衡产权关系、提升和保护产权利益，是现代财务肩负着的重要使命，也是产权财务研究兴起的根本缘起（张荣武和伍中信，2005）。财务治理效率是通用财权契约履行效率与剩余财权配置效率的有机统一。企业是资本、劳动、管理和技术等不同要素所有者通过契约连接而成的统一体，其存在和发展的根本原因在于要素所有者相互合作能够创造出合作剩余，因而合作剩余的创造与分配就成为企业的核心问题。从这个意义上来说，促进要素所有者之间由非合作博弈转变为合作博弈以提高企业合作效率就成为治理的目标。从财务的角度来讲，就是追逐财务治理效率的提高。

产权促进财务治理效率提高的动力机制与传导机制可以概括如下：①清晰的产权界定和为适时地排解产权纠纷而进行的产权重新界定，使外部性内在化，对于促进财务冲突协调和财务契约履行，降低代理成本、集体决策成本、市场治理成本等财务治理成本发挥着重要作用；②建立有效的产权制度，并通过合理划分产权，明确不同产权主体的权利与责任边界，力求权责对等，从而建立起有效的激励和约束机制，不仅可以增加财务治理收益，而且可以减少制度摩擦成本、财务治理组织结构成本、遵循成本等财务治理成本，进而提升财务治理效率；③优化产权制度结构，赋予产权制度的开放性，使产权制度内含有创新机制和制度低成本转化机制，从而使通用财权契约履行效率和剩余财权配置效率处于动态优化状态；④借助于产权制度，在股东主导的利益相关者共同治理与相机治理耦合的基础上，通过财权合理配置，形成财务治理结构、财务治理机制与财务治理环境良性互动，促进财务冲突协调、财务决策科学化和财务核心竞争力提升，实现财务治理效率最大化之根本目标。

15.2 竞争与财务治理效率

竞争在经济理论中占有重要地位，以至于德姆塞茨在《竞争的经济、法律和政治维度》中写道“难以想象经济学没有竞争还能是一门社会科学”。

15.2.1 竞争及其功效

市场经济天然地是竞争的经济，竞争机制在市场经济中发挥着基础性作用。有竞争才有高效率，竞争出效益；没有竞争就会出现价格扭曲，导致效率低下，引致生机与活力枯竭。竞争的基本规律是优胜劣汰，既是一种激励机制，又是一种淘汰机制。竞争和激励与约束是相互作用的。竞争之所以提供激励是因为竞争具有持久的利益驱动力，这种驱动力能产生一种非合同式的“隐含激励”（鲁照旺，2006）。竞争是个非常强的纪律约束，容不得偷懒，落后就会被淘汰出局。约束是一种负激励，竞争使得约束机制变得更加可信。竞争的刺激与压力促使组织激励更富有效率，激发创新活动，降低成本，避免偷懒行为和非增值活动，因此，竞争对于提高经济效益不可或缺，是形成企业效率的重要源泉。事实上，只要存在不同利益主体对稀缺资源的需求冲突，竞争就会发生。从表象来看，经济竞争的对象是资源或财富；从本质来考察，竞争的客体或者竞争的“标的物”则是产权。竞争与效率密切相关，但竞争并非必然导致财富创造和经济效率的提高，其前提条件是国家产权、企业产权与私有产权能得到平等保护。在我国，切实有效地保护私有产权和弱势产权，在当前显得尤为迫切。只有这样，劳动力市场竞争激励、资本市场竞争激励和产品市场竞争激励的竞争机制功效，才能得以充分发挥。

现代竞争理论的产生是以打破把完全竞争作为现实和理想竞争状态的传统模式为主要标志的。现代竞争理论不再把竞争作为静止的最终状态，而是作为动态变化的过程。竞争本身是一个动态、演化的概念，研究现实市场竞争过程中的各种要素的组合以及市场演化的规律，就成了现代竞争理论研究的重点。进入 20 世纪 70 年代以后，竞争理论更加注重效率分析，深入研究组织行为的福利与效率后果。

15.2.2　竞争之于财务治理效率的动力机制与传导机制

产品市场竞争对公司治理（核心是财务治理）的促进作用引起了人们广泛的关注。产品市场竞争的公司财务治理效率的动力机制主要受到了契约理论和激励理论发展的影响，并主要表现为产品市场竞争的信息作用与约束作用。产品市场竞争增加信息的作用是通过绩效评价和声誉机制发挥作用的，而它对经理的约束作用则是通过竞争减少经理偷懒的“保护层”（垄断租）和增加公司破产威胁来促进经理人努力发挥其人力资本实现的。产品市场竞争作用于公司财务治理效率的传导机制研究主要集中在与资本结构互动推进、对管理者的激励、基于竞争的创新激励论等方面。刘芍佳等人（1998）认为，竞争迫使企业改善机制，提高效率，是企业治理机制往效益方向改善的根本保证。赵蒲和孙爱英（2004）实证结果表明：由产品市场竞争决定的企业内源融资能力是财务保守行为产生的最重要原因。胡一帆等（2005）研究发现：在产权与公司治理，以及产权与竞争之间，存在着某种程度的替代性。但也有人认为，市场竞争只有在一定环境中才会发挥作用。若市场不完全或市场制度环境扭曲造成企业之间竞争地位的不平等，则难以使竞争发挥优胜劣汰的作用。

经理选择和经理激励是现代公司财务治理需要解决的关键问题。通过经理市场竞争机制，企业可以选拔出有能力的经理，此为其一；其二，经理市场的存在对低能或以权谋私的经理构成强有力的威胁。经理市场优胜劣汰机制，将经理收入、职业前景、社会声誉和企业发展捆绑在一起，促使现任经理为提高自身人力资本价值而努力工作和重视声誉。这种经理市场竞争机制提供的激励作用，对于降低代理成本、增加财务治理收益，将产生积极影响。

与上述产品市场竞争和经理市场竞争类似，资本市场竞争通过对经理人力资本的开发和利用形成强有力的激励与约束，亦可对财务治理效率产生影响。资本市场为公司控制权争夺提供了舞台。并购是获取公司控制权的有力工具，也是惩罚劣质经营者的强力威慑机制和防止经理侵害投资者利益的有力武器。在竞争充分的完善的资本市场，控制权丧失、收入下降、声誉贬值等来自资本市场的压力，是对经理行之有效的激励与约束机制。

15.3 产权激励、竞争机制与财务治理效率：关系厘定

要提高财务治理效率，不仅需要有一个发挥基础性作用的行之有效的产权保护制度，还要有能够合理反应经理绩效的产品竞争市场、恰当评价经理能力的经理市场以及敏捷影响经理控制权的资本市场。

产权与竞争对财务治理效率的影响是相互依存和互补的（张荣武，2010）：（1）产权明晰和产权结构优化是提高财务治理效率的基石和强有力的内部驱动因素，竞争是财务治理效率持续释放的动力和外部驱动因素；（2）产权改革只有在竞争环境中才具有显著的效率优势，竞争机制发挥作用的前提条件是对产权的平等保护，缺乏产权的竞争必然是低效和无序的竞争；（3）剩余索取权与剩余控制权对应是财务治理效率产生的源泉，因此产权效率的极端重要性毋庸置疑，市场竞争机制也是提高财务治理效率不可或缺的重要机制和内部治理不可替代的制度，产权与竞争分别从内外两个方位驱动财务治理效率，两者相互依存；（4）如果两种机制的作用满足同一种需要，则一种机制满足程度的增加会降低另一种机制的激励约束功效，反之，一种机制满足程度的降低会增加另一种机制的激励约束功效，产权与竞争之间亦存在这种互补性。

第 16 章

共同治理、相机治理与财务治理效率

利益相关者共同治理在逻辑上陷入了西方经典企业理论的团队道德风险，存在效率障碍问题；而相机治理在利益相关者逻辑下并不能有效“相机”，相关者控制权行使效率不能得到确保。共同治理与相机治理有机契合而形成的共同治理与相机治理耦合机制，是财务治理效率持续释放的重要前提。但是，要保障这种持续释放的强度，还依赖于共同治理与相机治理耦合机制的契合度与完善性。

16.1　共同治理与相机治理：内涵概析

16.1.1　共同治理的基本内涵

共同治理理论的基础是利益相关者理论，利益相关者理论的根基是企业契约理论，因此，企业契约理论是共同治理的理论渊源。分析利益相关者共同治理，首先必须弄清楚利益相关者的含义。杨瑞龙和周业安（2000）根据定义包含的宽泛程度将其归纳为三类：第一类是最宽泛的，即凡是能影响公司活动或被公司活动所影响的人或团体都是利益相关者；第二类是指凡是与公司有直接关系的人或团体才是利益相关者；第三类定义认为，只有在公司中下了“赌注”的人或团体才是利益相关者，也就是在公司中投入了专用性资产的人或团体才是利益相关者。可以用潜在利益相关者和真实利益相关者将三类定义协调起来，前两种都包含了潜在利益相关者，只有潜在利益相关者向公司进行了资产专用性投资才转化为真实利益相关者。本章在分析财务治理效率时，着重考虑真实利益相关者。由于供应商和客户可能是真实的利益相关者，也可能不是，关键在于其是否进行了公司关系专用性投资，因此，公司最主要的利益相关者主要包括：股东、债权人、经理、员工。

既然利益相关者共同创造公司组织租金，共同承担公司剩余风险，那么，应该设计一定的财权契约安排和财务治理制度将一定的公司财务控制权分配给所有利益相关者，使所有的公司财权契约参与者得到激励去有效地合作，进而实现公司合作剩余最大化和公司价值最大化。因此，为了实现公司合作剩余最大化和公司价值最大化，所有的利益相关者都应该参与公司财务治理，这就是利益相关者共同治理的基本内涵。因此，共同治理就是公司的决策只能是利益相关者协调的产物，重要的是通过决策程序把财务冲突转化为协调与合作。

16.1.2 相机治理的内涵解读

当公司既得利益状态被打破时，若其中某产权主体的利益受损，就必须有某种机制启动，自动地赋予受损方保护自己权益的机会与权力。这时，谁拥有企业所有权分配的控制权就显得特别重要，因为对受损方来说，只有掌握了这种支配权，才有机会重新配置公司财产，以弥补其损失。让受损方掌握控制权恰恰体现了效率原则，因为当一个投资者面临资本保全威胁时，最有动力再造企业。张维迎（1996）曾给出一个简单的例子描述了公司所有权的状态依存性。设 x 代表公司总收入，N 为股东最低预期收益，W 为应付工人的合同工资，r 为债权人的合同收入（本金加利息）。并假定 x 在零到 X 之间连续分布（其中 X 为最大可能收入），工人的索取权优先于债权人。如果企业处于“$W+r<x<W+r+N$”的状态，股东是公司所有权分配的支配者；如果公司处于“$W<x<r+W$”，债权人是支配者；如果公司处于“$x<W$”的状态，工人是支配者；如果公司处于“$x>W+r+N$”的状态时，经理人员就是实际的支配者。由此可见，从事后的利益状态看，公司所有权的分配是动态的、相机的。然而，公司所有权的状态依存性并不等价于支配权的自动让渡。必须有一套制度以确保支配权的顺利让渡，并保证让渡的有序性。这套制度就是“相机治理机制”（郭建鸾，2004）。

财务相机治理（Contingent Governance）指公司控制权随公司绩效或经营状态的变化而发生变动，或者说是财务动态治理。相机治理考虑公司动态发展的可能性，当环境发生变化时，财权契约支持网络必须作出相应调整，其中最容易或最有可能利益受损的一方就会暂时获取控制权。一个有效率的经济体制必须能提供一个顺畅、自由而有序的财务相机治理机制，以确保各当事人利益和经济运行效率。

16.2　共同治理与相机治理的效率解读

16.2.1　共同治理的创租优势与效率困境

由于资本雇佣劳动理论和劳动雇佣资本理论都强调“单边治理”，把公司财权集中地配置给单一主体就意味着其他主体的财权被剥夺，因此财务治理理论基础现实的选择是利益相关者理论。各利益相关者保持长期稳定的合作是现代公司发展的基本模式，共同治理已成为现代公司财务治理的现实选择。利益相关者共同治理具有以下明显特征：有助于形成有效的激励约束机制，激发创新，降低代理成本，提高公司财务治理效率；相对于股东利益至上的逻辑而言，利益相关者共同治理强调由多方共同所有比股东单方独享更为公平合理，也使公司更易于吸引或积累资源。由此可见，利益相关者共同治理在组织租金创造、合作剩余的创造抑或公司价值创造方面具有明显优势。

但 Rey 和 Tirole（1999）利用一个多委托人（一个共同的代理人）道德风险模型证明了在委托人之间存在利益冲突时，他们获取信息以改进效率的激励将被减弱。Hansnan（1996）等相关实证研究表明，控制权分散化带来不同利益相关者之间的利益冲突导致效率损失（相互之间的不信任、猜忌以及由此造成的决策制定时的僵持局面）。若沿袭西方经典企业理论的思路，与控制权多元化相对应的剩余索取权多元化将会使团队陷入道德风险困境，即利益相关者共同治理存在一个明显的效率障碍问题（团队生产中的搭便车行为）。Holmstrom（1982）指出，解决这一问题的办法是通过一个外部委托人，打破团队内部的预算平衡，给公司团队施以“集体惩罚”或“集体激励”，可以迫使团队成员选择最优的努力水平，从而使帕累托最优作为纳什均衡来出现，团队中的搭便车行为得以消除。但是这一方法的前提是团队成员或委托人必须足够富有，财富约束会限制团队的有效规模和实施帕累托最优效率的可能性。因此，利益相关者共同治理存在效率困境。

16.2.2 相机治理、财权配置与动态效率

财务相机治理的实质是财务动态治理，有效的财务治理结构需要完善的相机治理机制进行整合。不管有效公司财务治理是何种模式，在公司绩效恶化或者经营状态的变化直接或间接影响到当事人利益的时候，相机治理机制将公司控制权在各个当事人之间作出重新安排，以便实现对公司财务治理结构的重新调整。实现公司相机治理的一个重要手段就是控制权转移（公司化及股份化改组、收购兼并、代理权竞争与破产清算等）。有效的公司财务治理必须使财权与市场同时发挥作用，在指导公司治理实践中，财权理论与超财权理论必须有机结合。建立以信息特征、财权配置和市场竞争互动为基础的公司财务治理等效曲线，公司财务治理源于代理问题和信息不对称，是基于市场竞争和信息特征之上的财权博弈制度安排。

相机治理机制的依据是关注公司所有权的或有特征，主要是通过对剩余控制权的争夺来改变既定利益格局：①出资者相机治理，当公司出现经营危机或经理层有侵害出资者利益的行为时，对于大股东而言，可通过监事会加以制止或通过股东大会对公司管理层进行更换从而接管公司或重组公司，达到控制权的转移等相机治理措施，对于小股东而言，可以通过独立董事的制衡机制，制约公司管理层的行为，或“用脚投票”，抛出手中的股票退出公司组织来表达自己的意志；②债权人相机治理，由于债权人对银行有着特别重要的作用，可对贷款建立事前、事中和事后监督的相机治理机制；③员工相机治理，员工可通过建立员工董事制度，实施员工股份制方案和员工—资本合伙制等相机治理措施；④政府相机治理，政府可以通过提请以立法等方式对公司行为进行监督和约束，如制定各种约束公司财务和会计行为的法律法规及对违规行为惩罚的法律制度，政府也可直接参与对公司的税务检查、工商检查以及委托市场监管机构、中介机构对公司的行为进行监督等相机治理机制；⑤其他利益相关者相机治理，其他利益相关者主要是通过财务监控权的市场分享体系等外部市场来实现（张栋和杨淑娥，2005）。

16.3 共同治理与相机治理耦合机制的提出

控制权配置是公司治理的核心，企业所有权是指剩余索取权和控制权，二者中又以控制权更为关键，公司治理的核心就是企业控制权的配置，企业治理的关

键就在于优化控制权的配置（蔡炯等，2009）。但谁有资格拥有剩余索取权和剩余控制权？传统的看法可归纳为“股东至上”逻辑，而该逻辑的必然推论就是：有效率的治理结构只能是“资本雇佣劳动”的单边治理结构，剩余索取权和剩余控制权全部归股东所有。这些符合“股东至上”逻辑的企业制度，在微观经济领域的地位日趋式微。现代社会几乎成为“公司社会”，大量处于统治地位的公司恰恰是偏离“股东至上”逻辑的。事实上，公司应归利益相关者共同所有，并通过剩余索取权的合理配置来实现自身产权，通过剩余控制权的合理配置来相互制衡，从而达到长期稳定合作的目的。因此，有效率的公司财务治理结构是利益相关者共同拥有剩余索取权与剩余控制权，并且对每个利益相关者来说，相应的两种权利都是对应的，这种双边或多边的合作模式称为“共同治理”。共同治理目前已成为很多国家和地区公司财务治理结构改革的现实选择，是公司处于正常经营状态下的治理机制，体现了利益相关者之间为了公司利益而合作的思想。但合作并非就是没有任何财务冲突的理想状态。实际上，有矛盾才有合作，因为每个利益相关者都是有限理性的经济人。当信息不对称时，信息优势方可能采取机会主义的损人利己行为，导致合作消失，进而使包括自己在内的利益相关者的整体利益受损。然而，合作并不总是稳定的，由于其中一些人的机会主义行为或由于客观的外部冲击，导致经营危机，财务冲突便会出现。受损方如何采取措施惩罚违规者呢？现代公司财务治理结构理论认为，通过设置一套相机治理机制可以防止损人利己行为，即根据具体的利益受损状况采取相应的应急措施（杨瑞龙和周业安，2000）。因此，就必然会产生共同治理与相机治理双轮驱动的耦合机制。

16.4 共同治理与相机治理耦合机制促进财务治理效率释放

财务治理效率是指在既定的财务治理环境及其变迁中，财务治理结构与财务治理机制的有效配搭能够以尽可能低的财务治理成本取得尽可能高的财务治理收益，也就是说，财务治理效率是指实施了各种财务治理活动后所获得的收益（效用）总和与该财务治理活动所付出的成本总和之间的比较，简言之，就是指财务治理收益与财务治理成本的对比（张荣武，2009）。

财务治理结构本质上是一个关于公司所有权安排的契约，其核心命题在于如何通过一个人力资本所有者与非人力资本所有者的财权契约安排实现公司剩余索取权与控制权的对称分配，从而提高公司组织专业化分工与协作中的决策效率，进而提高财务治理收益，降低财务治理成本，达到财务治理效率的最大提高。随着人力资本、知识与信息在公司核心竞争能力的形成与积累中的功能日益凸显，共同治理日益成为公司成长与发展中的理论与现实诉求。作为公司在知识成本与代理成本双重约束之下发展与积累核心竞争能力的结果，共同治理是公司所有权安排的常态，而共同治理与相机治理的结合则是公司所有权安排动态发展所必须基于的原则（严若森，2004）。

综上所述，剩余索取权与剩余控制权的对称是财务治理效率的前提；共同治理体现了常态下利益相关者之间为实现公司价值最大化而进行的合作，而相机治理则是在特殊情况下客观面对利益相关者财务冲突的基础上，保证这一合作状态持续稳定的机制；共同治理与相机治理耦合机制是利益相关者在常态和异态下尽可能长期合作的有力保障和公司财务治理效率释放的源泉。

第 17 章

财务治理机制体系构建及其效率释放机理研究

17.1　引言

财务资源配置与财权配置两大职能的提出，将现代财务分为财务管理和财务治理两大既相联系又相区别的领域，有利于构建两大平行的财务管理和财务治理理论与运作体系，从而为完善现代财务体系提供了良好的思路（伍中信和张荣武，2005）。既然财务理论体系可以分解为财务管理理论体系和财务治理理论体系，相应地，财务机制也就可以分解为财务管理机制与财务治理机制。限于研究主题的需要，本章主要探讨财务治理机制。

张敦力（2002）探讨了委托代理结构中的激励机制和约束机制。张兆国等（2004）认为，在利益相关者合作逻辑下，要使各利益相关者的财务收益权和财务控制权都能实现，就必须建立一套共同治理和相机治理相结合的企业财务治理机制。杨淑娥等（2005）认为相机治理机制的依据是关注企业所有权的或有特征，主要是通过对剩余控制权的争夺来改变既定利益格局，各利益主体可通过相机治理机制，确保财权在不同利益相关者之间的配置能发挥衡量监督和激励是否相容、剩余索取权和剩余控制权是否匹配，从而利用财权配置达到相关利益者价值最大化的目标。财务治理机制包括财务决策机制、财务激励机制、财务约束机制三个方面，这三大机制与财务基础机制的财务主体机制、财务动力机制和财务制衡机制保持着内在的一致性（衣龙新，2005）。也有学者认为财务治理机制主要解决财务基本机制、财务激励约束机制以及财务相机治理机制等问题（林钟高，2005）。尽管已有研究成果还不够深入和完善，但毕竟为后续的财务治理机制探讨奠定了一定基础。

17.2 财务治理机制体系的构建

我们研究发现，公司财务的本质是“产权价值流”，“产权价值流”集中体现为“财务价值链”，而“财务价值链”的有效传导和流转离不开财务治理机制体系的协同运作。“机制”（Mechanism）一词在人们的生活中使用频率极高，含义甚广。将“机制”概念引入财务学领域，就产生了“财务机制”范畴。我们在借鉴宋献中（1999）、罗飞和王竹泉（2003）等学者观点并融入个人理解的基础上，对财务机制进行了拓展。所谓“财务机制”是指财务体系内各子系统、各要素之间相互关联、相互制约的作用过程，以及由此决定的财务体系内在的本质的调节形式、方式方法和手段的运行规律。它包括以下几层含义（张荣武，2010）：（1）财务机制是一个动态人造系统，按照一定的规律自动发生作用并导致一定的财务经济结果；（2）财务机制既不是最终结果，也不是初始原因，它是把财务期望转化为行动、原因转化为结果的一种中介；（3）财务机制制约并决定着财务功能的发挥，在一定财务体系中，财务机制是客观存在的，它所反映的是财务内在的、本质的作用方式和规律，是财务体系各组成要素之间相互作用的动态关系；（4）财务机制的优劣是以其作用于财务体系而导致的机能强弱来评价的；（5）财务机制主要由财务决策机制、财务激励机制和财务监督机制构成，其中，决策机制是“方向盘”，激励机制是“发动机”，监督机制是“刹车”，三者同舟共济，为财务机制体系的健康运行保驾护航。

财务治理机制体系是财务机制在财务治理领域的分支机制体系，主要包括：财务战略决策机制、财务激励创新机制、财务监督制衡机制、共同治理与相机治理耦合机制、财务信息披露机制。其中，财务战略决策机制、财务激励创新机制和财务监督制衡机制等三大机制是财务治理机制体系的核心机制，分别对应于财务机制体系的财务决策机制、财务激励机制与财务监督机制。但是，仅有核心机制还不能满足需要，为此，本章构建出利益相关者共同治理与相机治理耦合机制，作为动态协调机制，为前三大核心机制服务。由于各种财务治理机制的运作需要信息，也由于财务治理产生的原因之一就是信息不对称，因此，我们又提出财务信息披露机制，作为财务治理机制体系的保障机制。

17.3　财务治理机制的效率释放机理考析

尽管财务治理环境是基石、财务治理结构是内核，倘若缺乏财务治理机制这一“引擎”，财务治理也必然是低效率的。因此，我们务必在构建财务治理机制体系的基础上，深入剖析各财务治理机制的效率释放机理，使各机制有机联动和配搭，从而形成财务治理机制体系的协同运作，催生财务治理效率强劲释放。

17.3.1　财务战略决策机制与治理效率

张荣武（2010）研究发现，公司财务本质可以精炼为“产权价值流”，“产权价值流”集中体现为“财务价值链”，而“财务价值链”最为关键的模块就是“战略决策”。因此，财务战略决策机制是财务治理机制中最基本的核心机制，任何财务激励创新机制和监督制衡机制都是建立在一定的财务战略决策机制基础之上的。所谓“财务战略决策机制”，是指公司为了实现财务治理目标，在对未来一定时期内的重大财务活动的方向、内容及方式所进行的非程序化的风险型的选择或调整过程中各子系统各要素之间相互关联相互制约的作用过程，以及由此决定的财务治理体系内在的本质的调节形式、方式方法和手段的运行规律。财务战略决策机制是财务治理的最主要机制，公司重大财务行为都需要由其来引导和规范。财务战略决策机制着眼于公司资源、能力和环境有效整合的连续一体化，着眼于战略价值观、利益相关者合作逻辑基础上的剩余财权配置与利益分享机制、长效财务激励与约束机制以及全面预算管理与业绩评价，着眼于权变理论基础上的战略决策与财务环境的动态协调。核心竞争力的培育及其动态竞争优势的内化，是确保公司财务治理目标实现的关键，以剩余财权配置为中心的财务动态治理是竞争财务观和战略财务观形成的助推器，而财务战略决策机制则是财务动态治理效率的根本引擎。

决策权是指能够作出决策的权力或影响他人决策的权力。决策权及其配置是财务战略决策机制的核心问题，不同的决策权配置结构，会直接影响到决策效率，进而影响公司财务治理目标的实现。公司财务治理权包括财务决策权、财务执行权和财务监控权。财务治理权配置的合理与否是影响财务资源（包括财务硬资源和财务软资源）配置效率的关键因素（李心合，2001）。财务决策权构成财务治理权、财权配置乃至公司财务治理结构的核心（伍中信，2009）。现实中公司财务决策权配置的理论基础应是利益相关者理论（张兆国等，2005）。在“成本—效益”决策原则的指导下，我国上市公司财务决策权应该配置给股东、债权人、经营者和雇员，与此同时，应该以股东为主导且股东的财务决策权主要通过股东大会和董事会予以体现。

简言之，财务决策权是战略财务决策机制的核心，也是财务治理权、财权配置和财务治理结构的核心，而财务治理效率是财务治理收益与财务治理成本的对比，其核心是剩余财务索取权与剩余财务控制权对应，财务战略决策机制以“财务决策权”为媒介进而强力牵引财务动态治理效率释放。

17.3.2 财务激励创新机制与治理效率

创新是公司发展的灵魂和民族进步的不竭动力。财务激励创新机制是以剩余财务索取权与剩余财务控制权对应为手段，综合运用各种财务激励方式，协调公司财务契约参与者之间的财权关系和财务冲突，诱致利益相关者实现公司合作剩余最大化的一种机制。

股东—经理人财务冲突，债权人—股东财务冲突，消费者—公司财务冲突已成为现代财务学的基本命题。财务治理主体的构成广泛，各主体的需求不同，存在大量财务冲突的可能性，财务激励创新机制对各主体积极参与财务治理的极端重要性凸显出来。事实上，股东一般十分关注红利和资本利得，而且股东之间也存在差别，大股东更关心控制权收益等长期收益，中小股东则偏向于短期利益，投机性强；债权人主要关心公司的偿债能力，安全性良好的公司容易获得债权人更多的财务支持；职工对薪酬和岗位安全较为敏感；经理层则是财务激励创新机制的重点，激励效果事关经理层积极性和创造性的发挥，对公司价值创造具有决定性作用。企业家是公司的中心签约人，其本质特征就是创新，创新是企业家区别于一般经营管理者的关键。报酬激励机制越完善，企业家创新的效用水平越高，越有可能创新；控制权激励作用越大，越有利于企业家进行创新。利益相关者对公司财务治理的参与，有助于良好的公司激励约束机制的形成，有助于合理配置剩余索取权和控制权；不同类型的利益相关者贯穿于创新过程的始终，他们的反馈信息可能优化创新行为，获得最大化的创新回报（王辉，2005）。因此，公司的创新与激励机制密切关联。

公司中普遍存在大量的多重委托代理关系，而委托人与代理人的目标函数存在差异，代理成本的发生不可避免，如果任其自然，势必导致大量外部性的存在，非合作博弈丛生，公司就成为一个“矛盾集合体”，随时面临生存和发展的威胁。公司的要素所有者的财权保护也就失去根基。财务治理的根本目标就是促进以企业家为中心签约人的要素所有者之间由非合作博弈转变为合作博弈以提高公司合作效率。而财务治理要实现其根本目标，就必须科学设计激励创新机制，将财务激励与权力激励、财务激励与精神激励、短期激励与长期激励、个人激励与组织激励等有机结合。实际上，制度是影响公司发展的根本因素之一，制度促进或阻碍公司发展是通过激励或压抑创新实现的，因为公司发展的实质就是创新。因而，好的制度是能够持续激励创新的制度，同时，这种制度本身也应是充满生命力的、开放的、不断调整和创新的。从本质上说，财务治理制度是一定约束下的激励创新机制的多元组合。总之，财务激励创新机制通过创造公司价值，降低治理成本，进而增进财务治理效率；财务治理效率高的公司因具有坚强后盾而更有动力进一步优化激励创新机制而对其实施正反馈功效。

17.3.3　财务监督制衡机制与治理效率

财务监督制衡机制是指对财务治理主体行为进行监督制衡，防止权力失衡而导致财务治理效率低下的一种保障机制。其中，公司经理层是财务监督制衡机制的作用焦点。要有效监督制衡经理人员，无非遵循两条路径（王辉，2005）：一是以正式制度安排为基础构筑股东、董事会、监事会监督的内部治理结构与机制，典型的做法包括调整董事会的维度结构，增强董事会的独立性；提高股东控制权，加强股东在治理结构中的地位；发展机构投资者等。二是以非正式制度安排为基础构筑利益相关者参与的外部治理机制，即通过控制权市场、经理市场、产品市场等的有效运作起到监督制衡作用。现代公司是物质资本所有者、人力资本所有者和社会资本所有者之间一系列产权契约的联结体，抑或说是由资本、劳动、管理和技术等不同生产要素所有者组成的产权契约体。公司存在和发展的根本原因在于要素所有者相互合作能够创造出组织租金或合作剩余。实际上，企业契约理论为利益相关者财务治理提供了理论基石，企业只有为利益相关者服务才能获取高效率。利益相关者之间谈判力的对比及其所处的环境决定了公司财权结构的动态性和状态依存性。仔细分析发现，财务治理体系并不是一个天然的“和谐社会”，因为通用财权的履行未必能自动实施，剩余财权的配置也未必实现帕累托最优。合作剩余的创造与分配需要财务治理机制的支撑，合作效率的提高也需要财务治理机制的鼎力支持。其中，财务监督制衡机制就是不可或缺的机制之一。针对我国上市公司监事会职能严重弱化、公司内部监督机制严重缺失的现实，为了完善公司财务治理，强化公司内部监督制衡，我国引入了独立董事制度，由此带来了公司监督制衡机制的制度冲突问题。实现独立董事制度和监事会制度的制度契合与同构，进一步完善监事会的监督职能，是实现上市公司良好的治理机制以及可持续发展能力的重要支撑。

张荣武（2010）认为，财务监督制衡机制需要通过内部监督制衡与外部监督制衡构成的具有递进性和交互性的综合系统，来建立相关各方的激励约束关系，以最大限度地满足股东和利益相关者的权益。本质上讲，内部监督制衡机制是以产权为主线的内在制度安排，其治理载体就是公司本身，而外部监督制衡机制是以竞争为主线的外在制度安排，其治理载体是市场体系。当然，公司监督制衡机制的“路径依赖性”，公司制度的历史、管理实践和公司文化传统等，在监督制衡机制的确立和演进中也是很重要的，但旨在解决财权契约主体之间合作与冲突的治理精髓却是相通的。通过“产权”与“竞争”这两条主线，构建由“内部监督制衡”与“外部监督制衡”组成的财务监督制衡机制，促进利益相关者“竞合关系”的形成，实现公司价值的最大限度增值，降低治理主体的交易成本、股东与经理之间的第一类代理成本、大股东与中小股东之间的第二类代理成本等治理成本，从而提高财务治理效率。

17.3.4 共同治理与相机治理耦合机制：治理效率传导剖析

公司社会责任思想动摇（或曰颠覆）了自由资本主义经济的根基。利益相关者理论的发展明显晚于公司社会责任思想，然而，利益相关者理论通过“内外兼修”日臻成熟，并于 20 世纪 90 年代一改与公司社会责任思想独立发展的路径，从而出现有机融合发展的态势。当前，企业契约理论、利益相关者理论与公司社会责任思想，均是备受关注的理论前沿和实践焦点问题。这为共同治理与相机治理耦合机制的构建奠定了基石。

共同治理兼具创租优势与效率困境。利益相关者共同治理不仅强调利益相关者特别是人力资本所有者的产权应该得到保护，而且开始关注利益相关者合作对于公司组织租金的创造和公司的持续健康发展的至关重要性。但是利益相关者共同治理存在霍姆斯特姆（Holmstrom，1982）在《团队的道德风险》中论述的道德风险问题，即效率障碍问题。

财务相机治理（Contingent Governance）是指公司控制权随公司绩效或经营状态的变化而发生变动，或者说是财务动态治理。相机治理机制的依据是关注公司所有权的或有特征，主要是通过对剩余控制权的争夺来改变既定利益格局。相机治理考虑公司动态发展的可能性，当环境发生变化时，财权契约支持网络必须作出相应调整，其中最容易或最有可能利益受损的一方就会暂时获取控制权。财务治理很大程度上是一种动态相机治理，通过恰当地界定安排财权契约当事人在不同状态下的责权利，使其在动态中寻求平衡和稳定，在矛盾中达成协调与一致，力求公司财务治理有效，共同推进公司决策效用最大化，实现公司价值创造。有效率的公司相机治理至少需要三个有效率的市场作为其外部条件：竞争性的产品市场；竞争性的劳动力和原材料市场；竞争性的资本市场和高效的金融体系（林浚清和黄祖辉，2003）。

利益相关者共同治理在逻辑上陷入了西方经典企业理论的团队道德风险，存在效率障碍问题；而相机治理在利益相关者逻辑下并不能有效“相机”，相关者控制权行使效率不能得到确保。共同治理与相机治理有机契合而形成的共同治理与相机治理耦合机制，在关系契约治理的辅助下，成为财务治理效率的重要源泉。公司治理结构本质上是一个关于公司所有权安排的契约，其核心命题在于如何通过一个人力资本所有者、物质资本所有者与社会资本所有者之间的权利的契约安排，实现公司剩余索取权与控制权的对称分配，进而提高公司组织专业化分工与协作中的决策效率。随着人力资本、知识与信息在公司核心竞争能力的形成与积累中的功能日益凸显，共同治理日益成为公司发展中的现实诉求。作为公司在知识成本与代理成本双重约束之下提高核心竞争力的结果，共同治理是公司所有权安排的常态，而共同治理与相机治理的结合则是公司所有权安排动态发展所必须基于的原则（严若森，2004）。

综上所述，剩余索取权与剩余控制权的对称是有效率的财务治理结构的前提；共同治理体现了常态下利益相关者之间为实现公司价值最大化而进行的合作，而相机治理则是在特殊情况下客观面对利益相关者财务冲突的基础上，保证这一合作状态持续稳定的机制；共同治理与相机治理耦合机制是利益相关者在常态和异态下尽可能长期合作的有力保障和公司财务治理效率释放的源泉。这也是共同治理与相机治理耦合机制的基本要义。

17.3.5　财务信息披露机制与治理效率

所谓“财务信息披露机制”，就是使财务信息披露规则制定过程和执行过程中的外部性内在化，从而提供真实与公允的财务信息的制度安排。上市公司财务治理问题产生的根本原因有两个：一是代理问题，确切地说是公司利益相关者之间存在财务冲突；二是不完全契约（信息不对称）。在利益相关者之间存在的不完全契约，本质上是由于信息非对称性引起的，因此，可以说信息不对称是财务治理产生的根本原因。既然信息披露与财务治理如此密切相关，财务治理的根本目标就是提高治理效率，那么，科学的财务信息披露机制对于财务治理效率就是至关重要的。信息的有效性及其披露路径成为公司财务竞争力的直接体现，也是公司进入现代经济运行体系的“通行证”。以财务报告体系作为媒介传递的财务信息是衡量公司剩余索取权与剩余控制权是否对应、激励与监督是否相容的关键变量，良好的财务信息披露机制是财务治理机制必不可少的组成要素。财务契约的利益相关者必然会围绕具有经济后果的财务信息展开博弈，力图改变利益分配格局，由此催生了财务信息披露过程中的谁应受益、谁应受损的财务信息产权问题。公司剩余索取权为利益相关者参与财务信息产权博弈提供动力，剩余控制权则决定着财务信息产权博弈的动向。

财务信息和非财务信息对于上市公司财务治理效率和利益相关者产权保护具有极端重要性，其中，财务信息占据主导地位。因此，财务治理离不开财务信息，而财务治理的成果，也应当集中反映在公司财务成果（财务业绩）和财务状况上。在财务治理的全过程中，定期并及时对外报告（披露）以财务信息为主的经营管理信息是上市公司必须承担的持续性的社会责任。完整、透明的对外财务报告是提高财务治理效率的关键。财务信息市场失灵主要有三个原因（崔学刚，2004）：由于财务信息具有公共产品性质从而使它具有外部性，公司的趋向将是减少信息生产或降低财务信息质量；鉴于投资者的“天真”和不能充分掌握和分析信息，促成那些经济效益差的公司可能多报不真实的信息，反过来又迫使经济效益好的公司为了争取到顾客而再追加信息成本；财务信息存在不均等或非对称性，公司经理可能操纵财务信息的披露。财务信息披露规则制定不合理所造成的财务信息披露外部性，可以通过政府和财务信息使用者的机制设计予以逐步矫正；财务信息披露主体故意行为不当所造成的财务信息披露外部性和财务信息披露主体非主观故意（行为偏差）所造成的财务信息披露外部性，可以借助于政府、审计机制和财务信息使用者等手段予以逐步缓减。在此基础之上，财务信息披露规则制定过程和执行过程中的外部性得以内在化，财务信息披露机制的有效性得以增强，财务信息的真实与公允程度得以提高，进而使全过程都对财务信息具有依赖性的财务治理具备功能发挥的基础。财权契约的不完全性因信息的非对称性降低而缓减，代理问题导致的财务冲突因决策有用信息的增加而得以部分消融，换言之，财务信息披露机制从财务治理产生的根源方面，降低了财务治理成本，提高了财务治理收益，即财务信息披露机制的有效性与财务治理效率具有正相关关系。

财务治理是公司财务与公司治理交叉渗透的产物，目前，这已成为学术界和实务界关注的焦点问题。近年来，尽管该领域产生了一系列研究成果，但迄今为止对财务治理问题的研究却远未成熟。效率是经济学和管理学研究的核心与主线，缺乏对效率问题的系统研究，乃财务治理理论研究的重大缺陷。公司财务的本质是“产权价值流”，“产权价值流”集中体现为“财务价值链”，而“财务价值链”的有效传导和流转离不开财务治理机制体系的协同运作。本章首先构建了以财务战略决策机制、财务激励创新机制、财务监督制衡机制为核心机制，以共同治理与相机治理耦合机制为动态协调机制，以财务信息披露机制为保障机制的财务治理机制体系，在此基础上，着重深入考析了各治理机制的财务治理效率释放机理。我们认为，该财务治理机制体系协同运作必将有力地促进财务治理效率的强劲释放。本书对财务治理理论，尤其是财务治理机制及其效率问题的研究，必将起到抛砖引玉的积极功效。

第 18 章

财务治理效率论纲

18.1 引言

财务治理是公司财务与公司治理交叉渗透的产物，肩负着公司财务与公司治理赋予的双重使命，已成为目前学术界和实务界关注的焦点问题。萌芽于西方理论界并在我国得以明确提出和逐步深化的财务治理理论研究，正沿着“财权理论”这盏“指示灯”正确前行。但遗憾的是，迄今为止对财务治理问题的研究远未成熟，诸如财务治理效率等深层次的理论研究十分匮乏。然而，效率是经济学和管理学研究的核心与主线，财务治理效率是财务治理的根本目标，没有对效率的深入考量，就不可能有财务治理理论的真正成熟。因此，若要深化公司财务治理问题的研究，效率问题就是绕不过的坎。

一般认为，效率的本质内涵就是指产出与投入或收益与成本之间的对比关系，抑或说是指所得效用与所付成本之间的对比关系。效率是包含效益内涵的对经济活动运行状态的更全面更高级的评述。王振山（1999）认为，若我们承认某一经济活动有效率时，那么同时应该承认该项经济活动首先是有效益的；相反，当我们认为某项经济活动有效益时，而该项经济活动未必一定是有效率的。

18.2　公司本质是利益相关者产权契约联结体

企业契约理论认为，企业是一系列（不完全）契约（合约）的有机组合，是人们之间交易产权的一种方式。企业契约理论最具影响的范式是交易成本理论和代理理论，前者着眼于企业与市场的关系，后者侧重于分析企业内部组织结构及企业成员之间的代理关系。但无论是交易成本理论还是代理理论，均强调企业的契约性、契约的不完备性及由此导致的企业所有权的重要性（张维迎，1999）。在一切契约关系中，产权契约是最根本的契约关系。契约的完整性与不完整性也主要体现在产权契约的完整性与不完整性上。产权契约按照交易规制结构不同可以分为市场产权契约与公司产权契约。而公司产权契约是以企业家为中心签约人的、拥有特定产权的公司参与者通过公司剩余产权的配置来实现公司产权的创造与分配的契约（郭金林，2002）。

现代公司是多边契约关系的耦合体，是要素所有者交易产权的结果，抑或说是物质资本所有者、人力资本所有者与社会资本所有者（简称“利益相关者”）之间在产权交易过程中按照自愿、平等与公正等契约原则就产权的界定、调整、分配、转让与履行等缔约形成的合作收益大于合作成本的产权契约联结体。简言之，现代公司本质上是利益相关者之间的产权契约联结体。由于公司产权包括基于完全契约的特定产权和基于不完全契约的剩余产权，因此，公司产权契约也可以分解为两个方面：一是特定产权意义上的公司产权契约；二是剩余产权意义上的公司产权契约。郭金林（2002）认为，由于以剩余产权为内容的公司产权契约更能揭示公司契约与市场契约的本质区别（公司相对于市场而言是一种更加不完全的契约）、以剩余产权为内容的公司产权契约性质揭示了公司本质的双重内涵（制度属性和生产属性）以及状态依存的公司所有权契约更能反映公司产权契约的动态性与演进特征（法律或契约明确规定的特定产权是相对稳定和静态的，而公司所有权则是状态依存和动态的），因此，公司产权契约的本质是剩余产权（剩余索取权与剩余控制权）配置。

18.3　财务治理二元论与剩余财权配置效率

关于财务治理的内涵，国内不同的学者从不同视角进行了界定。伍中信

(2001，2007) 秉持财权配置论。林钟高 (2005) 和冯巧根 (2000) 则从财务契约安排的角度进行了界定。李心合 (2001) 指出，财务治理权配置合理与否是影响财务资源配置效率的关键性因素。杨淑娥 (2002) 认为，公司财务治理是指通过财权在利益相关者之间的不同配置，从而调整利益相关者在财务体制中的地位作用，提高公司治理效率的一系列动态制度安排。上述学者从不同侧面对财务治理内涵进行了不懈的探索，但仍存在较大分歧，没有形成一个较为统一权威的定义。在此基础上，张荣武 (2007) 经深入研究发现，财务治理是指在股东主导的利益相关者共同治理与相机治理耦合的基础上，通过财权合理配置，形成财务治理结构、财务治理机制与财务治理环境良性互动，促进财务冲突协调、财务决策科学化与财务核心竞争力提升，实现财务治理效率最大化的一整套静态制度安排与动态制度演化；财务治理产生的原因是公司财权契约不完备和代理问题的存在；财务治理的本质是剩余财权配置（剩余财务索取权与剩余财务控制权配置)；财务治理体系由财务治理环境、财务治理结构、财务治理机制和财务治理效率组成；财务治理的根本目标是实现财务治理效率最大化。

18.3.1 财务治理二元论

伍中信等 (2007) 在张维迎 (1996)、杨淑娥 (2003，2005)、罗能生 (2004) 以及陈汉文等 (2005) 研究成果的基础上，对财务动态治理进行了深入探索，研究发现：财权可分解为通用财权和剩余财权；通用财权配置主要体现公平原则，即对基本财权、法定财权的优先保证，而剩余财权配置主要强调效率原则，即追求公司组织租金最大化；财务治理可分解为基于公平的财务静态治理和基于效率的财务动态治理，它在本质上是一个二元价值体系，在实践上表现为公司公平和效率的并行与平衡。

张荣武 (2007) 进一步研究发现：①公司财权结构是动态的，具有状态依存性；②公司剩余财务索取权为利益相关者参与利益博弈提供动力，剩余财务控制权则决定着利益博弈的动向；③剩余财权配置是财务治理的本质，剩余财务索取权与剩余财务控制权对应则是财务治理效率的核心；④通用财权配置侧重于公平性与静态性，但并非排除效率性与动态性，通用财权契约的履行显然包含着效率和动态的因子；⑤从理论上讲，公司财务治理效率既包含通用财权契约的履行效率，又包含剩余财权的配置效率；⑥鉴于通用财务治理对公平的突出强调（虽然包含效率的因子）和剩余财务治理以“效率”为灵魂和根本特征，因此，我们对公司财务治理效率的研究以剩余财权配置效率为主，而以通用财权契约履行效率为辅。

18.3.2　效率最大化要求剩余索取权与剩余控制权对应

至少从奈特（Knight，1921）开始，效率最大化要求企业剩余索取权与控制权应该对应（Milgrom 和 Roberts，1992）。这种对应是理解全部企业制度（包括公司治理和财务治理）的一把钥匙。哈特（1989）认为，在不完全契约中，剩余索取权与剩余控制权的对称配置是建立有效激励机制的关键，论证了剩余索取权与剩余控制权对称配置是最优的所有权配置。米尔格罗姆和罗伯特（1992）提出剩余索取权与剩余控制权对称性安排与公司治理结构效率的最优性观点，即剩余索取权与剩余控制权尽可能对应的最理想状态是企业家同时又是一个资本家。张维迎（1996）也认为公司所有权配置的最优原则是剩余索取权与剩余控制权的对应，或者说是风险承担者与风险制造者的对应。杨瑞龙和周业安（1997）从公司所有权的动态安排分析入手，论证了公司所有权在利益相关者之间的分散对称配置是最优的公司产权契约安排。在此基础之上，郭金林（2002）进一步认为公司所有权对称配置的最优原则实际上可以表现为四种最优公司产权契约：公司所有权集中对称配置于非人力资本所有者的产权契约安排；公司所有权安排集中对称配置给经营者的公司产权契约安排；公司所有权集中对称配置给生产者人力资本所有者的公司产权契约安排；公司所有权分散对称配置给利益相关者的公司产权契约安排。可见，企业效率最大化要求剩余索取权与控制权对应。已有的经济学文献通常都将公司剩余索取权与剩余控制权对称配置状态视为最优企业产权契约安排。

财务治理背后的逻辑是：剩余财务控制权跟着剩余财务索取权（风险）走，或剩余财务索取权跟着剩余财务控制权走，使两者达到最大程度的对应。

18.3.3　剩余财权配置效率：财务治理效率的核心

通用财务治理范畴主要强调社会公平公正价值目标，剩余财务治理范畴则主要诉求公司财务治理效率。由于财权契约总是不完全的，交易双方的权责不可能都在契约条款中得到明确的规定，因此，财务治理效率的核心就是剩余财权配置效率。大多数经济学文献都认为，剩余索取权与剩余控制权对应意味着剩余权利配置是有效率的，否则就是低效率或无效率的。剩余索取权与剩余控制权偏离越大，剩余权利配置效率越低。

对剩余财权配置效率的理解与对企业理论的认识有关。如果持公司所有权集中对称配置于物质资本所有者的产权契约安排观，那么，有效率的剩余财权配置就是将剩余财务索取权和剩余财务控制权都集中分配给物质资本所有者。与此相对应的就是古典企业制度：财产所有者既拥有剩余索取权又拥有剩余控制权，雇员获取固定收入，被看作具有机会主义行为倾向的风险规避者，从而成为被监督者和被治理对象。如果持公司所有权分散对称配置于利益相关者的公司产权契约安排观，则有效率的剩余财权配置就应该是将剩余财务索取权和剩余财务控制权分散对称分配给公司利益相关者。在现代企业中，剩余财权分散对称配置日趋明显。从剩余财务索取权的配置来看，物质资本所有者、人力资本所有者以及部分社会资本所有者都在公司经营中承担了风险，因而是实际的剩余财务索取者。从剩余财务控制权来看，分散配置也是剩余财务控制权配置效率的必然要求。因为若要素所有者只有剩余财务索取权而没有剩余财务控制权，剩余财务索取权就可能得不到真正实现；同样，如果要素所有者拥有很大的决策控制权，却由于受到某些制度约束，没有或只拥有少量剩余财务索取权，其拥有的控制权就很可能是“廉价的投票权”，当事人就可能有很强的机会主义行为动机。

18.4 财务治理收益与财务治理成本之比：财务治理效率的基本衡量标准

效率是一个复合的多维的立体的动态的“全息”概念。财务治理活动以取得治理效率为根本目标，而治理效率的实现需要进行效率革命，但真正要进行财务治理效率革命，创造效率文明，必须使财务治理结构、财务治理机制与财务治理环境良性互动，把提高财务治理效率作为一项系统工程来抓。财务治理效率高低问题的实质在于在既定的财务治理环境及其变迁中，财务治理结构与机制的有效配搭能够在多大程度上降低财务治理成本并同时获得多大的财务治理收益或者说以尽可能低的财务治理成本取得尽可能高的财务治理收益，换言之，财务治理效率是指实施了各种财务治理活动后所获得的收益（效用）总和与该财务治理活动所付出的成本总和之间的比较（张荣武，2007）。

18.4.1 财务治理收益

公司是物质资本所有者（股东和债权人）、人力资本所有者（经营者和雇员）和社会资本所有者（顾客、供应商、政府、社区）之间缔约形成的合作收益大于合作成本的产权契约联结体。本章将股东、债权人、经营者、雇员、顾客、供应商、政府及社区合称为利益相关者。张荣武（2007）发现，公司财务治理收益就是指上市公司在实施了各种财务治理活动后引致的利益相关者增加的收益（效用）总和。

若以 E_{fg}代表财务治理效率，用 i 代表引起各种财务治理收益的成因或方式（财务治理结构、财务治理机制或其组合），用 R_i代表与引起不同财务治理收益的成因或方式相适应的参与人（利益相关者）的收益（效用），X 代表影响财务治理效率的环境因素（政府行为、法律制度、产权保护、市场化水平、信用体系、契约文化等）。如果在既定的财务治理环境中，一家公司的财务治理成本目标（C_{fg}^*）给定，则财务治理效率最优化问题等价于财务治理收益最大化，可用模型（18－1）表示。

$$MaxE_{fg} \leftrightarrow Max\left\{ \sum R_i(X) \mid R_i = R_1, R_2, \cdots, R_n; X = X_1, X_2, \cdots, X_m \right\} \quad (18-1)$$

18.4.2 财务治理成本

由于财务治理效率是财务治理收益与财务治理成本的对比，因此，除分析财务治理收益之外，还必须分析财务治理成本。张荣武（2007）认为，财务治理成本是指财务治理主体实施财务治理活动所发生的成本总和。就财务治理效率的最优化而言，财务治理成本的最小化并非是单纯追求财务治理成本总和的最小化，而是基于完善与优化的财务治理结构与机制，在充分支出改善财务治理效率必须支出的财务治理成本之同时，最小化不必要的财务治理成本的总和，即追求财务治理收益与财务治理成本的比值最大化。上市公司财务治理成本主要由以下几个部分构成：代理成本；集体决策成本；风险承担成本；遵循成本；财务治理组织结构成本；市场治理成本；制度摩擦成本。

若以 E_{fg}代表财务治理效率，用 i 代表各种导致财务治理成本的成因或方式，用C_i代表各种不同的财务治理成本，X 代表影响财务治理效率的环境因素（政府行为、法律制度、产权保护、市场化水平、信用体系、契约文化等）。如果在既定的财务治理环境中，一家上市公司的财务治理收益目标（R_{fg}^*）给定，则财务治理效率最优化问题等价于财务治理成本的最小化，可用模型（18－2）表示。

$$MaxE_{fg} \leftrightarrow Min\left\{ \sum C_i(X) \mid C_i = C_1, C_2, \cdots, C_n; X = X_1, X_2, \cdots, X_m \right\} \quad (18-2)$$

其中，尽可能减少代理成本、集体决策成本等财务治理成本，成为改善财务治理效率的关键和突出问题。无论是为了降低因股东与经营者之间的财务冲突而导致的代理成本，还是为了降低因股东之间财务冲突而导致的集体决策成本，董事会治理均显得具有战略重要性，而且对于降低代理成本而言，经理人市场竞争机制与声誉市场的激励约束机制也显得至关重要。

财务治理的功能与目标是在既定的财务治理环境及其变迁中尽力实现财务治理效率最大化。因此，对于改善我国转型经济中公司的财务治理效率而言，必须要在优化财务治理环境的过程中逐步完善财务治理结构与机制体系，才能在基于支付必要的财务治理成本的过程中以最小化的财务治理成本总和来相应地获取最大化的财务治理收益，否则，从整体上改善我国转型经济中的财务治理效率就无从谈起。

18.5 财务治理效率论说提出与财务治理体系重构

18.5.1 财务治理效率论说的提出

基于企业契约理论，张荣武（2007）认为，公司的本质（性质）是物质资本所有者、人力资本所有者和社会资本所有者之间缔约形成的合作收益大于合作成本的产权契约联结体；公司产权契约的核心是公司财权契约，公司财权契约的学术硬核是财权；财权契约不完备与代理问题的存在导致财务治理问题的产生；财务治理的本质是剩余财权（剩余财务索取权与剩余财务控制权）配置；财务治理的根本目标是借助于剩余财权配置，通过由财务治理环境、财务治理结构与财务治理机制共同组成的效率释放互动框架，实现财务治理效率最大化；财务治理效率最大化的核心是剩余财务索取权与剩余财务控制权对应，即剩余财权配置效率最大化；财务治理效率最大化的基本衡量标准是财务治理收益与财务治理成本对比；财务治理收益是指在实施了各种财务治理活动后引致的利益相关者增加的收益（效用）总和；财务治理成本则是指为实施各种财务治理活动所发生的成本总和，包括代理成本、集体决策成本、风险承担成本、遵循成本、财务治理组织结构成本、市场治理成本以及制度摩擦成本等。这就是财务治理效率论说的基本内涵。

综上所述，从“收益与成本对比”这一“效率”的本质内涵来看，“财务治理效率论说”的精髓可以进一步概括为（张荣武，2007）：在既定的财务治理环境及其变迁中，财务治理结构与财务治理机制的有效配搭能够以尽可能低的财务治理成本取得尽可能高的财务治理收益，也就是说，财务治理效率是指实施了各种财务治理活动后所获得的收益（效用）总和与该财务治理活动所付出的成本总和之间的比较，简言之，就是指财务治理收益与财务治理成本的对比。由于财务治理效率是财务治理的根本目标，所以，财务治理效率论说的提出及其系统论证具有非常重要的意义。

18.5.2　财务治理效率论说基础上的财务治理体系重构

从财务治理效率论说提出的逻辑关系，张荣武（2007）指出：①财务治理环境、财务治理结构与财务治理机制均包含效率释放问题，三者组成一个效率释放的良性互动框架，是财务治理效率产生的源泉；②财务治理环境是基石，财务治理结构是基础和内核，财务治理机制是引擎，财务治理效率是根本目标；③财务治理环境、财务治理结构、财务治理机制与财务治理效率四者共同构成财务治理体系，在财务治理体系中是一种上下游关系；④财务治理效率在财务治理理论研究中处于后续理论研究的位置，是财务治理的根本目标，起着方向指引或指挥棒作用。财务治理环境、财务治理结构与财务治理机制在财务治理效率研究中也形成一种上下游关系。

效率是经济学和管理学研究的核心与主线。本章将公司本质界定为利益相关者产权契约联结体，探讨了财务治理二元论与剩余财权配置效率、财务治理效率本质等问题，逻辑地推演出“财务治理效率论说”，在此基础上，重构了财务治理体系。

第 19 章

财务治理理论研究的述评与展望

19.1 基本缘起

财务是指企业生产经营过程中资金的投入与收益活动及其所形成的特定的经济利益关系（郭复初，1997）。财务的这一概念特征决定了财务学的研究应从财务的二重性——经济属性（资金运动）与社会属性（产权契约关系）相结合来进行考察。传统财务管理仅从数量层面来对财务的经济属性进行分析，从总体上属于价值管理理论的范畴，该缺陷导致了财务治理理论研究的兴起（伍中信，2005）。财务治理理论不是对传统财务管理理论的否定，而是抱着补充和发展传统财务管理理论的态度，借助现代企业理论的制度分析模式去观察和研究现代财务问题。财务的二重性特征决定了现代财务理论体系的层次性，财务治理与财务管理共同构成了现代财务理论体系。在这一理论体系下，财务治理是财务管理运行的制度基础，而财务管理则主要涉及具体的财务资本运营。如果说财务治理是一个如何在企业内部对财权进行配置的契约，那么财务管理是对该契约的实施。财务治理的模式特征在很大程度上决定了财务管理的模式特征。因此，财务治理理论的出现是对传统财务管理理论的补充与完善，两者在现代财务理论体系居于不同的层次。对于两者的关系，决不能将它们严格对立起来，而应该用联系与发展的观点来认识。企业治理和企业管理是现代企业的两个重要构成部分，两者是同一问题的两个方面。

财务管理是企业管理的核心，财务治理则是企业治理的核心，因此研究解决好财务管理与财务治理问题将成为企业治理与企业管理好坏的关键。财务治理主要处理“财务关系”，财务关系的处理也就是对财权流的配置；财务管理主要处理“财务活动”，财务活动也就是对本金运动的处理。财务治理是公司治理的重要内容和主要方面。财务治理从财务的社会属性（产权契约关系）出发，以财权流为主要逻辑线索，研究如何通过财权在公司内部的合理配置，形成一组联系各利益相关主体的正式和非正式的制度安排，以期达到维护投资者利益的根本目的。因此，从本质上说，财务治理是一个关于财权配置的合约安排。那么，作为一个新兴的理论，将财务治理理论的发展脉络进行梳理，并对其进行评价与展望，具有重要的理论与现实意义。

19.2　西方财务治理理论研究：回顾与介评

西方理论界主要从公司财务与公司治理两方面融合研究。近年来，这种融合研究发展很快，其中具有代表性的综合研究成果有：

Jensen 和 Meckling（1979）开创了资本结构的契约理论，从公司治理角度建立了强调资本结构与经营者行为之间关系的代理成本模型，得出了当股权边际代理成本等于边际债务成本时，公司资本结构最优的研究成果。此后，Ross（1977）的信号传递模型、Grossman 和 Hart 的担保模型（1986）、Aghion 和 Bolton（1992）的控制模型等具有广泛影响的资本结构理论的建立和完善，极大丰富了资本结构理论研究，对公司财务与公司治理理论发展意义重大。Williamson（1988）明确指出：应综合考察公司财务与公司治理问题，如负债与股权融资，不仅仅是可相互替代的融资工具，更是可相互替代的治理结构。该文为进一步综合研究公司财务与治理问题奠定了一定的理论基础。1991 年 12 月，世界上第一部公司治理原则文献——卡德伯瑞（Cadbury）报告在英国产生。报告题为《公司治理的财务方面》（The Finance Aspects of Corporate Governance）强调了董事会的控制与报告职能及审计人员的角色，尤其注重公司财务控制与风险管理问题，对公司财务治理理论建立与发展影响深远。近年来，具有代表性的公司财务与公司治理的文献还有：Rahman（2002）认为，公司治理、不完全契约，尽管是些简单的概念，但是一系列的财务融资和监督活动都起源于它们。Kirchmaier 和 Grant（2005）研究发现，欧洲企业因中小股东劣势地位而使用财务“掏空”去损害他们的利益。为使公司治理有效运转，不仅要改变法律，但更重要的是要确保公司治理新规则的广泛认可。Dionne 和 Triki（2005）发现，尽管在董事会中保持大多数独立董事和在审计委员会中配备具有会计教育背景的董事可能没有必要，但是审计委员会规模和独立性要求对股东来说还是有益的。Cornett 等（2006）研究表明，公司治理机制对限制实施盈余管理发挥着重要作用。Carcello 和 Hollingsworth（2006）研究发现，在公司治理机制稳定的企业中，会计和财务专家可以减少盈余管理。但是，具有财务专业知识的独立审计委员会会员在减少企业盈余管理方面是最有效的。

可见，西方理论界对公司财务与公司治理的融合研究趋势，产生了财务治理理论的萌芽。但同时，由于西方理论界的研究范式更注重实证研究，对公司财务与公司治理的交叉领域——财务治理领域的独立研究还重视不够，并未展开深入研究，没有正式提出“财务治理”概念，也没有建立起财务治理理论体系。

19.3 国内财务治理理论研究：检视与评价

19.3.1 财务治理问题的初步认识与理论探索

郭复初（1993）在《国家财务论》中开始了以国有企业为对象，以建立现代企业法人治理结构为目标的国有企业特殊财务治理结构问题系列研究和探索。干胜道（1995）《所有者财务——一个全新的领域》一文在国家财务理论基础上开创性地提出了“所有者财务论”，并全面阐述了所有者财务存在的客观依据、本质及其理论结构等一系列相关问题。汤谷良、谢志华、王斌在《会计研究》1997 年第 5 期同时发表了《经营者财务论》《出资者财务论》和《现金流转说：财务经理的财务观点》三篇论文，系统提出了影响广泛的“财务分层理论”。该理论将企业产权机制引入到现代公司财务理论研究中，充分揭示和论证了公司财务的层次性，提出了现代企业分层管理架构，对现代财务理论发展指导意义重大。

19.3.2 对财权配置与财务治理理论的深入研究

（1）汤谷良（1994）开创性地将产权经济学引入到财务领域，提出了财务研究的视角不但要从“价值”角度研究，而且还要从“权力”角度研究。这可以说是国内最早从产权思想的角度对财务进行的探讨。这为财务治理理论的萌芽奠定了坚实的产权基础。

(2) 刘贵生 (1995) 在其《财务原理论纲》中指出，财务是一种分配，而分配总是与分配权联系在一起的，特定的分配权又总是掌握在特定的所有者手中，只有所有者才可能享有分配权。可以说，这是国内对财权研究的具有开创性的重要探索，为后来的财务学家探讨财权提供了思路。

(3) 伍中信 (1998) 提出“财权流理论”。财权流理论是本金理论的进一步拓展和深化，是现代企业制度下对财务本质、财务理论的全新表述。该理论从“价值”和“权力”两个角度综合考察财务理论、实践问题，显得更为系统、全面，对财务学发展影响重大。之后伍中信较系统地提出了财务治理结构的概念和理论体系，认为公司财务治理结构是公司治理结构的重要内容和主要方面。它以产权中的核心部分——财权为基本纽带，逐步确立了出资人、董事会、经理层在财权流动和分割中的地位和作用，以期提高企业理财绩效；主张建立以“财权配置”为核心的现代财务治理理论体系。这种企业的财权流动与分割无疑具有“动态性”特征，财权配置也应该是动态的。然而，目前有关财务治理理论的研究过于强调财务治理结构方面的研究，强调静态制衡，侧重从企业层面强调公平。我们认为，财务治理结构是财务治理理论的基础，但是财务治理机制和财务治理行为规范也是建立在财务治理结构上面的强调治理的动态调整方面。它们对于释放财务治理效率具有很重要的作用，侧重从企业层面强调效率。财务治理应该包括静态和动态两个层面。即从公平与效率的角度最大化企业组织租金创造。忽略动态层面的财务治理是目前财务治理理论研究的一大缺陷。

(4) 杨淑娥 (2002) 认为，公司财务治理是通过财权在利益相关者之间的不同配置，从而调整利益相关者在财务体制中的地位，提高公司治理效率的一系列动态制度安排。公司财务治理是契约不断协调、不断冲突，而又不断耦合、不断修正的过程。可见，杨淑娥将财务治理从静态和动态维度去理解，表达了财务治理的动态思想，但她没有对财务治理的动态方面进行系统探讨。

(5) 李连华 (2002) 认为，财权配置的主要任务是把各种财权恰当地分配到有关权力主体上去，要完成这一财权配置的功能，需要明确四个相互关联性问题：一是需要分配的财权有哪些；二是参与财权分配的主体有哪些；三是财权分配原则是什么；四是财权分配的标准是什么。他提出建立以财权配置为中心的公司治理结构的思想，并分析了各种财权的配置方式。李连华关于财权是一个权力结构系统的观点，对财务分层、财权配置有着重要意义。

(6) 张敦力 (2002) 认为，财务治理是界定与协调各利益相关主体在财权流动和分割中所处地位和作用，最终实现各主体在财权上相互约束与制衡，促使企业提高资源配置效率和效果的公司治理。

（7）李心合（2003）以利益相关者理论为基础，提出了利益相关者财务论。并认为公司财务应实行共同治理，公司财务实行分层治理和管理，公司财务控制权相机配置等。该理论对研究中小股东及债权人权益保护问题有重大现实意义。

（8）张兆国等（2004）认为，企业财权是关于企业财务方面的一组权能，包括财务收益权和财务控制权。企业财权是企业所有权的核心内容，如何有效安排企业财权是企业治理结构所要解决的关键性问题。明确各利益相关者应分享企业财权，提出建立共同治理和相机治理的企业财务治理机制。我们认为，把企业财权分为财务收益权和财务控制权两大类，是正确理解企业财权配置的一把钥匙，是合理配置企业财权的基本前提之一，但将财权仅仅理解为财务方面的权能是有失偏颇的。

（9）张栋和杨淑娥（2005）研究表明，企业财权配置不仅仅是股东和经营者的企业内部财权配置，而应扩展到包括外部利益相关者在内的外部财权配置，以及为保证利益相关者财权配置实现的相机治理机制。

（10）油晓峰（2005）初步提出了财务治理理论框架，构建了基于股东、债权人、经营管理者三者财务冲突的共同治理的激励机制和相机治理的监控机制，从理论上对我国上市公司治理模式进行了创新。

（11）衣龙新（2005）基于企业所有权安排逻辑，提出了财权配置的一般框架，初步构建了财务治理体系，提出财务治理应包含治理结构、治理机制和治理行为规范三方面内容。

（12）张栋（2006）主张财权就是财务治理权，并将其分成财务收益权和财务控制权两类。其中财务控制权包括财务决策权、财务执行权和财务监督权。张栋（2006）继承了张兆国等（2004）关于“财权”内涵的基本思想，并发展了财务控制权的具体内涵，但将财权等同于财务治理权则有失偏颇。

（13）伍中信等（2007）研究认为，财权可以分为基于企业公平的通用财权范畴和基于企业效率的剩余财权范畴，即“财权 = 通用财权 + 剩余财权”。通用财权诞生于企业不完全合同中明确规定并且其结果可由第三者验证（即其中的完备部分）的企业“财权”。而剩余财权缘起于不完全合同中的不完备部分，是企业合同疏漏、未作具体规定或无法作出具体规定或虽作出明确规定但第三方不能验证其结果的企业“财权”。在“财权 = 财力 + （相应的）权力”等式的基础上，可以派生出以下两个等式：通用财权 = 通用财力 + （相应的）通用权力；剩余财权 = 剩余财力 + （相应的）剩余权力。财权本质上是一个二元价值体系，即基于企业公平的通用财权范畴和基于企业效率的剩余财权范畴。而财务动态治理则是在兼顾企业公平的前提下，侧重强调企业效率。财务动态治理掌控剩余公司治理中公司章程等合同无法规制（即不完备部分）的剩余财权领域；而一般意义上的财务治理（财务静态治理）则主要定位于通用公司治理范畴和剩余公司治理领域中合同能够规制（即完备部分）的通用财权领域。我们认为，作者提出"通用财权"和"剩余财权"范畴的思想是深刻的。为我们同时从企业层面探讨财务治理的静态和动态方面奠定了坚实基础。

19.4 一个总结性评论

综上可见，我国财务治理理论研究取得了十分显著的成绩。充分借鉴西方公司财务治理理论，结合中国特色财务理论创新成果，提出了"财权"和"财务治理结构"等范畴，并剖析了其内涵，初步建立起财务治理理论体系框架，促进了财务治理理论的发展和实际应用。但是，国内关于财务治理理论的研究，很多未能脱离西方研究"公司治理"范式，未能突出财务治理与公司治理的区别，未能全面认识财务治理的具体性、动态性和可操作性。特别是对于财务治理的动态性问题，尽管以伍中信教授和杨淑娥教授为代表的学者已经初步认识到这个问题，但并未对其进行专门的深入研究。

传统财务治理理论（主要是静态财务治理）侧重于财务治理结构和权利分布状态等静态范畴的研究，而忽略了财务动态治理的专门研究。我们认为，财务静态治理强调权责结构制衡，强调对产权契约各方的利益保护，这有利于在社会和企业两个层面实现公正与公平。但是，过分强调公正与公平容易导致财务治理效率低下，不利于提高企业效率，实现企业目标。杨瑞龙和杨其静（2001）研究发现，企业的核心内容是关于组织租金的创造和分配；保留收入的创造和分配并不是企业的特征，因为这是任何一个理性人参与任何一项经济活动所必然要求的权利；但是组织租金的创造和分配却是企业（或经济组织）中独特的内容，是企业成员争夺的真正对象。可见，保留收入是合同中已明确规制的内容，是不能轻易受到侵害的。财务治理对这部分产权利益侧重于保护。它是财务静态治理的最重要的价值取向。而组织租金创造的多少及如何分配是合同中未予明确也无法具体明确的内容。创造最大化组织租金也是财务治理的根本使命，因为组织租金是企业总收益在支付所有组织成员保留收入之后的正剩余，是所有权收益的主要内容，其大小决定着企业未来的成长性和产权契约的维系。对此，财务静态治理已难当此任，客观上呼唤注重企业效率的财务动态治理的产生。这样，研究如何在企业层面实现财务动态治理就成为学界和实务界共同关注的课题。因为财务治理效率是财务动态治理的目标，它关系到企业组织租金创造的大小。因此，如何"将蛋糕做大"应该是财务治理理论尤其是财务动态治理理论孜孜以求的重要使命。

下篇
资本市场发展进程中的国企产权改革与财务功能创新

第 20 章

企业并购的产权分析

并购是资本市场中的永恒主题，是企业快速扩张、完善治理结构和优化资源配置的重要手段，也是国家经济结构调整和产业结构转型升级的重要方式。自19 世纪末以来，全球已发生了五次大规模企业并购浪潮：以横向并购为特征的第一次并购浪潮；以纵向并购为特征的第二次并购浪潮；以混合并购为特征的第三次并购浪潮；以金融杠杆并购为特征的第四次并购浪潮；以跨国并购为特征的第五次并购浪潮。目前全球正在经历着以资源型、全方位综合并购为特征的第六次并购浪潮。产权是以财产所有权为基础形成的，涵盖归属权（狭义所有权）、占有权、使用权、收益权和支配权的权利束；产权的直观形式是人对物（财产）的关系，实质上是人与人之间围绕财产而建立的经济权利关系；产权制度是社会基础性的母制度，是其他相关制度衍生的源泉（张荣武，2011）。并购活动伴随着产权价值的流转与产权关系的改变，是产权财务理论的一个重要应用领域。并购不是简单的主并企业规模扩大、目标企业消失，而是不同产权主体之间为实现彼此收益最大化所发生的产权交易和整合。并购扩展了企业产权边界，深化了产权的资源配置功能，使企业成为产业相互交叉融合的联结点，也是整个产权价值网中相关节点企业互动的直接体现。本章以产权理论为基石，通过对并购进行产权分析，深入揭示企业并购所引起的产权价值运动及其所体现的产权经济关系，不仅有助于加深人们对企业并购的理论认识，而且有助于企业并购实务的有效实施，最终实现企业价值最大化和产权价值网优化的预期目标。

20.1 并购内涵的产权解读

并购（M & A）是兼并（Merger）与收购（Acquisition）的统称。“兼并”是指两家及以上企业结合成为一家企业，原企业的权利和义务由存续或新设企业承担；“收购”是指主并企业通过某种方式购买目标企业部分或全部资产或股权，以获得该企业的控制权。实际上，并购是一个内涵丰富的术语，包括兼并、收购、合并、接管、股权转让、资产置换、债务重组等既有联系又有区别的概念。

企业并购是市场经济条件下企业通过产权交易获得其他企业的产权，并以控制其他企业为目的的经济行为；并购不一定导致目标企业独立法人地位的消失，但必然导致主并企业对目标企业全面的控制（梁国勇，1997）。企业并购归根结底就是产权交易，涉及所有权问题，而产权以财产所有权为基础，由所有制实现形式决定，反映不同利益主体对某一财产的占有、使用、收益和处置的法定权益（谢霄亭，2004）。并购是企业进行资本运作的一种投资行为，表现为主并企业支付一定的现金、股权等成本来换取目标企业经营控制权和全部或部分资产所有权的行为；并购的本质内涵就是产权的交易与整合（齐安甜，2007）。企业兼并是企业产权的一次彻底转让，无论从实质上还是从形式上考察，目标企业的终极所有权与法人财产权都掌控在主并企业手中；而在收购活动中，目标企业仍保留着形式上的法人财产权，主并企业只是通过对全部或部分终极所有权的购买而获得对目标企业全部或部分法人财产权的实质性控制（寇准，2008）。

从产权的角度考察，兼并是企业产权的一次彻底让渡，主并企业完全拥有目标企业终极所有权与法人财产权。兼并后通常只有主并企业存在，目标企业成为主并企业的构成部分。收购保留着目标企业形式上的法人财产权，目标企业产权未必彻底让渡，即收购后目标企业仍能以独立法人身份存在，但主并企业通过一定方式获得对目标企业全部或部分法人财产权的实质性控制。综上所述，企业并购是在现代企业制度下，主并企业通过获取目标企业部分或全部产权，从而获得目标企业控制权的一种投资与资本经营行为；企业并购的本质内涵就是主并企业为了获得目标企业控制权而实施的产权交易与整合行为，并购意味着企业整体或部分资产和控制权的转移与集中（张荣武和徐文仲，2012）。

20.2　并购动因的产权分析

国内外并购动因理论主要包括协同效应理论、代理理论、市场势力理论、信息假说与信号理论、管理者过度自信、市场择时理论、再分配理论以及内部资本市场理论。下面我们将对其进行产权分析。

20.2.1　协同效应理论

协同效应理论也被称为效率理论（Weston，2001），是指企业并购会产生“协同效应”，即“1 +1 >2”效应，具体包括管理协同效应、经营协同效应、财务协同效应等内容。当管理有方的主并企业并购管理低效的目标企业，提高了目标企业管理效率和产权价值，从而产生管理协同效应。当同行业的企业未达到最优生产水平时，横向并购形成的规模经济和范围经济可以实现研发、生产经营和销售等方面的资源共享，纵向并购可以降低生产经营各环节谈判沟通等交易成本，从而产生经营协同效应。当低现金流、高投资机会企业并购高现金流、低投资机会的企业使得企业内部资本成本得以降低，以及由并购导致的企业负债能力增强，则是财务协同效应的体现。无论是管理协同效应、经营协同效应，还是财务协同效应，都意味着并购创造了产权价值。

20.2.2　代理理论

在现代企业制度下，两权分离使得企业管理者和股东之间产生代理冲突，而并购被视为缓解管理者偷懒行为或过度在职消费等代理冲突的重要机制。然而，代理理论认为企业并购亦可能是管理者与股东之间代理冲突的体现，即管理者寻求私人收益、建造企业帝国和进行堑壕的自我保护而发动并购。价值毁损的并购导源于股东与管理者之间自由现金流量的代理成本（Jensen，1986），自由现金流量增大价值毁损型并购的概率（Harford，1999）。管理者为了保全职位而实施堑壕，发动能够专用化其人力资本投资的并购活动（Shleifer 和 Vishny，1989），且可能支付过高溢价造成主并企业股东价值毁损。相关研究表明，高自由现金流量和低负债率的企业更有可能从事股东回报低的并购活动（Lang 等，1991；Lewellen 等，1985）。此外，管理者也可能出于多元化个人投资和增加个人薪酬等私人收益而发动企业并购（Morck 等，1990；May，1995；Grinstein 和 Hribar，2003；Harford 和 Li，2007；李善民等，2009）。代理理论的内容涵盖了管理主义理论，自由现金流量假说是代理理论在并购问题上的延伸。企业并购的代理理论指出了管理者寻求私利的动机驱动了并购活动的发生，即管理者进行企业并购是出于自身利益最大化（分散自身风险和增加控制权私人收益等）的考虑而不是追求主并企业股东财富最大化。也就是说，基于代理理论动因的并购是一种产权价值毁损型并购，企业产权契约共同体的其他利益相关者的产权价值通过并购被转移至管理者，而管理者的负外部性则由企业其他利益相关者承担。

20.2.3 市场势力理论

并购可以增强企业的市场控制力，攫取超额利润（Stigler，1950）。虽然 Eckbo（1983）实证研究结果拒绝了市场势力假说，但 Mullin 等（1995）又证实了市场势力的存在。Meeks（1997）认为市场势力假说就是将企业并购诱因归结为对市场占有率的追求。市场势力理论的核心观点是增大企业规模将会增大企业的势力。当并购引致的市场权力达到某种程度时，优势企业便可获取垄断利润。总之，市场势力理论认为并购能够减少竞争对手数量，扩大企业规模，提高主并企业市场份额，控制或影响市场价格，从而获得较高利润。这实际上是通过挤占其他企业市场份额、争夺商品定价权、促使消费者剩余向生产者剩余转移，进而夯实主并企业的产权利益和产权价值。

20.2.4 信息假说与信号理论

Bradley 等（1983）提出的信息与信号理论包含两层含义：一是并购传递了目标企业股票被低估的信息，从而促使市场对目标企业进行重新估价；二是并购活动本身就会激励和鞭策目标企业管理层从事更有效率的管理活动，改善经营业绩，促进股价提升。信息假说与信号理论的实质是主并企业发现了目标企业所拥有的被低估和未被充分利用的资产，然后随着并购决定的公布，这种信息即成为一种公共品。信号理论彰显了主并企业对目标企业产权价值的挖掘并将大部分新增产权价值转移至目标企业股东。

20.2.5 管理者过度自信

管理者由于狂妄自大（Hubris）或过于骄傲而在评估并购机会时犯了过度乐

观的错误，可能导致主并企业在并购活动中向目标企业支付过高价格，进而使主并企业股东利益受损（Roll，1986），因此，管理者的“狂妄自大”可能是并购在未创造产权价值的情况下仍被实施的根源。管理者通常低估企业内在的不确定性，过分相信自己对经营业绩的驾驭能力（March 和 Shapira，1987）。并购的价值毁损与管理者过度自信相关（Lys 和 Vincent，1995）。CEO 过度自信引致主并企业支付过高溢价，这种关系在董事会处于弱势地位的企业中更加突出，而且 CEO 过度自信程度与主并企业股东财富损失正相关（Hayward 和 Hambrick，1997）。高账面市值比的企业发动并购可能源于管理者的“狂妄自大”（Rau 和 Vermaelen，1998）。乐观的 CEO 发动并购的频率更高；股权依赖度越低的企业，过度自信的影响越大；投资者对由乐观的 CEO 发布的并购公告持更加怀疑的态度（Malmendier 和 Tate，2005）。即便不被市场看好，过度自信的管理者仍热衷于发起企业并购活动（Shefrin，2006）。管理者在第一次并购成功后将更加自信地进行连续并购并支付过高溢价，造成了连续并购财富低效应现象（Doukas 和 Petmezas，2007）。源于初次成功并购后自我归因导致的过度自信，CEO 在后续并购前的股票净买入量大于初次并购前的股票净买入量（Billett 和 Qian，2008）。在进行多元化并购和内部资本充足的企业中，过度自信的 CEO 在并购中支付过高溢价造成的主并企业股东财富损失尤为突出（Malmendier 和 Tate，2008）。管理者首次成功并购会放大过度自信心理偏差，而过度自信效应与学习效应的综合效果决定连续并购绩效的变化方向（吴超鹏等，2008）。值得指出的是，也有少量研究不太认同过度自信对并购的解释作用：管理者过度自信与企业并购之间并不显著相关（姜付秀等，2009）；管理者过度自信对并购决策、并购频率及次序均没有显著解释功效，代理理论在管理者视角并购理论中处于主导地位（毛雅娟和李善民，2009）。尽管学术界对企业并购与管理者过度自信之间的关系尚存在一定争议，但大多数研究表明，在市场理性和管理者非理性的前提下，基于管理者过度自信动因的并购将降低或毁损主并企业的产权价值。

20.2.6　市场择时理论

股票市场误定价也是企业并购的重要动因。Stein（1996）提出市场择时假说（Market Timing Hypothesis），认为在市场非理性和管理者理性的假设前提下，非理性的投资者的确会影响股票发行时机。Baker 和 Wurgler（2002）首次明确提出市场择时理论（Market Timing Theory）。并购行为是由市场对并购企业错误定价驱动的（Shleifer 和 Vishny，2003）。市场择时理论有助于解释诸如“谁并购谁”

“现金并购还是换股并购”“并购浪潮如何产生”“并购量与股价时间序列关系”等问题。该理论基于市场非理性，认为市场择时通过净股票融资长期影响资本结构，资本结构是历史股票市场择时的累积结果。按照“股价被高估时发行股票，而股价被低估时回购股票”的原则实施企业并购，将有助于提高主并企业产权价值总量。

20.2.7 再分配理论

再分配理论是指并购会引起企业利益相关者之间的产权利益再分配。并购的产权利益从债权人转移至股东、从普通雇员转移至股东及消费者、从小股东转移至大股东，因而多数情况下主并企业股东尤其是大股东作为受益人，通常都会支持这种并购行为。从纳税筹划的角度来讲，低税收企业并购高税收企业或者政府对并购行为实施税收减免，并购产权利益将从政府征税部门转移至并购企业，这种税盾作用也是一种典型的产权利益再分配。基于再分配理论的企业并购是一种典型的分配性努力而不是生产性努力，实际上是产权价值在企业契约相关方之间重新切割。

20.2.8 内部资本市场理论

一个完整的资本配置过程通常可以被抽象为两个环节：一是外部资本市场环节，即社会资本通过信贷与证券市场将资本配置给不同企业；二是内部资本市场环节，即企业把资本配置到各分部和子公司并延伸至不同的投资项目。信息不对称、代理问题和内外部资本转换成本导致传统的外部资本市场低效，促进了内部资本市场的形成，其本质是企业集团对市场组织的一种替代。内部资本市场优于外部资本市场的原因在于企业总部拥有剩余控制权（Gertner 等，1994）。拥有控制权的企业总部可以通过内部资本市场在更大范围内重新配置企业稀缺资本，从而增加企业价值（Stein，1997）。从本质上看，内部资本市场更多地依靠权威、等级制并配合使用价格机制来配置资源；而外部资本市场则主要依靠价格机制来配置资源。尽管内部资本配置可能存在“社会主义”现象，即弱分部会得到强分部的交叉补贴（Scharfstein 和 Stein，2000；Rajan 等，2000），但内部资本市场仍具有明显优势：减少信息不对称；降低交易成本；企业总部拥有剩余索取权和剩余控制权带来的监督与激励效果改进；提高资本配置效率，放松外源融资约束；增强企业避开法规限制与纳税筹划能力，提高企业灵活性。因此，通过并购实现企业集团的资本市场内部化，可以提高企业产权价值，优化企业内部产权价值网络。

当我们以“利益相关者”作为考察视角，以“产权价值创造与产权价值转移”作为分类标准，上述并购动因理论可以归纳如表 20－1 所示。

表 20－1　　产权价值创造与产权价值转移分类

产权价值创造	产权价值转移
1. 协同效应理论 2. 内部资本市场理论	1. 信息假说与信号理论 2. 代理理论 3. 市场势力理论 4. 管理者过度自信 5. 市场择时理论 6. 再分配理论

当我们以“主并企业”作为考察视角，以“产权价值创造与产权价值毁损”作为分类标准，上述并购动因理论可以归纳如表 20－2 所示。

表 20－2　　产权价值创造与产权价值毁损分类

产权价值创造	产权价值毁损
1. 协同效应理论 2. 市场势力理论 3. 信息假说与信号理论 4. 市场择时理论 5. 再分配理论 6. 内部资本市场理论	1. 代理理论 2. 管理者过度自信

20.3　并购绩效的产权分析

自 20 世纪 60 年代以来，学者们沿着并购动因与并购绩效这两条主线开展企业并购行为研究。其中，有关并购绩效的研究，常用的方法有两类：一是基于股价波动的事件研究法；二是基于财务数据变化的会计研究法。此外，还有少量的调查研究和案例研究。

并购双方的股东均能在要约收购、多元化并购和相关并购中获得显著正的超常收益（Dodd 和 Ruback，1977；Lubatkin，1987）。并购可以提高管理效率、资产回报率和经营现金流（Healy 等，1992）。归核化能给主并企业带来显著正的超常收益（Berger 和 Ofek，1999）。绝大多数研究表明，目标企业股东获得了可观的超常收益，主并企业股东的超常回报均值为零，但方差很大（Bruner，2002）。收益最高的并购通常发生在并购潮的初期（Martynova 和 Renneboog，2006），而之后管理者的“狂妄自大”和“羊群效应”行为导致并购低绩效（Auster 和 Sirower，2002）。然而，更多的西方并购文献显示，并购使目标企业股东获得了显著为正的超常收益，而主并企业经营业绩有所下降（Agrawal 等，1992）或股东财富遭受了显著损失（Jensen 和 Ruback，1983；Andrade 等，2001；Jarrell 等，1988；Aybar 和 Ficici，2009）。诚然，任何具有解释力的并购理论必须考虑企业所处制度环境的影响（Andrade 等，2001）。

近年来，国内也涌现出不少有关并购绩效研究的文献。上市公司并购绩效从整体上有一个先升后降的过程；混合并购和横向并购后业绩的改善要强于纵向并购（冯根福和吴林江，2001）。主并企业股东在相关并购中财富增加显著（李善民和陈玉罡，2002），但相关并购对以后年度的绩效影响不大（李善民等，2004），而多元化并购不能增加企业价值（李善民和朱滔，2006）。并购重组为目标企业创造了价值，但对主并企业股东产生了负面影响，对并购双方的综合影响（即社会净效应）不明朗（张新，2003）。并购活动总体上能提升企业经营管理效率，并在随后几年内延续着绩效提高的趋势（李心丹等，2003）。具有配股或避亏动机的企业购并能够显著提高短期会计业绩，而无保资格之忧的并购活动则会损害企业价值（李增泉等，2005）。目标企业所在地投资者保护力度越大，主并企业获得的并购收益越多；地区投资者保护带来的并购协同效应主要源于交易成本和市场摩擦的降低（唐建新和陈冬，2010）。从中长期的角度上看，中国企业海外并购整体上取得了非负的超常回报率；国有企业的并购绩效明显差于民营企业（顾露露和 Reed，2011）。

当代企业的本质是物质资本所有者、人力资本所有者、社会资本所有者和环境资本所有者（简称“利益相关者”）之间缔约形成的合作收益大于合作成本的产权契约联结体。企业并购的本质内涵就是主并企业为了获得目标企业控制权而实施的产权交易与整合行为，并购意味着企业整体或部分资产和控制权的转移与集中。企业并购的产权价值运动是并购过程中双方企业存量产权价值在并购的利益相关者之间的转移和增量产权价值的创造及分配过程。

如前所述，当我们以“利益相关者”作为考察视角，以“产权价值创造与产权价值转移”作为分类标准，并购动因可以分为产权价值创造型动因和产权价值转移型动因。并购创造产权价值的基本途径有两种：一是通过并购获得目标企业生产要素并与主并企业的生产要素实现互补，创造出增量组织租金或合作剩余；二是通过并购将主并企业的剩余要素输出到目标企业并实现优势扩展，创造出大于原目标企业的组织租金或合作剩余。通过这两种途径，原有生产要素效率提高创造了更多的组织租金或合作剩余，即并购创造了产权价值。与产权价值转移型动因对应的是产权价值在并购的利益相关者之间转移。实际上，并购的产权价值运动包括两个方面：一是存量产权价值的转移；二是增量产权价值的创造与分配。存量产权价值转移是增量产权价值创造的前提与基础，而增量产权价值创造是存量产权价值转移的归属与目的。成功的企业并购不仅要转移企业的存量产权价值，更重要的是能够创造增量产权价值，实现卡尔多—希克斯效率改进，甚至实现帕累托改进。如果以“主并企业”为考察视角，企业并购应以实现卡尔多—希克斯效率改进为目标，即并购应立足于主并企业产权价值创造，优化产权价值网，实现主并企业绩效的切实提高。

值得注意的是，并购能否创造产权价值受到外部制度环境、企业内部治理、主并企业本身所处阶段、并购方式、目标企业价值评估、并购双方的信息对称度以及对并购的管理能力等诸多因素的影响。因此，并购创造产权价值是一个涉及面非常广泛的系统工程。

综上所述，并购是资本市场中的永恒主题，产权制度是社会基础性的母制度。本章以产权理论为基石，从并购内涵的产权解读、并购动因的产权分析和并购绩效的产权分析三个方面，探讨了企业并购所引起的产权价值运动及其所体现的产权经济关系。通过研究，得出以下结论（张荣武和徐文仲，2012）：（1）企业并购是主并企业通过获取目标企业部分或全部产权，从而获得目标企业控制权的一种投资与资本经营行为，其本质内涵就是主并企业为了获得目标企业控制权而实施的产权交易与整合行为；（2）当我们以“利益相关者”为考察视角，并购动因可分为产权价值创造型动因（协同效应理论、内部资本市场理论）与产权价值转移型动因（信息假说与信号理论、代理理论、市场势力理论、管理者过度自信、市场择时理论、再分配理论）。当我们以“主并企业”作为考察视角，并购动因可分为产权价值创造型动因（协同效应理论、市场势力理论、信息假说与信号理论、市场择时理论、再分配理论、内部资本市场理论）与产权价值毁损型动因（代理理论、管理者过度自信）；（3）并购的产权价值运动包括存量产权价值的转移和增量产权价值的创造与分配。并购能否创造产权价值受到内外部诸多因素的影响。成功的企业并购不仅要转移企业的存量产权价值，更重要的是能够创造增量产权价值，实现卡尔多—希克斯效率改进，甚至实现帕累托改进。

第 21 章

产权理论与博弈模型：资本结构理论的发展研究

自从 MM 定理提出至今，现代资本结构理论在放松假设→提出疑问→提出新的理论假说→提出疑问的过程中获得了发展，形成了许多新的理论，但对理论中最核心的问题——什么因素决定企业资本结构，既没有找到逻辑答案，也没有找到和现实一致的结果。非对称信息理论的引入，为解开企业“资本结”之谜提供了新的思路，但由于其考虑到了人的行为分析这一复杂的变量，问题就变得更为难解。迄今为止，用非对称信息理论解释企业资本结构还停留在保留绝大部分 MM 定理假设的基础上，这又为进一步深入研究提供了方向和可能。为此，本章试从现代产权理论的研究成果以及与非对称信息论相关联的现代博弈理论两个方面，对现代资本结构作进一步研究，算是一种粗浅的理论尝试。

21.1 现代产权理论与资本结构理论

我们知道，现代资本结构理论一直是围绕求证是否存在最佳资本结构来展开的，如果我们暂时能够抛开求证所谓的“最佳资本结构”的研究，而是在更广泛的理论层面上去探讨资本结构的经济实质，这一研究必将会形成新的成果。现代产权经济学的引入为这一研究提供了一种思路。

如前所述，现代产权经济学是现代经济理论的基石。它可以用来解释经济学中的许多问题，从产权理论看，MM 定理实际上是科斯第一定理的一个特例，而放松假设后（尤其是放松非对称信息后）的发展性理论实际上也就是科斯第二定理的运用。

科斯第一定理指出，在市场交易费用为零的情况下，不管产权如何安排都不会影响资源配置的效果。科斯第二定理表明，在存在交易费用即交易费用为正的前提下，不同的产权（权利）安排会带来不同效率的资源配置，就企业而言，企业的资本结构的形成，实质上就是对企业产权结构的安排，这样我们可以得出：(1) 在充分的资本市场条件下（交易费用为 0，信息完全对称），不管资本结构如何变动（产权如何安排），都不会影响企业价值（不影响资源配置效率）；(2) 在有效的资本市场条件下（交易费用为正，信息不对称），资本结构的变动会影响企业的市场价值（或企业收益）。

对此，我们作出如下分析：

(1) 在讨论资本结构与企业价值相关或无关的问题上，如果再争执不休已经变为徒劳。很显然，交易费用为 0 时，两者无关；交易费用为正时，两者相关。当然，交易费用为 0 几乎是不可成立的现实，正如科斯所说，零交易费用的世界是一个远离事实的世界，“是我一直希望劝告经济学家离开的世界”（Coase，1990）。之所以作出这种假设，在于揭示出更带规律性的东西，这正是抽象的意义之所在，科斯本人所主张的关于“第一定理”思想的意义丝毫不比后人所发展的“第二定理”逊色。也正因为此，MM 定理理所当然地站在了现代资本结构理论的至高点上，对他们假定的质疑，也只能是对资本结构理论的发展而不是否定。这就是说，MM 定理比较科学地建立了以完善资本市场为背景的资本结构理论，而现实中的资本市场总是朝着完美的资本市场发展的，这种理论对实际财务工作的指导意义最终将充分地表现出来。

(2) MM 定理的假设条件是以交易费用为 0 为基本内涵的。之后的一些发展理论都在试图放松这些假定。也或多或少地打破了交易费用为 0 的假定。如在交易费用为 0 的前提下，就会为套利过程的频繁进行带来可能（套利无需费用），在引进税收和风险等前提下，交易费用就成为事实。如公司和个人由于规模不同，信誉状况不同，他们与外界打交道的交易费用是不同的，不可能取得相同利率的借款，税率也不一样；从一定程度上看，风险的大小与交易费用呈正相关，风险大的企业，面临的讨价还价现象自然要多一些，筹集资本所花的力气要大一些。但是，在非对称信息论引入之前，由于它们没有放松充分信息这一假定，因而它们对交易费用为正的假定是非常有限的，因为只有非对称信息最能代表交易费用为正这一基本假定。这样，从 MM 定理，经过发展，到引入非对称信息理论的过程，事实上是一个逐步引入交易费用来理解资本结构的过程，而且只有在引入非对称信息理论以后，资本结构与企业价值的相关性这一结论才最完整地得以成立。

（3）最佳资本结构的标准问题。依照现代产权理论，两个不同权利（或制度）的安排或变迁，是以交易费用最低为选择标准的，但正如理论界所批评的那样，“交易费用经济学的学术价值及应用范围都被学术界夸大了”“交费用只是在‘边际’上起决定作用，真正的主导因素永远是经济利润的潜力”“交易费用只是问题的一部分，它加强了，而不是替代了组织理论中利润决定论的概念”（汤敏，1989）。这就是说，两项权利（或制度）的安排孰优孰劣，费用只是其中的一个重要方法，更主要的，也是起决定作用的，应是费用与收入的综合比较，即总收益或利润的比较。在传统的资本结构理论中，它是以资本成本最低作为判断最佳资本结构标准的。它显然忽视了资本结构对企业收入乃至企业价值所带来的直接影响。在交易费用为正，即资本结构与企业价值相关的前提下，评价资本结构最优的标准应是企业收益最大，反映到完善的资本市场上便是企业市场价值最大，而不仅仅是资本成本最小。这样，企业资本结构通过以下几个途径来增加企业收益或企业价值：

第一，通过资本成本的降低，而增加企业收益；

第二，通过改变资本结构直接增加企业投入，从而增加收益，如增加免税收益；

第三，通过企业资本结构的信号，影响市场对企业的判断从而影响企业的市场价值；

第四，由于资本结构的不同，影响到企业收益分配的格局，也影响到企业净收益和利润分配方案，而利润分配方案又影响到股价的变化。

通过以上分析我们还可发现，现代资本结构理论中的均衡理论，实际上是指在可能导致破产的风险成本（财务亏空成本、代理成本等）和因债务增长而形成免税收益之间的均衡，最佳资本结构便是在边际风险成本与边际免税收益相等的那一点上。

（4）由筹资而形成的资本结构是一种产权结构的初始安排，由各种原因引起的资产重组则是对原有资本结构和产权结构的重新安排和变迁。一个企业资本结构的现状有可能是产权初始安排与重新安排的综合结果，西方现代资本结构理论是从初始安排即从筹资角度来讨论的，而我国的现实则要求我们从两个方面进行综合研究。这是对我国“资产重组”和“优化资本结构”工作的重要启迪。

21.2　博弈论与资本结构理论的发展

博弈论又称“对策论”“谈判论”，它分为合作性博弈和非合作性博弈，占主流地位的主要是指非合作性博弈。此外，对博弈的划分还可从两方面进行，首先，博弈可分为静态博弈和动态博弈。静态博弈是参与人同时选择行动或虽非同时但后行动者并不知道先行动者的具体行动；动态博弈是参与人的行动有先后次序，且后者能观察到前者所选择的行动。第二种划分是完全信息博弈和不完全信息博弈，完全信息指的是每一个参与人对其他参与人的情况有准确的知识，否则就是不完全信息博弈。

21.2.1　MM 定理：一个完全信息静态博弈模型

前文已述，MM 定理之所以能够成为现代资本结构理论的基石，其主要原因在于：在分析资本结构时引入了人类的行为分析，即引入人与人之间相互作用、相互博弈的分析工具，从而使得分析更接近现实，也更加与发展的理论经济学相融合。可以说，现代资本结构理论从一开始接受人的行为分析，就走上一个与理论经济学融合发展的轨道。下面我们来分析一下 MM 定理与博弈论的结合。

（1）MM 定理是以人与人之间存在冲突为研究前提的，这样筹资者与投资者就成了冲突双方即博弈的对手（或参与人）。

（2）MM 定理的假设条件实质上是一个完全信息市场，即存在充分信息，每个参与人均可了解对方的特征、战略及支付函数。

（3）MM 定理在证明无关性定理时，所用的理论是“套利”理论，在此，套利过程实质上就是一个博弈过程，“套利”用博弈来理解就是：在信息充分的前提下，给定甲筹资者一定的战略（即资本结构安排），投资者通过在筹资结构不同的筹资者之间进行套利（博弈中的“行动”），使得甲筹资者逐渐失去其高于其他筹资者的利益优势，甲筹资者改变战略，投资者也同样用别的套利技术来打破这种优势。这样，通过无数次的“套利”过程，也就是无数次的博弈过程，使得甲筹资者与其他筹资结构不同的筹资者相比显得无利可图，最后达到一个纳什均衡点——资本结构与企业价值无关。因此，筹资者的每次资本结构安排，都被投资者的套利（即博弈或对策）所抵消，当然，这里的套利必然以充分信息为前提，否则不可能向均衡点靠近，反而可能出现偏差从而使筹资者获利，而且这里的套利过程是无须花费成本的。

21.2.2 资本结构理论的发展：一个不完全信息静态博弈模型

在现实的经济生活中，筹资者与投资者往往处于一个非对称信息的状态中，筹资者拥有较充分的信息，而投资者则拥有不完全的信息，投资者往往通过筹资者输出的有关股票、债券发行的信息来作出相应的判断。如根据输出债券利率的高低来判断企业的风险状况，根据股票的发行来判断企业的经营状态等。为此，本章试以非对称信息理论对资本结构的理论为基础，进一步探索和论证企业资本结构的最佳点。

根据非对称信息理论对资本结构理论的贡献，我们已经得出了企业集资的次序，即按自筹资金、债券、股票三个不同的次序先后来进行集资，它说明了自筹资金对债券、债券对股票的绝对优越性，即企业有足够自有资金的话绝不借债，企业能用债券筹到足够资金的话绝不发行股票。虽然这一理论解释了美国社会在企业集资时以自筹资金居多，借款资金次之，股票集资最少这样一种现实，但它忽略了企业在对外集资时不需要在债券和股票之间进行搭配即注重资本结构安排。因而这一理论只是揭示了企业筹资时对自筹、债券、股票的偏好程度的大小，而没有揭示出企业是否存在最佳资本结构。为此我们有必要以非对称信息理论为起点，通过非对称信息下的博弈理论作进一步探讨。

在企业与外界投资者的博弈中，只有债券和股票是可选择的行动方案，依非对称信息理论，企业以发行债券为主要偏好和动机，企业在集资时可能处于低风险和高风险两种基本状态，而这些信息，投资者只能通过企业输出的有关信息进行判断，下面我们给出一组能经得起推敲的假设数据：

在企业处于高风险（即负债/权益较高）时：

企业发行债券，利润为3，风险为1，收益为2；企业不发行债券（即发行股票）时，由于引起市场上利空反映，促使股价下跌，假设收益为1（我们完全可以把企业价值与企业收益作一致性或正相关性理解）；

投资者购买债券，利润为2（不如筹资方），风险较大，为3，总收益为 -1；

投资者不买债券（也不买股票），收益为0。

在企业处于低风险时：

企业发行债券，利润为3，风险很小，为0，收益为3；

企业不发行债券，收益仍为1；

投资者购买债券，利润为2，风险为0，收益为2；

投资者不买债券（也不买股票），收益为0。

对此，我们列出如下支付矩阵：

在表21－1中，一个贝叶斯（纳什）均衡点是（0，0），即在高风险的状态下，筹资者不发债券，投资者不买债券，被认为是一个双方都乐于接受的方案。而在表21－2中，存在两个均衡点，即（2，3）和（0，0），由于（0，0）表明企业在低风险状态下不发债，这是不可置信的事实，因而只剩下（2，3）是可置信的贝叶斯（纳什）均衡点，它表明在企业处于低风险时，选择发行债券，而投资者也选择购买债券，这对双方来说，无疑是两全其美的最佳选择。

表21－1　　　　高风险情况

		筹资者	
		发行债券	不发债券（发股票）
投资者	买债券	（－1，2）	（0，1）
	不买债券	（0，－0.5）	（0，0）

注：－0.5表明，企业发行债券而没有人买，需支付一定的手续费，下同。

表21－2　　　　低风险情况

		筹资者	
		发行债券	不发债券（发股票）
投资者	买债券	（2，3）	（0，1）
	不买债券	（0，－0.5）	（0，0）

综上所述，当企业处于低风险时，企业选择发行债券，投资者也乐于购买债券；当债券发行增多，风险随之增大，企业成本也随之加大，到达一定点，如再发行债券，则进入高风险区，企业不再发行债券，投资者也不愿意购买了。这表明：企业必然存在一个最佳的资本结构，这一点就在企业的中风险区，与引入非对称信息理论以前所论述的最佳资本结构点并无二致。

从结论本身看，本章的论述并无新意，但从它的论证起点和结果来看，它比前述的资本结构理论有着更深的含义。这是因为：

该理论是从发展了的非对称信息理论入手，既利用了非对称信息理论下对债券发行的偏好，又论证了非对称信息理论下没有论证的最佳资本结构的存在。虽然这一结论又回到了非对称信息理论以前的均衡理论，但原来的均衡理论（后来的理论也是一种均衡理论，即博弈论中的纳什均衡点）是在没有放松充分信息这一假定下得出的，两者在最佳资本结构的论证上具有本质的不同。这样，我们的理论既放松了充分信息假定，又有可能借鉴原均衡理论已放松的假定，这是本理论的重要特征之所在。当然，如何去进一步放松 MM 定理的其他假设，以及如何用博弈论的其他模型作进一步深入的研究，应该是学术界继续研究的后续性工作，本章仅仅可能成为这一研究的起点。

第 22 章

从财务结构到财务治理结构：债转股企业财务运作研究

22.1　资本结构的企业治理效应分析

资本结构是指企业或公司融通资金不同方式的构成及其融资数量之间的比例关系，包括长期负债与股东权益的比例及其关系，不同持股者所持股份的比例及其关系等等。对公司治理（Corporate Governance）概念的界定，理论界仍然存在较大的分歧：一种观点认为，公司治理的中心在于确保股东的利益，确保资本供给者可以得到其理所应得的投资回报，因而股东是具有绝对主导地位的（Fama 和 Jensen，1983；Shleifer 和 Vishny，1997）；另一种观点认为，应把股东利益置于与利益相关者（如借款人、国家、董事会、经理、工人等）相同的位置上，因此，公司治理研究的是包括股东在内的利益相关者之间的关系，以及规定他们之间关系的制度安排（Cochran 和 Wartick，1988；Blair，1995）。然而国内外的学者对资本结构与公司治理的关系——即资本结构的选择在很大程度上决定着企业治理结构效率的高低——已基本达成了共识。Williamson（1988）认为，在市场经济条件下的企业中，债务和股权不仅仅应被看作是不同的融资工具，而且还应该被看作是不同的治理结构；Hart（1995）甚至认为，给经营者以控制权或激励并不十分重要，至关重要的问题可能是要设计出合理的融资结构，限制经营者以投资者的利益为代价，追求他们自己目标的行为；张维迎（1999）认为，资本结构是公司治理结构最重要的一个方面，公司治理结构的有效性在很大程度上取决于资本结构。资本结构对企业的治理效应主要体现在以下两个方面。

22.1.1 负债的治理效应

负债对企业的治理效应，一方面表现在其对经营者的激励机制上，激励理论认为，与股权融资相比，债务融资对经营者具有更强的激励作用，促使其最大限度地发挥主观能动性，为股东的财富最大化而努力工作。Grossman 和 Hart（1982）通过建立一个代理成本模型分析了资本结构的选择怎样缓解股东与经营者之间的利益冲突，认为债务是一种担保机制，能够激励经营者努力工作，节制个人消费，对投资管理与决策更加负责，从而降低“两权”分离而产生的代理成本。另一方面，负债对企业治理效应在约束机制上的表现主要在于其对企业控制权的配置。根据不完全合同理论，企业的控制权是有状态依存性的，对投资者与代理人（经营者）之间的关系可以用这样一种财务合同来规范：代理人向投资者借款，并承诺在某时按条件作出偿还。如果他作出了这样的偿还，他就能保留资产的控制权；否则，控制权就移交给投资者。这种安排克服了控制权在投资者与经营者之间非此即彼分配的简单、机械、低效的弊端，既能防备投资者随意插手和滥用权利，又能防备经营者攫取投资者的投资收益的机会主义行为。Aghion 和 Bolton（1992）认为，资本结构的选择就是控制权在股东与债权人之间的选择与分配，最优的资本结构就是在一定的负债水平上导致企业破产时将控制权由股东转移给债权人，从而实现债权人对经营者的控制，与股东控制相比，债权人控制对经营者更加残酷（因为经营者在债权人控制时比股东控制时更容易丢掉饭碗），所以，负债能更好地约束经营者。

22.1.2 股权结构的治理效应

股权结构具体包括两个方面：一是指公司的股份由哪些股东所持有；二是指各股东所持有的股份占公司总股份的比重有多大。前者是说明股份持有者的特性，是股权结构质的体现，后者则是说明股权集中或分散的程度，是股权结构量的体现。公司的股东一般可分为个人股东和法人股东，个人股东是自然人，其持股的动机是追求短期投资收益的最大化，有对企业的经营者进行监督与约束的激励，通常采用“用手投票”的方式来参与公司的治理，但随着企业规模的扩张和股东人数的增多，个人股东对公司的治理能力将大为减弱，他们在权衡参与公司治理可能得到的收益和需要付出的成本后，通常采取“搭便车”的行为，采用“用脚投票”的方式来参与公司的治理。法人股东则与个人股东不同，他们一般是公司股份的长期持有者，注重公司业绩的长期稳定与发展，对公司的治理具有至关重要的作用。股权结构对企业治理结构效率的影响不仅表现在股权结构的质上，还表现在股权结构的量上，即股权集中或分散的程度。在一定限度内提高内部股东（尤其是经营者）的股权比例，能激励经营者为了增加自己的财富而更加努力的工作，促使他们的目标函数与投资者的目标函数趋于一致，减少两者之间的代理成本，提高企业的治理效率。Jensen 和 Meckling（1976）认为，提高对企业有控制权的内部股东的股权比例，能有效地产生管理激励，降低代理成本，提高企业价值；McConnell 和 Servaes（1990）认为公司价值是其股权结构的函数，其经验结果表明 Tobin Q 值与企业内部人持有股份之间具有曲线关系，当内部股东的持股比例从无到有并逐步增加时，Tobin Q 值随其不断上升，并在内部股东持股比例达 40%—50% 时达到最大，然后开始下降。通过上述分析可见，一种对公司治理效率产生良好影响的股权结构一般应满足两个条件：第一，股权集中或分散的适度性；第二，股份的持有者应当是明确的。

22.2　债转股对企业治理结构的影响

所谓债转股，是指国家组建金融资产管理公司，收购银行的不良资产，把原来银行与企业间的债权、债务关系，转变为金融资产管理公司与企业间的股权、产权关系。债权转为股权后，原来的还本付息就转变为按股分红。国家金融资产管理公司实际上成为企业阶段性持股的股东，依法行使股东权利，参与公司重大事务决策，但不参与企业的正常生产经营活动，在企业经济状况好转以后，通过资产重组、上市、转让或企业回购形式回收这笔资金。

债转股曾作为国家应对国有企业、国有商业银行以及整个宏观经济面临的严峻局面，同时考虑到我国当时进行债务重组在经济、法律、制度等方面受到的约束而最终采取的政策，受到国有企业和地方政府的热烈欢迎，因此有学者把这种现象称为债转股政策的二律背反：（1）债转股意味着用高成本融资取代低成本融资，等同于放弃（或减少）财务杠杆带来的资金成本节约；国有企业偏好债转股意味着国有企业偏好高成本资金；（2）债转股往往会导致管理层对企业控制权的丧失，这经常是企业管理层最担心的事；国有企业偏好债转股说明国有企业偏好（或无差异）丧失控制权。债转股存在的这种二律背反现象从一个侧面反映了国有企业和地方政府的债务豁免预期。债转股政策作为解决国有企业高负债和国有银行巨额不良资产的“双赢”措施，其成功的标志在于金融资产管理公司能否在未来顺利退出这一预定目标。而要实现金融资产管理公司的这一预定目标，只有致力于转股企业法人治理结构的改善与完善，从而引导转股企业产权结构和经营结构的转变，从根本上扭转其经营亏损的局面，真正恢复企业的盈利能力和竞争能力。表面的暂时的由财务结构变化导致的账面盈利，不仅无助于转股企业经营状况的根本扭转，而且会诱使更多的企业来争夺这一免费的“最后的晚餐”，最终与债转股政策的初衷相背离。

22.2.1 转股企业资本结构的变化

债务重组的方式多种多样，如债务展期、债务豁免、债权出售、债务种类变更、追加投资等，债转股作为其中的一种，在成熟的市场经济国家使用得并不普遍，即使偶尔用之，也有一定的限制条件，即一般与破产程序相联系，并且是把可流动的债券转换为优先股，甚至被转换为可赎回的、可回售的优先股，总之，同债券的性质越接近越好（张文魁，2000）。

实施债权转股权是国务院决定的搞活国有大中型企业、实现三年国企脱困的重大举措。1999年9月2日，中国信达资产管理公司与北京建材集团共同签订了北京水泥厂债转股协议书。北京水泥厂也由此成为中国首家债转股试点企业。我国当时的债转股是将不可流动的银行贷款转为金融资产管理公司不可流动的股权（至少是短期不可流动），而且是脱离破产程序的一种大规模债务重组方案。债转股后企业的资本结构发生了两个明显的变化：一是负债率的下降，由此导致企业财务负担的减轻以及立即出现的扭亏为盈，到2000年年底，580户实施了债转股的企业，其资产负债率由原来的70%以上降到50%以下，当年减少企业的利息支出200亿元左右，80%以上的债转股企业当年实现了扭亏为盈。二是股权结构的变化，转股后的企业引入了一个全新的股东——金融资产管理公司。转股企业资本结构的变化必然会对企业的治理结构产生一定的影响，在预测债转股对企业治理结构产生的影响之前，对债转股股份的性质作一个合理的定位是十分有益的。深入分析金融资产管理公司与转股企业签订的债转股协议，有助于我们对债转股股份的性质作一个合理的定位。从各金融资产管理公司与转股企业签订的债转股协议中，可以看出存在三个共同的条款：①普遍都有回购条款，即企业承诺在最长十年内将资产管理公司所持有的股权全部以一定价格购回，资产管理公司通过这种方式实现退出。由于这种回购条款并不是企业自愿回购，而是资产管理公司“逼迫”的，所以其本质上是资产管理公司的强制回购；②企业承诺对资产管理公司所持有的股份支付比较固定的回报率，或以回购溢价的方式来实现这种固定回报率，这使得资产管理公司所持有的股份更像是优先股；③地方政府对重组方案尤其是资产管理公司的退出进行一定形式的担保，如地方政府承诺优先考虑转股企业的上市并将资产管理公司的股权纳入上市公司、地方政府牵线让当地其他企业承诺收购资产管理公司持有的转股企业的股权、地方政府承诺负责安排转股企业的回购资金等。

基于以上三个共同的条款，我们赞同把资产管理公司所持有的债转股股份定位于“带有强制回售条款的优先股，从金融产品设计的角度看，其相当于一种类债务，因此当时的债转股政策就近似于一种有地方政府担保的债务展期安排”（张文魁，2001）。

22.2.2　债转股对企业治理结构的效应分析

明确资产管理公司所持有的债转股股份的性质是一种“带有强制回售条款的优先股，债转股政策近似于一种有地方政府担保的债务展期安排”后，我们就能更准确地把握资产管理公司的利益取向和行为导向，从而就能更深入地认识债转股政策会给转股企业治理结构带来的影响。

（1）债转股对企业治理结构的正面效应

实施债转股以后，企业股权结构最直接的变化就是引入了一个全新的股东——金融资产管理公司。根据我国《公司法》的规定，金融资产管理公司作为独立经营的金融机构，对转股企业享有资产受益、重大决策和选择管理者的权利。在《金融资产管理公司条例》中也以法规的形式明确了“金融资产管理公司的债权转股权后，作为企业的股东，可以派员参加企业董事会、监事会，依法行使股东权利”。因此，债转股给企业治理结构带来的第一个变化也是最直接的变化就是转股企业必须改制为股份有限公司（对非股份有限公司的国有企业而言），并且引入了来自金融资产管理公司的董事。转股企业的公司化改造，有利于形成多元化的股权结构，与此同时，资产管理公司董事的引入，将会改善转股企业内部股东会、董事会、经理人员之间的委托代理关系，从而促进转股企业法人治理结构的完善。

另一方面，资产管理公司作为理论上的股东和实际上的类债权人，相对原来的贷款银行，将对转股企业的治理发挥更加积极的作用。由于资产管理公司对转股企业签订的债转股协议中普遍都有回购条款，在一定期限内转股企业必须要给资产管理公司提供一定的收益率，并要到期以现金支付股本回收款，这形成了对转股企业比较硬的预算约束；又由于资产管理公司关心固定收益和自身的退出，这使得它将对企业进行比较严格的监督，这对于改善转股企业的委托代理关系、降低企业经营者的代理成本、促进企业良好的经营无疑具有积极的作用。从剩余控制权的角度来看，债转股并不会将多少剩余控制权转移给资产管理公司，并不会改变内部人控制的局面，事实上，债转股后，企业原控制人的控制权基本稳定了下来。但是，与银行作为债权人相比，资产管理公司毕竟在法律意义上可以拥有企业的控制权，如果说转股前贷款银行只是转股企业的一个保持距离型投资者的话，那么转股后，资产管理公司作为理论上的股东和实际上的类债权人，将成为转股企业的一个控制导向型投资者，它将利用手中掌握的控制权来参与转股企业的决策与管理，对转股企业实行专家式的监督，从而改善转股企业的委托代理关系。

（2）债转股对企业治理结构的负面效应

由于债转股涉及政府、转股企业、资产管理公司、国有银行等诸多利益主体，这使得债转股政策的实施变成了一个各利益主体为了自身的利益而相互博弈的过程，如果不把债转股的目标定位于转股企业治理结构的改善与完善，只看到转股企业表面的暂时的账面扭亏，这种简单形式的债转股只可能导致转股企业治理结构的弱化，具体表现在以下几个方面：

①对于企业的经营者而言，债务通常是比股权更硬的一种约束。在一个完善的市场经济中，债务是企业经营者的一种强约束机制，企业一旦偿还不了债务，就可能被迫破产，企业的经营者将会被解雇，控制权收益也将因此而丧失。为了避免控制权收益的丧失，经营者就不得不努力工作，使企业远离破产的边缘，因此债务约束具有降低代理成本和改善治理结构的功能。就国有企业而言，银行的债务约束相对于国有股权资本来说是比较有效的，负债率高的企业不仅将面临较高的资金成本甚至贷不到款，而且也将面临破产清算的威胁。债转股似乎是在用一种较软的约束来替代相对较硬的约束，如果转股企业借此机会减轻了还本付息的压力，而企业并没有相应进行实质性的改制或重组的话，那么债转股无异于一次“债务大赦”，从而进一步弱化债务的约束作用，企业经营者的道德风险问题将更加严重，甚至会助长国有企业的债务豁免预期。

②资产管理公司既没有能力也没有足够动力参与转股企业的决策与管理。一方面，资产管理公司作为金融机构，其优势在于资本市场的运作而不是实业经营，在几乎同一时间介入并面对涉及若干行业和领域、情况千差万别的上百家企业，资产管理公司在人才、信息和知识结构的劣势地位将更为明显，使其根本无

力参与每家转股企业的经营管理。事实上，信达资产管理公司就采取了完全放手的管理模式，它的第一笔交易（北京水泥厂）就是简单地将银行的债权转为股权，对转股企业具体经营不直接过问，而仍由原企业的负责人管理企业的日常事务；另一方面，根据上文对债转股股份性质的定位，资产管理公司作为理论上的股东和实际上的类债权人，其利益取向和行为导向是类似于债权人的，即资产管理公司最希望能在规定的年限内每年受到转股企业固定支付的收益及其到期的股权回购，过了这一期限，转股企业的经营状况再不为资产管理公司所关注。资产管理公司对企业在资产流动性方面的要求，对于企业现金流动性方面的要求，对于企业盈利能力和资产增值方面的关心，与债权人是类似的，也就是说，资产管理公司作为转股企业的一个战略性股东，其鲜明的战略性目标就是实现中期现金支付目标和限期内的固定收益目标，它对企业的远期目标并不关心。

③中央政府对回收率指标的制定和地方政府的干预。上述债转股对企业治理结构正面效应的分析，是建立在资产管理公司面临资产回收压力的基础上的，也就是说，资产管理公司必须要尽可能多地将其在企业净资产中所拥有的份额变成现金回收。如果资产管理公司并不在乎回收率，那么资产管理公司的强制回售条款和固定收益条款就得不到较好的执行，其所持有的类债务件质就会发生变化，类债务对于企业治理结构的正面效应也就不成立。资产管理公司是否在乎回收率，取决于两个重要因素：第一，中央政府是否将回收率作为考核资产管理公司的指标，以及如何考核这个指标。如果回收率不作为考核指标，资产管理公司将不会致力于回售条款的执行；如果以回收率作为考核指标，则回收率指标的确定将会对回售条款的执行产生重大的影响，并最终影响到转股企业的治理结构。回收率定得太低，不会造成对资产管理公司的经营压力，资产管理公司自然不会重视转股企业治理结构的改善；回收率定得太高，资产管理公司很难完成指标时，就不会关心回收率，而是借助其他理由推卸责任。第二，如果资产管理公司有其他的获利业务来填补回收率的不足，也不会在乎回收率。从当时的情况看，资产管理公司借助于对国有企业债务重组的政治地位来获得其他获利业务，如证券承销业务，这也会在很大程度上冲淡资产管理公司对回收率的追求。由于受市场不完善及信息不对称等问题的制约，从银行剥离出来的不良资产的资产盘活率或保存率带有很大的不确定性，国家作为最终所有者实际上不可能准确知道，这使得回收率指标的制定在技术上几乎不具有可能性，因此对资产管理公司的经营业绩就缺乏客观准确评价的依据，使得其没有激励和约束参与转股企业的决策与管理。

另外，由于地方政府在优先考虑转股企业的上市，转股企业的回购资金等方面提供的承诺和担保，为资产管理公司今后对股份回购可能出现的问题提供了借口。实际上，地方政府并不具备责任承担能力和承担意愿，地方政府愿意担保只不过是缓兵之计，借此减轻地方企业三年解困目标的压力，地方政府和转股企业到时候更有可能合谋，要求与资产管理公司就回购条款进行重新谈判，重新谈判将会为资产管理公司推卸责任和减轻回收率压力找到借口，资产管理公司会因此游说中央政府淡化回收率指标，这不禁让人对资产管理公司能否对转股企业的治理结构起到积极作用打上一个问号。

22.3 转股企业的财务运作

根据上文债转股对转股企业治理结构正、负面效应的分析，我们应该最大限度地发挥债转股对转股企业治理结构的正面效应，削弱其负面效应。对于债转股企业，大多数都是一些“问题”企业。因此，它们更应以“债转股”为契机，以建立现代企业制度为前提，不断加大资产、债务重组力度；大力调整产品结构，走专业化经营之路。

22.3.1 剥离非经营性资产，分流富余人员，减轻债转股企业社会负担

债转股企业的亏损，一方面是由于利息费用的压力；另一方面，社会负担也是其亏损的一个重要原因。因此，在债转股过程中，减轻社会负担，使部分产业剥离出去，是不能忽视的一个大问题。

国有企业的社会负担是指国有企业兴办与企业生产经营活动没有直接联系的机构和设施，承担职工生活、福利和社会保障等社会职能的负担及其他应由政府和社会承担的人力、物力和财力负担。它主要包括两方面的内容：一是企业开办学校、医院、职工养老和其他社会服务机构形成的负担；二是政府某些部门和社会有关方面向企业乱收费、乱摊派、乱罚款造成的负担。这两方面的负担对国有企业改革和发展的影响都很大，都不符合社会主义市场经济条件下企业自主经营、自负盈亏的客观要求。企业开办学校、医院、职工养老和其他社会服务机构，是计划经济体制的产物。这不仅造成了社会生产专业化协作水平和企业职工生活服务社会化水平较低，同时也造成了企业社会负担过重，从而影响了企业生产效率和经济效益的提高。

国有企业的社会负担沉重，直接影响着国有企业经济效益的提高。一方面，

国有企业开办学校、医院、职工养老和其他社会服务机构，必然要花费大量的人力、物力和财力，其中有不少费用要进入企业的产品成本，这就会影响企业的盈利水平；另一方面，国有企业开办上述机构，必然会占用企业领导人大量精力，从而扰乱企业的经营目标。在社会主义市场经济条件下，企业是自主经营、自负盈亏的市场主体，它的主要目标是提高盈利水平，并实现企业资产的保值增值。企业的领导人必须把其主要精力用于制定和执行企业的重大经营决策上，才能保证企业经营目标的实现。然而，在企业开办许多社会服务机构的情况下，企业领导人必须花费很多时间和精力去研究解决这方面的问题，这就会影响到企业的经营决策。企业的领导人作为企业的决策者和经营者，它的目标应该是很明显的，就是要提高企业的经济效益。然而，当他同时又管理着许多社会事业，充当一个社区领导人角色的时候，他的目标就不仅仅是提高企业的经济效益，而是还有许多社会目标，这些社会目标与企业的经营目标通常又是矛盾的。在这种情况下，企业经营目标往往又让位于那些社会目标。可以看出，企业办社会的危害不仅在于增加企业的经济负担，更重要的是它干扰了企业职能的发挥和企业目标的确定与实现。如果不解决这一问题，债转股企业的改革是毫无意义的。那么，如何才能减轻债转股企业的社会负担呢?

第一，要采取有效措施，分离企业办社会的职能。解决这个问题的主要困难在于费用问题。企业所开办的各种社会服务机构，一般都是那些只支不收或支大于收的单位，他们所需要的经费或收支差额都是由企业拨付的。为了减轻企业的社会负担，这些社会服务机构从企业分离出去之后，应交给地方政府管理，所需费用也应由地方政府全部承担。由于企业已经向政府交纳了各种税款，就不应再负担这些政府履行社会职能所需的费用。对于那些能够以收抵支或收支相抵后尚有盈利的单位，可以转为企业化经营，使之成为自主经营、自负盈亏的经济实体。对这些单位，为了提高他们的服务社会化、市场化水平，同时减轻企业的行政管理负担，也应交给地方政府管理。个别移交实在有困难的，也必须理顺他们与企业的关系，通过一定形式的产权改革，使它们成为企业的独资、控股或参股单位，企业只对它们承担有限责任。在服务对象方面，既可以为本企业的职工服务，也可以对社会开放，以达到既方便群众，又能提高效率的目的。

第二，加快社会保障体系和其他社会服务机构的建设，为分离企业社会职能创造条件。企业直接负责职工的养老、失业和医疗等社会保险的管理，也是一种沉重的社会负担。为了减轻企业这方面的负担，必须加快社会保障体系建设，依法扩大养老、失业、医疗等社会保险的覆盖范围，强化社会保险费的征缴，拓展社会保障筹资渠道。同时，要严格管理各项社会保障基金，严禁挤占挪用，确保基金的安全和增值。要加快社会保障社会化管理的步伐，实行离退休人员与原企业相分离，实现养老金由社会服务机构发放，人员由社会管理。

从冷水江锡矿山债转股方案中可以了解债转股企业非经营性资产剥离情况。为了精干主体、分流两翼，减轻企业负担，向建立现代企业制度过渡，锡矿山矿务局将原由福利处管理的生活供水、供煤、供电、房屋维修、垃圾清运、幼儿教育等职能从主体分离出来，成立了锡矿山矿务局生活服务总公司，将原由宣传部管理的铅印间分离出来，推向了市场，成立了锡矿山矿务局新星实业公司印刷厂，共计剥离非经营性资产469万元，分流人员300余人；锡矿山矿务局职工医院已于1999年从经营主体中剥离出来，对内实行按服务取费，对外实行开放创收、真正实现自负盈亏、自谋发展；各单位的食堂服务人员也全部移交给生活服务总公司，1999年实现减员509人。2000年，他们着手学校、公安、离退休管理、家属管理等部门人员的剥离分流工作，分流人员400余人，剥离资产原值650万元，且已与地方有关部门协商，得到了承诺。

通过减员增效、下岗分流和剥离分流，1998年锡矿山矿务局共分流分离人员550人，全局人工成本5119万元，占总成本费用的18.17%，较1997年降低了1150万元；1999年锡矿山矿务局下岗分流509人，降低人工成本380万元。当时锡矿山矿务局职工年平均工资6736元，在国内同行业中处于中上水平。

对于人员分流情况，锡矿山矿务局于1995年进行了全面的用工制度改革，实行全员劳动合同制，同时建立了考核竞争上岗制度，对生产岗位进行了重新定员，对原岗位人员进行了一次全面考核，实行试岗、待岗制度；为了减员增效、扭亏增盈，锡矿山矿务局于1998年制定出台了《锡矿山矿务局下岗分流办法》，成立了锡矿山矿务局再就业服务中心，先后五次进行了局、矿两级机关及辅助生产单位的减员压编，压缩非生产人员，充实生产第一线，分流富余人员，实现减员增效。1999年末全局有全民合同制职工8057人，在岗职工人数6894人。因此，债转股企业只有剥离非经营性资产、分流富余人员才能有利于建立现代企业制度。

22.3.2 选择最优战略，走专业化经营道路

无论是发达国家还是发展中国家，都在致力于经济结构调整，其中专业化经营是调整的重要特点之一。专业化经营是企业将各种资源集中在专一的、特定的产业领域，实行规模化经营。与之相反的多样化经营或多元化经营，则将企业的资源分散在多个产业领域，它的特征是主营业务不突出或没有主导产品。在美国，20世纪80年代发生了一次大的企业兼并浪潮，在90年代初经历短暂的降温

后，又迅速升温，被称为美国历史上的第四次兼并浪潮。与 20 世纪 60 年代的企业兼并浪潮相比，这两次兼并浪潮的一个突出特征是兼并之后通常把与公司主营业务不相关的业务分离出去。有人把 20 世纪 60 年代的兼并称为“Conglomeration”（反混合兼并，或非康采恩化）。具体地说，20 世纪 60 年代兼并的特征是跨行业的兼并，企业热衷于把一些不相关的业务放在相同的所有制下经营。而 20 世纪 80 年代和 90 年代的兼并则不同，企业不再单纯追求多样化经营和经营规模的扩大，而是相反，通过拆离、重组，将不相关的业务剥离出去或变成独立的公司，甚至小规模企业，使之经营专业化。

在这一次债转股改革过程中，我们不仅要使国有企业三年脱困，同时，也要抓住债转股提供的机会，优化企业的行业结构，为企业制定出最优的战略方针。其中，走专业化经营之路，是我们不能忽略的一个重要的微观调整的问题。为了论证为什么要选择专业化经营，我们随机抽样分析了 1999 年 380 家 A 股上市企业的财务报告，发现：利润总额大于主营业务利润的上市企业为 319 家，占 83.9%，大多数企业都在进行多样化经营。然而，从净资产收益率高低分析，进行多样化或多元化经营的企业的净资产收益率并不算高，或者没有完全达到经营者既定的经营目标。

（1）上市公司多样化经营的原因

①在认识上误解经济学的规模经济导致企业经营的多样化。经济学认为，规模经济效益是通过专业化的分工与协作实现的，而不是通过简单的多样化产生的。有的企业经营者以为企业涉猎的行业越多、企业规模越大，经济效益就越好。殊不知，这不是规模经济，并且这种企业受到三个方面的限制。首先是生产能力的限制。当投入增加超过一定量时，产出的增量或边际产出将会减少，出现规模报酬递减现象。其次是交易成本的限制。企业之所以替代市场存在，是因为企业内部交易发生的交易成本低于市场交易发生的费用。如果企业管理幅度过大，或者管理层次过多，基层至高层的信息传递速度就会变慢，甚至信号失真，致使企业效率降低，出现规模不经济。最后是技术进步的限制。这在出现市场垄断时更是如此。因此，涉猎的行业越多，并不一定能给企业带来相应的更多的经营利润。

②在政策上注册资本的最低限额导致企业步入多样化经营。旧《公司法》当时明确规定：股份有限公司注册资本的最低限额为人民币 1000 万元。有些企业想上市，但达不到《公司法》的资本要求，只好“借壳上市”，但是可供借用的壳有限，于是许多企业把与自己经营产业无关的企业收购进来进行拼凑，盲目扩张。

③在经营者利益驱动下逃避政府监督，导致企业步入多样化经营。有的企业经营者认为企业涉猎的行业越多，政府审计和民间审计就越难以监督其行为；对于企业的各项支出、费用，也难以进行合法性和真实性考核。导致经营者可以长期在“黑箱”中享受其“自由”。

（2）多样化经营的弊端

多样化经营是现代企业的一种经营战略，经营者运用它一方面能分散风险，另一方面有助于内部资金调拨。但是，多样化经营存在着以下致命的缺陷：

①资金使用不集中。多样化经营往往把有限的资源分配到多个领域，并且当一家公司的总经理领导几个完全不相干的子公司时，由于他不可能在每个领域都是内行，不可能了解每一个企业的情况，于是各子公司经理便向他游说自己的产业如何重要，何等缺钱，结果就是资金和业务越来越分散、效率越来越低。由此便分散了企业的经营力量，使企业在各个领域都缺乏竞争力，主营业务不突出，兼营业务更无竞争优势，以致经营失败。

②经营者内部代理成本过高。前已述及，涉猎的行业越多，就越难监督经营者行为。即使经营者舞弊，也无法及时、准确地反馈并予以查处。长此以往，成本—效益原则对经营者不起作用，于是造成企业价值越来越小于单个子公司的企业价值之和，这就是“1 +1 <2”的规模不经济。多样化经营失败的例子不胜枚举。例如韩国的大宇公司和深圳宝安集团便是典型例证。所以，多样化经营带来的坏处远比它的好处多。

（3）企业战略的最佳选择——专业化经营

①组织经验和组织资本的存在是专业化经营的内在动力。企业被看作是投入要素的供应者和最终产品的购买者之间的一组相互关联的合约。各种不同的众多利害关系人与企业有长期的利害关系。当企业获得了组织经验，发展了组织资本时，它就拥有了宝贵的资产。组织经验指在企业内部通过对经验的学习而获得的雇员技巧和能力的提高，一般可以分为三种类型：一般管理经验、行业专属经验和非管理性质经验。组织资本也有三种类型：第一种类型是体现在个别雇员中的企业专属信息；第二种类型和第三种类型的组织资本被称作协作效应。第二种类型包括关于雇员特点的信息，它使得企业可以在工人和工作间进行有效的组合，由具有特殊天赋和技巧的人来更好地完成一些工作。第三种类型的信息便被用在工人之间的组合中。当组织经验与企业专属信息或组织资本结合起来，即无法通过劳动力市场自由地转移到其他企业中，包含在组织资本中的信息类型可能是企业专属的。如果把这种信息转移到其他企业中时，可能会是一种错误的信息并且在这样一个过程中会产生交易成本。因此，企业用其自身成本生产企业专属产

品，进行专业化经营对企业应是有好处的。

②多样化经营所持的理论基础是：企业涉猎的行业越多，一方面经营风险越分散；另一方面企业的生产要素越多，要素之间的交易费用比市场上产品之间的交易费用低。但是它忽略了以下因素：第一，“行业越多，风险越分散”是建立在内部管理成本不变的基础上，但是内部管理成本和风险程度两者是反向关系。第二，“要素交易费用比产品交易费用低”这个命题并不总是成立。如果行业之间不相关，则交易不存在，或交易很少；另一方面，随着涉及的行业越多，规模越大，内部管理成本、组织成本越高。所以，我们认为多样化经营并不是企业经营发展的唯一出路，忽略了专业化经营是不明智的。

③稳固的主业是企业赢得竞争的客观现实基础。主营业务是企业经营的核心，主业经营效益越好，越能抵挡来自市场的各种风险和危机。如果主业不突出，经营效益不佳，则会削弱企业的核心竞争力。

④专业化经营有力推动了社会的发展。亚当·斯密在《国富论》中指出：“劳动生产力上最大的增进，以及运用劳动时所表现的更大的熟练、技巧和判断力，似乎都是分工的结果。”生产的分工形成了企业的专业化经营，专业化经营又从以下几个方面推动了社会的发展：第一，专业化经营促进了技术进步。专业化使得各企业将注意力集中于更窄的生产领域，因而能够较容易地产生技术创新。第二，专业化经营促进了迂回生产方式的发展。迂回生产方式，即人类的生产活动将资源投入到生产资料的生产上，而不直接投入到消费资料的生产上。由于生产的分工和专业化经营促进了生产工具的变革，即机器设备的发展，也必然增大了对机器设备的需求，由此促进了生产资料的增长。这种生产方式反而使消费资料的生产有更多的增长。第三，专业化经营促进了投资方式的发展。既然生产的分工和专业化经营的发展促进了机器设备的采用和迂回生产方式的发展，也就等于促进了投资方式的发展，因为大生产中采用机器设备和进行迂回生产必然要通过新的投资方式即大规模的长期投资来实现。技术进步、迂回生产、大规模的长期投资与生产分工和专业化经营都是现代生产的几个重要特点，这些特点与专业化经营有着十分密切的联系。专业化经营为这些方式提供了前提和条件，这些方式反过来也对专业化经营产生积极的影响，由此推动了社会的发展。随着社会的发展，生产工具的进步，企业也就不断地提高和发展。所以，专业化经营给社会和企业带来的经济性远比多样化带来的深刻。

从国际上专业化经营之路来看，1997 年波音兼并麦道以及通用公司的重组无不体现专业化经营远比多样化经营带给企业的利润高。美国通用电器公司在 20 世纪 60—70 年代通过兼并发现由于多样化经营造成的损失远大于其所带来的好处，80 年代新总裁上任后，认识到：尽管其每个部门都有盈利，但却无法进入各部门所在行业的前三名，仅有盈利并不能保证企业自下而上必须使每个部门进入其所在行业的前列。为此，该公司先后大规模地进行分离和重组，缩小经营范围，提高专业化经营的程度，实践证明是成功的。

因此，债转股改革不仅仅是把债权转为股权，从长远来看，转换债转股企业机制，整合内部治理结构，改变经营策略才是债转股真正的意义所在，才是国企改革的关键。

第 23 章

国有企业债转股与减持国有股相关问题研究

党的十五届四中全会通过的《中共中央关于国有企业改革和发展若干重大问题的决定》(以下简称《决定》),为今后国有经济的改革指明了总体方向。根据《决定》的要求,国有经济必须进行战略性的大重组,坚持“抓大放小”“有进有退”“有所为有所不为”的行动方针。其中,国有企业债转股和减持国有股均是国有经济改革的重要内容和必须攻克的关键环节。为此,本章从两者所具有的财务特征的角度,分析两者的联系与区别,理清两者在国企改革中的地位和逻辑关系,试图提出一种两者联动的方式来推进国有企业改革,减少改革成本。

23.1　从财务结构到治理结构调整:债转股与减持国有股的共同使命

我国的债转股和国有股减持工作是在国有企业财务出现困境的情况下,针对国有企业出现的债务负担过重和国有股权过高等现实问题而采取的一种资本运作方式,其目的之一便是通过资本运作和资产置换来盘活国有资本,增强国有资本的流动性和企业的现金流量,把国有企业中僵化、不能流动的国有资本变为可实现的现金流和资本流。

从数量层面上,债转股和国有股减持都是对国有企业资本结构的调整,都是为了优化企业资本结构和股权结构。其中债转股以改变企业债务/股权比例为初期目标，待资产管理公司控制债转股企业后，再实施产权多元化，改变其股权结构；而国有股减持则是直接以改变股权结构、实行产权多元化为目标。在实行产权多元化的过程中，可能采用股权转债权的方式来达到既改变股权结构又改变资本结构的目的。

总之，两者是针对国有企业存在的资本结构“负债过高”和股权结构“国有股权过高”的“双高”问题而采取的资本运作方式。从本质上看，两者的根本目的在于通过引入社会资本，实施产权多元化，来改进国有企业微观运行机制，改善法人治理结构，两者有异曲同工之妙。

23.2　债转股与国有股减持：特征差异

债转股与国有股减持虽然具有相同的目的和任务，但仍具有不同的内在特征：（1）性质不同，债转股为债权转股权，国有股减持则为股权转股权、直接减少股权或者股权转债权；（2）资本转移趋向不同，按当时政策规定，债转股要求在国有资本内部转移，即从银行转到资产管理公司，国有股减持则必须要求减持给社会公众；（3）针对的情形不同，债转股是针对企业资本结构中负债过高，国有股减持则是针对企业股权结构中国有股权比重过高；（4）面临的环境不同，国有企业负债过高和资本金不足主要是由历史的政策原因造成的，它涉及国家财政、银行、资产管理公司和企业等诸多参与主体，国有股权过高是国有企业的天然属性，减持国有股没有太多的历史复杂性，其操作的复杂性主要体现在，在减持过程中，如何面对资本市场的冲击所带来的市场风险以及国有资本兑现的风险；（5）对控制权的控制次序不同，债转股必须先取得对债转股企业控制权，并一直要在资产管理公司的控制下完成对债转股企业的运作，直到资产管理公司的退出，而国有股减持则是直接为了让出绝对控制权，以便达到产权多元化的目的。

23.3　两者联动：国企战略性重组与战略性退出的理想选择

23.3.1　两者联动的可行性与必要性

（1）债转股与国有股减持在运作思路上有类似的规律性。债转股运作首先要求资产管理公司对债转股企业实施控股，即取得对企业的控制权，然后再减持，直到退出该企业，其运行线路是：债权转股权→控股债转股企业→减持股权→产权多元化→退出债转股企业。国有股减持工作则直接通过“控股→减持→产权多元化”等几个环节来完成国有资本的退出。现有债转股企业大多欠国有银行的高负债，一旦转为股权，必然会存在国有股权比重过大的问题，也就自然符合了“国有股减持”的条件，依然要通过产权多元化和投资组合等方式，改变治理结构和运行机制，直到退出该企业。

（2）对现有国有企业来说，相当多的企业存在着一方面负债过重，另一方面在股权结构中国有股权比例过大的双重问题，即在这些企业中，其资本结构中“负债比重高”，其股权结构中“国有股权比重高”，即存在着我国国有企业所特有“双高”的财务状况。因而我们完全可以双管齐下，两药连服，根除国有企业的“顽症”，从而改变治理结构和运行机制。

（3）两者联动和双管齐下有节约成本、在国有资本内部自我消化股权与债权结构之功效，是国有资本战略性重组的良好选择。在两家或多家需要债转股与国有股减持的国有企业之间直接进行股权与债权的对调，在一定程度上可减少国有资本的退出成本和进入成本，也在一定程度上推动了国有资本在产业结构、行业结构、地区结构上的调整。如果这一方式参与的主体更多，让战略投资者和民营企业也以同样的身份加入，形成一个相互交叉持股的多元化局面，国有资本战略性重组的效果会更加明显。

23.3.2　两者联动的运作机构：资产管理公司

（1）国有股减持应成立特设的运作机构，即财务主体。减持国有股是一个庞大的系统工程，应该设立统一的决策和执行机构，这一机构应与国有资本营运主体相吻合，也应是一个在全社会国有经济领域进行统筹融资和投资等财务活动的经济性的财务主体。其财务活动应围绕“国有经济有进有退”来进行，其中，“退”便是把国有资本从国有企业中抽出来即回收资本，作为该财务主体的资金来源，“进”便是该财务主体把收上来的资金再投资于应该投资的领域和行业从而促进国民经济结构优化和产业升级。目前我国是由财政等部门行使这一职能，还没有设立专门的机构，我们认为，考虑到减持国有股中“有进有退”的财务投融资的复杂性，加强对该项独立财务活动的协调、组织和考核，我们应像“债转股”工作中成立金融资产管理公司那样，成立一个类似的经济性的“资产管理公司”，这一公司可从财政部门中分离出来，待完成任务再行退出。

（2）债转股与国有股减持合署办公：资产管理公司。鉴于国有股减持特设机构的特征和任务，与债转股工作极为相似，考虑到机构设置的精简性和效率性，我们建议两者合署办公，把原“金融资产管理公司”改称“资产管理公司”，取消“金融”二字。主要原因是：①银行的不良资产已经转出到“公司”，该“公司”管理的资产就不再是“金融资产”；②银行把不良资产转到“公司”，实质上是把责任转到了国家或财政，银行没有资格派人或分流人员到“公司”来。可以说，银行不良资产的形成，银行自己是脱不了干系的，不应该以银行为主体成立“公司”。如果以银行为主体组阁成立“公司”不但没有半点惩罚的意思，反而有点鼓励它：不良资产搞得好；③“公司”由银行人员组成，他们不懂企业经营管理，不符合“公司”对债转股企业控股后实施经营管理的要求；④“公司”与银行之间划转不良资产，如“公司”大多是银行的人员，会产生“关联交易”，转让价格不会合理；⑤现有的债转股是在银行没有能力或不便于做股权人的情况下开展的，与其以银行为主体成立“公司”，还不如直接由银行对企业实施债转股。

23.3.3 两者联动运作应与国有资本战略性重组相结合

（1）两者联动与国有资本战略性重组。如前所述，债转股与国有股减持两者联动有节约成本、在国有资本内部自我消化股权与债权结构之功效，是国有资本战略性重组的良好选择。以两个国有企业为例，一个为欠银行高负债、需要债转股的A企业，一个为国有股权比重过大、债务不多的、需要国有股减持的B企业，我们可以把A欠银行的资金转为B欠银行的资金，然后B用相同的资金以股权向A投资，来抵消B欠银行的资金。这样，A企业负债减少、股权增加，B企业负债增加、股权相对减少。此外，国家还可以直接把股权从B企业退出来，注入需要注资的 A 企业，这样可以起到“一药两治”“一箭双雕”的功效，在一定程度上可减少国有资本的退出成本和进入成本，以低成本达到国有资本“有进有退”的战略性重组的目的。如果以此为基础，引入其他战略投资者和民营企业，形成一个相互交叉持股的产权多元化格局，国有资本战略性重组的效果会更加明显。

（2）债转股与国有资本的战略性重组。在单纯的债转股运作中，如果只有一家资产管理公司对企业进行约束，实际上最终无法形成多元投资主体的现代公司体制。相反，将多家银行的债权委托多家资产管理公司转为对企业的股权，或者将一家银行的债权（如果一个高负债企业只有一家银行贷款时）进行分解，分别委托几家资产管理公司对企业持股，会形成多元投资主体，真正建立起股东—董事会、监事会—总经理的现代企业制度和内部合理的法人治理结构。建立多元持股结构，构造多元投资主体，包括资产管理公司之间相互持股，引入战略投资者或资产证券化等，有利于加强对债转股企业的约束，减少资产管理公司与企业的合谋，对一些不负责任的代表国家所有权的部门也是一种较强的约束，从而弱化政府的干预，形成合理的企业内部治理结构。

（3）国有资本减持方式的组合与国有资本重组。在国有股减持方式的选择上，国有企业可在征求主管部门意见的基础上，按自身的财务特征和企业要求进行选择，作为从财政部门独立出来的财务运作主体来说，应从筹资的角度，充分考虑各种资金的成本、风险和效益，在本地区协调平衡的基础上，做到财务筹资的效率最大化。与此相对应，在再投资的过程中，也要充分注意投资的行业、部门等方向的结合，投资组合方式与结构的结合，和投资的公平与效率的结合，充分发挥资本运作和资产重组的财务效应。在国有股减持方式的选择与组合中，不仅具有微观选择的效益，而且在宏观上更具有战略性意义。微观价值最大不一定宏观价值最大。因此有必要在一定区域的国有经济内，充分利用不同减持方式的互补性进行战略性的方式组合，以提高组合效益，同时也将大大促进国有资本战略性重组工作。

23.3.4　债转股与国有股减持均应以国有资本的战略性退出为根本目的

债转股与国有股减持工作均是在中央提出的“从战略上调整国有经济布局”“有所为有所不为”“有进有退”的精神指导下开展的，其中，国有股减持作为国有资本“退出”的政策已成为人们的共识，而债转股是属于“进”还是“退”则有待于进一步讨论。

(1) 债转股必须与国有资本战略性退出相结合。从当时债转股的政策来看，主要是选择那些产品适销对路、盈利潜力较大、工艺技术水平较先进、企业管理水平较高的大型企业进行债转股，并把债转股限定在国有经济地位需要加强的行业。我们认为，债转股并不是为了解决“不良资产”“财务结构”等简单的财务问题，而是更深层次的企业治理结构问题，而要解决国有企业治理结构问题，就必须走产权多元化的道路，并自觉将国有经济的战略性退出作为债转股根本性的目标取向。从行业特征来看，应该选择那些国有经济有待退出的行业而不是有待加强的行业作为债转股的对象。债转股有必要与退出竞争性行业的政策相结合，为国有经济从这些行业退出创造条件。为此，对负债率高、财务状况差、竞争性的国有中小型企业，可采取破产、拍卖、与民营企业资产重组等方式直接退出；对同样情况的大中型企业，可通过“资产管理公司”实施债转股退出；对于那些需要强化国有经济地位的关键行业，“资产管理公司”可通过“退出”来的资金，适时适量“进入”。

(2) 国有股减持要做到国有资本的战略性退出与强化国有经济控制力并重。国有资本减持是在不影响控制权的前提下，对国家拥有较高份额的企业，分阶段降低所持比重的一种行为。如何保持国有资本的控制权是国有股减持的一个标准。为此，我们需明确以下三点：①从宏观和整体上把握国有资本在全社会的控制力，确保全社会国有资本的保值增值，是国有股减持的根本标准和宗旨，而绝不是对每一个国有企业都要保持控制力；②从微观上，应按“有进有退”的原则，根据国家的有关政策，区别不同性质的企业安排不同的控制力。有的企业需要绝对控股，有的企业需要相对控股，有的企业只要参股即可，个别企业还需要全面退出。只要退出来的资金投到了国家需要的增强国有经济控制力的行业或部门，而不是退出生产性领域，国有经济的控制力便不是削弱而是增强了。而且可以说，这种国有资本退出方式的不同组合对增强国有资本的控制力不但是可行的而且是必需的，千篇一律地对每个企业都实施控制（控股）是不切实际的；③为避免“一放就乱”情况的发生，应实施“分阶段减持”战略：第一，四种退出方式可以组合出击，但在时间和地域上不宜全面开花，否则难以驾驭；第二，对于需要相对控股的企业，可分阶段地先减持为绝对控股，然后再伺机减持为相对控股，需要减持为参股的企业依次类推。

23.4 资产证券化：寻求两者融合的理想运作模式

资产证券化是指将缺乏流动性但具有某种可预测现金收入属性的资产或资产

组合，通过创立以其为担保的证券，在资本市场上出售变现的一种融资手段。其基本交易结构是资产的原始权益人将要证券化的资产剥离出来，出售给一个特设机构（SPV），这一机构以其获得的这项资产的未来现金收益为担保，发行证券，以证券发行收入支付购买证券化资产的价值，以证券化资产产生的现金收入流向证券投资者支付本息。资产证券化与传统的证券化相比，传统的证券化是直接在证券市场发行股票或债券，称为融资证券化，资产证券化则是一种存量的证券化，它是将一部分流动性差但能产生未来现金流的资产通过出售方式，将其转变为可以进入市场上出售和流通的证券，据以实现融资的过程。这种交易和融资的方式很适合我国解决债转股和国有股减持问题的需要，具有现实的可行性。

23.4.1　资产管理公司在解决债转股问题时运用资产证券化的必要性

（1）债转股在形式上并没有解决企业资金短缺问题，资金短缺问题仍将停留在企业内部，作为资产管理公司有责任去选择筹资渠道为企业融资，而资产证券化为其融资提供了方便。反观过去，我国融资主动权一直集中在政府手中，国有企业的融资渠道主要来自银行存款和财政拨款。融资渠道狭小，投资主体单一。如果资产管理公司再走以前的融资道路，又由财政注资，便会形成恶性循环。于是另辟蹊径融资势在必行。在西方市场经济条件下，越来越受到市场主体关注和倚重的资产证券化融资方式，为解决资产管理公司融资提供了一条新途径，它既能改变债转股企业资金的形态，又能增加企业货币资金的供应量。

（2）债转股在形式上并没有改变国有企业“所有者”缺位这一现象，资产证券化能从根本上解决债转股企业的产权多元化，促使国有资本退出其控股地位。

23.4.2　资产管理公司在解决国有股减持问题时运用资产证券化的可行性

国有股减持当时主要存在以下几个难题：①国有股减持和流通中定价的合理和公正性；②国有股和市场价格之间的“价差卖压”使个股大幅下跌导致原有股东的损失如何在减持中得到补偿；③怎样防范股票供需失衡对股市大盘的冲击。国有股定向售配已经实施的两家（中国嘉陵、黔轮胎）的运行效果不尽如人意主要原因是定价缺乏市场机制，公正合理性差，而且给大盘带来较大的冲击，其他减持方式均不能解决上述系列问题。资产证券化将为解决这些问题带来了契机。

23.4.3 资产证券化的基本思路

对债转股与国有股减持合署办公的资产管理公司来说，债转股后对债转股企业的股权和对需要国有股减持的国有股股权，在性质上没有什么两样。而且，在债转股时，资产管理公司对企业实施控股后，马上就面临着国有股减持的同样问题。资产证券化在债转股与国有股减持工作中，实质上就是面临如何减持国有股、产权多元化，如何吸收社会融资等一系列问题，所以，资产证券化的思路和流程是一样的。

(1) 资产管理公司把债转股与国有股减持中形成的可证券化的资产真实出售给特设信托机构（SPV），这一交易可以达到“破产隔离”的目的。然后请信用评级机构对设计好的资产支持证券进行内部评级。一般而言，这时的评级结果并不很理想，较难吸引投资者。有必要采取信用增级的办法改善发行条件，并进行发行评级，安排证券销售。最后获取证券发行收入，向资产管理公司支付购买价格，以达到资产管理公司筹集资金的目的。特设机构的设置相当于构建了一个一级半市场，它使资产管理公司与投资人相隔离，从而使转让价格进一步市场化，能够最大限度地保障国有产权多元化的公正性与合理性。

(2) 采取多级可转股债券的发行方式。多级可转股债券是指特设机构为国有股东（此为资产管理公司）产权多元化而一次性发行的一系列可转股债券，这些债券具有不同的期限和票面利率，要求不同级别的债券在不同时期依次付息、转股。其主要优点是：控制转股速度，减轻股价下跌的压力；尽可能使现金流与债务匹配，降低财务风险；满足不同投资者的需求等。

第 24 章

国有资本减持：财务运作与风险控制

随着市场化程度的加深和国企改革的深入，优化国有资本，增强国有资本的控制力，一直是国家、社会、企业、资本市场关注的重点或热点。其必由之路便是通过国有资本的减持，让国有资本在全社会范围内“有进有退”，进行全面而有效的资本运作，从而实现国有资本的优化配置，达到增强国有资本整体控制力的目的。

24.1　国有资本减持的理论意义

24.1.1　优化宏观资本结构，促进国有经济战略调整

通过国有资本的减持（即资本退出），减少某个行业产业的资本容量，不仅可以实现国有资本的战略转移，而且国有资本的退出（部分或全部），有利于其他资本的进入，可以让该行业产业的资本来源结构更加合理，资源配置更有效率，行业产业更具活力。以前，国有资本几乎是覆盖了所有行业所有领域，这导致了国有资本利用效率的低下，存量大而质量不高，因此有必要对国有资本布局进行调整。早在 1995 年，党的十五大报告就明确指出，国有资本只需在关系国家国民经济命脉的重要行业和关键领域占支配地位，而在其他领域通过资产重组和结构调整来加强重点，提高国有资产的整体质量，进行国民经济布局的战略性调整。而现在即使在关键领域和重要行业也在尝试部分地引入非国有资本。

24.1.2 改善企业资本结构，获取财务杠杆收益

即企业负债与股权之比，通过发行可转换债券或债券的方式取得资金，回购国有股权。如果企业资本结构中股本比重太大，在不改变企业的资产总规模的前提下，对企业的资本结构进行存量调整，即通过股转债使原有股东获取负债经营带来的财务杠杆收益。

24.1.3 调整国有企业股权结构，促使企业产权主体多元化

长期以来，我国国有企业存在着投资主体错位的问题，真正有能力、有资格当股东的投资者成了债权人，而没有能力当股东的国家却是最大甚至是唯一的股东。一般来说，最有积极性、最有能力控制企业的投资者选择当股东，而没有能力也没有兴趣控制企业的投资者选择当债权人。我国的情况恰恰相反，国家是最大的“股东”，但国家并没有能力有效地控制企业，这便是投资主体错位。减持国有股的根本目的，就是在国有企业股权中让出一部分股权甚至大部分股权给社会公众，使企业国有股比重降低到让有能力、有积极性控制企业的股东能够较好地控制企业的地步，国家无须操心便可获取“搭便车”所带来的资本收益。不仅如此，国有股由不同所有制的法人来经营后，有利于形成多元产权模式，改善企业法人治理结构和微观运行机制，保证国有资本的安全与效率。

24.1.4 有利于企业财权独立和财务目标实现

企业财权的独立，有赖于企业市场主体和产权主体的确立。在国有股占绝对控股的情况下，由于国家拥有“一票否决权”，尽管可以做到“政企分开”“政资分开”“两权分离”，但仍然难以摆脱国家以资本所有者的身份对企业实施行政干预，企业的市场主体和产权主体地位依然难以确立。企业的筹资权、投资权和资金调度权等财权也就难以到位。在财权不能独立的情况下，企业就难以按照自己的意图行使财务职能，更不用谈财务目标的实现了。

24.1.5 有利于财务监督的实施

国有企业在产权多元化以后，企业财务在严格的法人治理结构下运作，企业

的各项财务制度、组织、人事安排均在不受干扰的情况下进行，企业财务与会计监督的责任直接由财会人员和企业领导负责，这必将强化财务监督的责任感。值得指出的是，在我国的现行制度中，对国家控股的大中型国有企业以产权代表的身份委派财务总监，这与企业领导中的行政副职——财务总监相混淆，有的企业干脆就混为一谈。这极大地阻碍了财务工作的正常开展和财务监督的顺利实施。在减持国有股和产权多元化以后，这一情况必将得到改善。

24.1.6　符合国有资本投资组合原则，便于分散国有资本投资风险

对竞争性领域的国有企业来说，根据投资组合原则，把资金从现有国有企业中退出一部分，改国家绝对控股为相对控股甚至参股，让其他行业或所有制的企业进入该国有企业，国家再把退出的资金投向其他的行业或企业，从而形成一个国有资本与其他社会资本相互融合的投资组合格局。通过这一资本运作，在较大程度上避免了国有资本投向控股企业的风险性和低效性，提高了资本营运效率，改善了企业治理结构，盘活了国有资本的“现金流量”，提高了整个国有经济的控制力与竞争力。

24.2　国有资本减持中的若干财务问题

24.2.1　减持国有股的运作主体即财务主体问题

减持国有股是一个庞大的系统工程，应该设立统一的决策和执行机构，这一机构应与国有资本营运主体相吻合，也应是一个在全社会国有经济领域进行统筹融资和投资等财务活动的经济性的财务主体。其财务活动应围绕“国有经济有进有退”来进行，其中，“退”便是把国有资本从国有企业中抽出来即回收资本，作为该财务主体的资金来源，“进”便是该财务主体把收上来的资金再投资于应该投资的领域和行业，从而促进国民经济结构优化和产业升级。目前我国是由财政等部门行使这一职能，还没有设立专门的机构，我们认为，考虑到减持国有股中“有进有退”的财务投融资的复杂性，加强对该项独立财务活动的协调、组织和考核，我们应像“债转股”工作中成立金融资产管理公司那样，成立一个类似的经济性的“资产管理公司”，这一公司可从财政部门中分离出来，待完成

任务再行退出。

24.2.2 国有股权的定价模式选择问题

在减持国有股工作中，国有企业有上市公司和非上市公司，非上市公司中有公司制企业和其他企业，它们的产权明晰程度不一，稍有不慎就会导致国有资产流失。为此，从国有股减持的公平与效率起见，市场化定价是其根本要求和必然选择，我国国有股减持试点的定价原则是：价格在单位净值以上，不超过10倍市盈率之间。这种国有股减持的市场化模式既能确保国有资产的安全与增值，又能调动投资者的积极性，具有现实的可操作性。

24.2.3 国有股减持的财务运作方式及其财务特性比较

国有资本的减持方式可有多种选择，考虑到上市公司中的国有资本是减持的重点，根据国有资本在企业中的分布特点，减持上市公司中的国有资本主要思路有如下几种：

（1）国有股配售。在每股净资产值和每股市价之间进行选择，寻求一个合理的配股价格，将国有股配售给公司的原有流通股东。中国证监会在1999年的文告中指出：国有股优先配售给公司原有流通股东，如有余额再配售给证券投资基金。这种方式的财务特征是，只是公司股权结构的变化，不影响总股本，不影响公司现金流量，不影响公司的财务能力，它适用于企业财务状况正常，负债状况良好，无须通过负债经营增加财务杠杆收益的企业。采用该方案只是要注意配股定价、配股时机和二级市场的承受能力。

（2）国有股回购。即公司动用自己的资金将股东持有的国有股权购回一部分。这种方案的实施会减少公司的总股本，对公司的现金流量有重大影响，会影响公司的财务能力和状况，但会提高每股净资产值和EPS，有利于稳定股价，对于公司将来从资本市场融资也提供了有利条件，它适用于拥有充足自有资金的企业，或正需采取收缩经营战略的国有企业。

（3）股转债。如果采取国有股回购影响到企业的现金流量，可以通过融入新的债务资金的方式弥补。大致有以下几种思路：第一，可以在回购前先期发行债券或者可转换债券，利用债券融入资金来进行股票回购；第二，利用银行贷款也是可行方式，如云天化回购两亿国有股便是采用此种资金融入方式，这一事实表明有关部门为减持国有股而让银行提供了新的财务支持。该种方式适合于资产负债率指标偏低的企业，它能为企业带来财务杠杆收益，弥补回购对公司现金流量影响的缺陷，但会对债权人利益产生一定影响，如债务保障系数下降。

（4）公司内部人持股。这种方式又分为两种情形，一是职工持股计划，通过企业职工购买公司的部分国有股而进行国有股的减持，职工获得公司部分产权，进而获得部分管理权。职工持股计划能够改善公司治理结构，有利于提高公司效率。另一种情形是经理层融资收购，公司经理利用负债融资，采用杠杆收购原理，购买公司部分股票。

（5）向机构投资者转让。由于国有股减持涉及的现金流量巨大，而机构投资者却又资金实力雄厚，因此有意争夺壳资源或公司决策权的其他公司和专门从事证券投资的投资基金成为潜在的国有股减持受让对象。

24.2.4　回收资金的安排和再投资问题

国外的做法是将回收资金全部收归中央财政。考虑到我国的国情，一是担心这笔生产性资金流入非生产领域，用于消费或弥补财政困难，使国有资本越滚越少；二是我国国有企业产权关系复杂，全部收归中央财政有失公允，1999 年黔轮胎和中国嘉陵便是采取中央、地方和大股东比例分成的办法，分成部分仅限在扣除初始投资后的资本利得。现在问题的关键是，财政部门取得这笔资金不能流入非生产性领域，而应从财政部门独立出来的财务运作主体，把从企业回收来的资金作为资金来源，按照国家“有进有出”的原则，对符合产业发展方向的国有企业按财务手段方法和规律实行再投资。

24.2.5　国有资本减持方式的组合与国有资本重组

在减持方式的选择上，国有企业可在征求主管部门意见的基础上，按自身的财务特征和企业要求进行选择，作为从财政部门独立出来的财务运作主体来说，应从筹资的角度，充分考虑各种资金的成本、风险和效益，在本地区协调平衡的基础上，做到财务筹资的效率最大化。与此相对应，在再投资的过程中，也要充分注意投资的行业、部门等方向的结合，投资组合方式与结构的结合，以及投资的公平与效率的结合，充分发挥资本运作和资产重组的财务效应。

24.3 国有资本减持中的风险控制问题

24.3.1 国有股权定价的风险与控制

主要是防止国有资本在定价过程中遭流失、遭侵蚀，损害国家利益。对于上市公司国有资本减持而言，由于减持是在证券市场中进行，公开性、透明度较好，而且企业产权关系一般明晰，国有资本减持中不会有什么大的问题，只是为了顾及国家的利益和对二级市场的影响，要注意国有股转让价格、转让时机和转让比例的确定。在非上市公司的国有资本减持的定价中，由于多种原因，如企业的产权关系尚未理顺，企业的产权转让市场还不够普及、规范和完善，以及有关产权交易的法律法规不健全等等，可能会造成在国有资本的减持过程中出现多种问题：如国有资产流失问题；产权转让效率低下问题；产权转让中责任、权利承担主体可能不清晰等等。对于非上市国企的国有资本减持，为避免有关问题的出现，有必要采取相应的措施和对策：①国有资本减持对象的产权关系在转让前要理顺，要明晰清畅，这样有利于确定转让过程中的权利责任承担主体，防止国有资本权益流失；②建立健全有关产权交易的法律法规，这样有利于产权交易中各部门的责任确定，有利于产权交易的规范，有利于减少产权交易费用和提高产权交易效率；③被减持或转让国有资本应该合理定价，按是否涉及产权交易市场又可以分为两种情形：无论是采用“场外协议交易”还是“场内交易，集中竞价”方式，都应该按市场化原则，进行公开、公平、公正的竞价和交易。场内交易应该是非上市国有企业进行国有资本减持的首选方式。我国的地方产权交易市场虽然在 1988 年便已经出现，但产权交易市场并不普及和完善，而且进入场内交易的也只是交易的一部分。国有资产的流失往往就发生在场外交易中和不规范的场内交易中。为了减少产权交易的“黑暗”，为国有资本退出提供了一个良好的平台，进一步建立和健全全国各地的具有“公开、公平、公正”属性的产权交易市场便显得尤为迫切和必要。

24.3.2 国有资本控制权风险的控制问题

国有资本减持是在中央提出“抓大放小”“有所为有所不为”“有进有退”

的精神指导下，在不影响控制权的前提下，对国家拥有较高份额的企业，分阶段降低所持比重的一种行为。如何保持国有资本的控制权是国有股减持的一个标准。为此，我们需明确以下三点：①从宏观和整体上把握国有资本在全社会的控制力，确保全社会国有资本的保值增值，是国有股减持的根本标准和宗旨，而绝不是对每一个国有企业都要保持控制力；②从微观上，应按“有进有退”的原则，根据国家的有关政策，区别不同性质的企业安排不同的控制力。有的企业需要绝对控股，有的企业需要相对控股，有的企业只要参股即可，个别企业还需要全面退出。只要退出来的资金投到了国家需要的增强国有经济控制力的行业或部门，而不是退出生产性领域，国有经济的控制力不是削弱而是增强了。而且可以说，这种国有资本退出方式的不同组合对增强国有资本的控制力不但是可行的而且是必需的，千篇一律地对每个企业都实施控制（控股）是不切实际的；③为避免“一放就乱”情况的发生，应实施“分阶段”战略。第一，四种退出方式可以组合出击，但在时间和地域上不宜全面开花，否则难以驾驭；第二，对于需要相对控股的企业，可分阶段地先减持为绝对控股，然后再伺机减持为相对控股，需要减持为参股的企业依次类推。

24.3.3　资本市场的波动所带来的市场风险

对国有股配售而言，由于国有企业亏损的局面仍然没有根本改变，中国股市进入长期牛市的时机还不成熟，进行大量的国有股配售是不可能的。因此，一方面应把握好国有股配售的时机，选择股市比较稳、交投较活跃的时候进行；另一方面应注意国有股的配售量，即注意市场的承受能力问题，若大量国有股出售，社会公众股东会争相出逃，造成股价大跌，直接影响到国有股配售的价格和配售的顺利进行。这在我国 1999 年二级市场上已经得到了证明。对于发行可转换债券而言，也存在一个发行时机的选择问题。银行存款利率经过几次降息后相对比较低，发行企业能够以较低的利息成本发行可转换债券，能充分地利用节税效果为股东谋求最大的投资回报。为了获得成功，上市公司需要科学地设计运作可转换债券，选择在股市大势看好、本公司股价处于上升起步阶段时发行，以较低的利率和较高的转换溢价发行可转换债券。

24.3.4　影响资本结构所带来的财务风险

国有股减持既可以是股转股，也可以是股转债，还可以是收回股本，对企业财务活动来说是一次绝好的运作机会；既可以改善和置换股权的质量，增强其流动性，也可能借此良机改善资本结构，取得财务杠杆收益，还可以为吸引新的资金来源提供机会。但是如果财务运作方式不当，几种运作方式相混淆，以上财务效应不但发挥不出，反而适得其反。加之在国有股减持的企业中，大多存在拖欠银行的高额不良负债，即在这些企业中，其资本结构中“负债比重高”，其股权结构中“国有股权比重高”，存在着我国国有企业所特有“双高”的财务状况，其财务运作方式的选择和资本结构的调整就显得更为复杂和艰难。因此，应充分分析各种环境和形势，灵活运用财务运作的手段和方法，采取宏观政策与财务方法相结合、宏观运作主体与微观运作主体相配合的策略，力保资本运作成功，规避财务风险。

第 25 章

财务治理评论：结构与效率的维度

25.1 财务治理理论的开创之作
——评伍中信著《现代企业财务治理结构论》

25.1.1 引言

在财务学领域，西方财务研究仍未形成逻辑一贯的理论体系，这给国内学者创建现代财务理论体系留下了难得的机遇。我们始终关注和跟进财务基础理论和应用理论发展，先后阅读了伍中信（1999）、李连华（2002）、杨淑娥（2002）、李心合（2003）、Chew（2005）、衣龙新（2005）、林钟高（2005）、贺正强（2006）、张荣武（2007）、宋丽梦（2008）、肖坤（2008）、白俊（2009）等人的作品。最近，我们阅读了伍中信著《现代企业财务治理结构论——以财权为基础的财务理论研究》（中国财政经济出版社 2010 年版，以下简称《结构论》），收获颇丰，值得评论与推荐。《结构论》是作者在其博士后出站报告《现代财务治理结构论》（2000）的基础上历经十年之久创作的精品，可谓历久弥新，凝聚了作者对财务基础理论问题的深思和对构建以“财权配置”为核心的现代财务治理结构理论体系的努力，实属难能可贵。一般认为，财务治理结构是财务治理的基础和实现方式，财务治理是公司治理的核心，表明《结构论》是财务治理理论乃至公司治理理论的重要进展。更为重要的是，由于财务治理结构理论是建立在以财权配置为核心的财务基础理论之上，因而，作为《结构论》核心内容的“财权理论”和“财务治理结构理论”标志着现代财务理论体系的形成与发展。

25.1.2 《结构论》的框架与内容

《结构论》以“财权”为研究的基本单元和核心，以资本市场为研究的基本背景，以国有企业和上市公司为研究客体。全书结构分上、下两篇。上篇是“建立以财权为基础的财务理论体系”。该篇以财权为逻辑起点，沿着价值与权力相融合的思路来探求财务理论体系，提出了财务研究的逻辑起点是财权，即财力+（相应）权力，分析了财权流作为财务本质理论的合理性，提出了财务主体的经济性（价值性）和财权独立性的两大标准，指出了企业价值最大化与相关者利益最大化两大财务目标是从价值与权力两个不同侧面对财务目标的准确表述，并从价值和权力两方面提出了资源配置与财权配置是现代财务的两大基本职能，打造了一个以财权为核心的全新的现代财务理论体系。下篇是“财务治理结构理论研究”。该篇是财权理论的应用与发展，提出了财务治理的概念，认为财务治理是企业治理的核心和重要组成部分，财务治理结构又是财务治理的核心和表现方式。财务治理结构体系包含着治理主体、治理客体、治理中心、治理模式、治理目标等基本要素和内容。在此基础上，作者构建了一个以财权配置为核心，以融资结构为基础，以财务激励与约束机制为内核的财务治理结构的研究体系。该书前后两篇独立成篇，又相互钩稽，其中上篇是财务基础理论，下篇是财务应用理论，两篇浑然一体，建立了一套以“财权”为基础的现代财务理论体系，创建了一套与企业治理结构相匹配的“财务治理结构”框架。

25.1.3 《结构论》的重大开拓性

纵观该书研究背景、研究基础、研究框架和研究内容，我们认为，《结构论》的重大开拓性主要体现在以下四方面：

（1）对当前财务研究重心及财务治理结构研究的再评述

理论创新都是在前人的基础上前进的，《结构论》也不例外，因此，要了解《结构论》的贡献，少不了对现有财务理论研究重心及财务治理结构研究的评述。

《结构论》将财务学融入经济学的大视野中，准确评论了西方财务研究的两大特点：一是从数量层面研究财务问题，即以“资金—价值”为核心的研究体系一直围绕“数量化的价值运动”展开，注重量化研究；二是着重研究人与物的关系，不注重人与人之间关系的强调，即财务研究注重财务活动而忽视财务关系。从而将研究重点放在财务关系、非量化研究上，这是《结构论》的重要特色，也决定了《结构论》能够对传统财务理论作出贡献。西方对财务治理结构研究的非数量性成果集中体现在资本结构的激励理论、信号传递理论和控制权理论上，但并未明确从财务关系层面对其进行讨论；而国内对财务治理结构的研究则明确提出了财权、财权配置和财务治理结构等范畴，较早地将研究重点集中于非量化的财务关系层面，但仍未构建逻辑一贯的财务治理结构体系。在初始化（1998）和拓展“财权”内涵、范畴的基础上，作者立足“财权”，并以其为研究主线贯穿全书。上篇构建的财权理论体系，属于财务基础理论研究；而下篇则将财权理论应用于企业分析，构建财务治理结构理论体系，属于财务应用理论研究。上篇是下篇的基础，下篇则在上篇的基础上层层推进，两篇浑然一体，打造了一个以财权理论为基础的财务治理结构理论体系。这种评述使得《结构论》找到了解决当前理论难题的路径，为财务治理结构理论研究作出了贡献。

（2）遵循产权分析法范式，从“价值”与“权力”相融合的角度研究现代财务，侧重“权力”层面的探讨

本质上，经济学是研究稀缺资源的产权，一个社会中的稀缺资源分配是指将权利在资源的使用中进行分配；经济学问题，也就是价格如何被决定的问题，其实就是产权应该如何界定以及产权在什么条件下进行交换的问题（Alchian，1967）。当一种交易在市场中议定时，就发生了两束权利的交换；权利束常常附着在一种有形的物品或服务上，但是，正是权利的价值决定了所交换的物品的价值（Demsetz，1967）。产权具有排他性、有限性、可交易性、可分解性和行为性等基本特征；具有减少不确定性、外部性内部化、激励与约束、资源配置和收入分配等基本功能。这为产权分析法引入财务研究奠定了良好基础。产权分析法的关键是要表明产权内容能够以具体的和统计上可预测的方式影响到资源的分配和使用（Furubotn 和 Pejovich，1972），核心是寻求能诱导产权明晰、交易成本最低和产权效率最高的生产性制度安排。产权分析法暗示，良好的企业产权制度（产权明晰、界定准确）对于充分发挥现代财务功能，最大化企业组织租金具有决定意义。而现代财务是关于“本金投入与收益分配”的一种数量化、集成式的价值创造和管理过程，本质上是一种关于产权的价值化运作和管理过程。相对于产权的实物管理而言，产权的价值化管理具有综合性和系统性的特点。现代财务与现代产权理论的融合研究既能弥补产权经济学重财产权实物管理而轻价值化管理的缺点，又能弥补现代财务重视量化的财务活动描述而忽视非量化财务关系（产

权关系的一种）探讨的缺陷。因而，现代财务与产权理论的融合研究迫在眉睫。财务的核心概念是“价值”，产权的核心权能是一种对财产权利的支配力。这样，“价值”与“权力”融合研究的范式便成为产权财务的必然选择，研究现代财务应从研究“价值”及其运动规律（价值背后的财务关系）开始。《结构论》敏锐地发现了产权分析法范式下的“价值”与“权力”融合研究的必然性，通过遵循郭复初（1997）的传统，将财务研究的对象定位于本金，并将其抽象为“财”（实际上就是“价值”），将与本金相伴随的权力抽象为“权”，从“价值+权力”中逻辑导出“财+权”，进而找到了一个具有全新内涵的新范畴——财权。即财权的形成逻辑如图25-1所示。

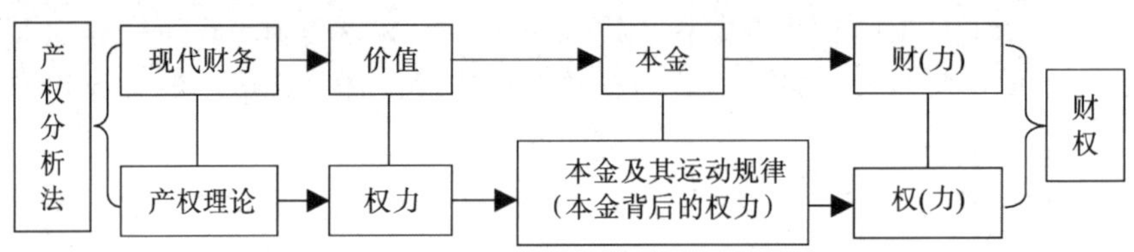

图25-1　财权形成逻辑

《结构论》认为，“财权”=“财力+（相应的）权力”，这里的“财力”表现为企业的财务资金或本金，而相应的“权力”便是支配这一“财力”所具有的权能；它是现代财务的核心概念。我们认为，赋予全新内涵的“财权”概念的提出，集纳了产权分析法、现代财务与产权理论融合研究以及“价值”与“权力”融合研究等一系列思想的精华，并凝结为“财权”范畴，具有重要的原创性。现代企业产权理论主要研究两个方面：一是企业的产权地位或拥有什么产权，即企业与外部的产权关系问题；二是企业内部的权利安排，即企业内部的治理结构问题（黄少安，2004）。从财务的角度看，前者涉及财务主体的产权基础；后者则涉及财务治理结构问题。因而，《结构论》以“财权”为基础，讨论财务研究逻辑起点、财务本质、财务主体、财务目标、财务职能和财务治理结构，层层推进，便顺理成章，进而为构建以“财权”为基础的财权理论和财务治理结构理论奠定了坚实的基础。区别于传统财务，受研究重点所限，《结构论》侧重从产权（权力）层面研究现代财务。

（3）以“财权”为基础，建构财权理论，形成财务基础理论体系

在阐述财权内涵和分类的基础上，《结构论》辨析了财权与产权、财产所有权、企业所有权的区别和联系，认为“独立财权的确立是现代财务区别于传统财务的根本标志”。同产权相类似，企业“财权”具有排他性、可交易性和可分解性等基本属性，具有减少不确定性、外部性内部化、激励与约束、资源配置（财

流）、权力配置（权流）和收入分配等基本功能。这为研究财务主体、财权主体及财权分层理论奠定了坚实的产权基础。我们认为，《结构论》中财权理论的精髓主要体现在以下几个方面：

①财务研究逻辑起点。财权是现代财务研究的逻辑起点。从价值和数量层面而言，本金是现代财务研究的逻辑起点，分析现代财务，要从分析本金及其运动规律开始（伍中信，1997）。“本金”便是“财权”中的“财力”，“本金运动规律”就是“支配本金运动背后的权力”。从产权角度看来，“本金运动”实质上就是“财权流动”。因而，财权流 = 财力流 +（相应的）权力流。如果说产权是现代企业理论的核心概念和研究逻辑起点的话，那么财权便是现代财务的核心概念和研究逻辑起点，并在现代财务理论体系中起着基础性作用，是整个现代财务理论体系的主线，并统领整个现代财务理论体系（伍中信等，2006）。可见，关于现代财务研究逻辑起点的探讨，经历了从“本金”到“财权”的转变，这是在产权基础上的整合。将“财权”作为现代财务的逻辑起点，实现了价值与权力、财务活动与财务关系以及财务应用理论与财务基础理论的高度融合。

②财务本质理论。“财权流”是现代财务本质的恰当表述。一方面可以用“财力”的流动来代替“本金”“资金”等“价值流”；另一方面可通过“权力”的流动来体现一种在现代企业制度这一特殊历史条件下的“生产关系”（伍中信等，2006）。目前，有关财务本质理论占主流的观点是：一是本金投入与收益分配论；二是财权流理论（王庆成和孙茂竹，2003）。我们认为，“财权流”吸收了“本金投入与收益论”的全部优点，注重了“价值”与“权力”的高度融合，是从经济属性和社会属性、财务活动和财务关系两个层面对财务本质的完整表述。

③财务主体与财权主体理论。财务主体系指具有独立财权（产权），进行独立核算，拥有自身利益并努力使之最大化的经济实体。这个经济实体就是拥有独立产权、明晰产权和完善法人治理结构的现代企业。从“财力流”方面讲，财务主体须具有经济性、目的性，而从“权力流”方面讲，财务主体须具有独立的财权。我们认为，财务主体是财务活动的载体，即独立从事财务活动的空间范围。独立财权的获取保证了财务主体的一元性，这与现代企业制度要求的产权明晰和产权独立是一脉相承的，有利于实现“一元性”的企业目标。然而，与一元性的财务主体相比，财权主体却是多元的。现代企业理论认为，企业是多边契约关系的联结体，是要素所有者交易产权的结果。只要是投入要素的契约方，均应认定为企业的产权主体，因而产权主体是多元的。企业产权主体的多元性体现在企业的利益相关者中。产权主体的多元性决定了财权主体的多元性。只要是投

入“财力”的各契约方就都是企业的财权主体，具体包括股东、经营者、债权人和政府等。

④财权分层理论。财权分层的理论依据归因于两权分离背景下的委托代理理论以及财权具有的可分性、可明晰和独立性等特征。财权主体的多元性决定了财权分层管理成为必然。企业财权可以划分为三个层次：出资者终极财权、企业法人财权和法人财权分割所形成的明细财权。财权的层次与委托代理链的深度（代理链条的长短）和广度（委托代理的数量）紧密相关，并随着深度和广度的延伸而增加财权的层次和内容，进而形成一个相互制衡的权力结构系统。财务主体的一元性和财权主体的多元性决定了理论界广泛流传的“财务分层理论”（出资者财务、经营者财务和财务经理财务）实际上是财权分层理论的重要组成部分。因为一元性的财务主体决定了财务主体是不能分层的，财权分层仅限于财务主体范围内。

⑤财务目标理论。《结构论》认为，企业价值最大化与相关者利益最大化的实质是一致的，是从“价值”与“权力”两个不同侧面对财务目标的准确表述。即由财务本质所决定，财务目标的讨论也应从“财力流”和“权力流”两个层面进行探讨。基于此，“财力流”最大化外化为企业价值最大化，而“权力流”最大化则外化为相关者利益最大化（即财权主体利益最大化）。企业价值最大化是相关者利益最大化的前提，而相关者利益最大化是企业价值最大化的重要保证，两者实质是一致的，是从“价值”（财力流）与“权力”（权力流）两个方面对财务目标的完整表述。

⑥财务职能。财务目标决定财务职能，对财务职能的研究也应沿着“财力流”和“权力流”展开，对“财力流”的运作体现为筹资、调节、投资和分配等财务活动，而对“权力流”的运作集中体现为财务监督；前者可归并为财务的资源配置职能，而后者则体现为财务的财权配置职能。资源配置和财权配置是现代财务的两大基本职能。

综上可见，以“财权”为逻辑起点，《结构论》从“价值”与“权力”两个层面系统讨论了财务研究逻辑起点、财务本质、财务主体、财权主体、财权分层、财务目标和财务职能等内容，构建了一个以“财权”为核心的现代财务基础理论体系，可称之为“财权理论”，从而为下篇的财务治理结构理论奠定了产权基础。

（4）以“财权配置”为核心，创建财务治理结构理论，形成财务应用理论体系

《结构论》认为，财务管理是以资源配置为核心的，而财务治理则是以财权

配置为核心。财务治理是从财务的社会属性出发，以财权逻辑为起点，研究如何通过财权在企业内部的合理配置，形成一系列联系各利益相关主体的正式和非正式的制度安排，以期达到维护利益相关者利益的目的；它是内含于企业治理中的。财务治理结构是以财权为纽带，以融资结构为基础，在股东为中心的共同治理理念的指导下，通过财权的合理配置，形成有效的财务激励与约束机制，实现相关者利益最大化和企业决策科学化的一套制度安排。财务治理结构是财务治理的实现方式，具体包括财务治理主体、治理中心、治理客体、治理模式、治理目标和治理功能等内容，其中治理主体主要包括股东（大）会、董事会、监事会、经理层和债权人，治理客体是财之权，治理中心是董事会，治理模式有外部控制主导型和内部控制主导型两种，治理目标是相关者利益最大化和企业决策的科学化，治理功能是配置权责利。在“权、责、利”三要素中，“财权”配置是前提，也是财务治理结构建立的基础和核心。财务治理权是财权配置中的权力制衡方面，包括财务决策权、财务控制权和财务监督权。这“三权”中，财务决策权是财务治理权、财权配置乃至财务治理结构的核心。企业财务治理的财权安排从结构和制度两个层面影响企业治理。前者形成特定的资本结构，成为财务治理结构的基础；而后者形成财务激励与约束机制，成为财务治理结构的内核。

总之，《结构论》遵循产权分析法，以上篇构建的财权理论为基石，以财权配置为核心，系统讨论了财务治理结构的内容、基础和内核，构建了一套内在逻辑一致的、创新性强的财务治理结构理论框架体系，形成了财务应用理论体系。

25.1.4　几个值得进一步讨论的问题

在财务治理理论的创新和发展中，《结构论》作出了重大贡献，但也存在一些不足，这是无法避免的。我们不能苛求于作者。为推动财务治理结构理论的发展，我们认为有必要加以讨论。

（1）关于“财权”内涵、范围及其相关

首先，《结构论》将“财权”局限于“本金”，依此形成的财权理论可称之为狭义的财权理论。这与我们日常生活“三权”（管人权、管财权和管事权）中的“财权”内涵来说相距甚远。我们认为，基于“价值”与“权力”融合概念的财权实质上是产权概念在价值层面的延伸，也是价值概念在产权层面的拓展，因而，财权既是产权的价值表述，也是价值的产权表达。财权本质上隶属于产权，主管能够量化的价值形态的产权。“财权”中的财力（即企业本金或财务资金）完全可以拓展至“基金”，因为“基金”实质上也符合“财权”的本质含义，只是其占用主体主要是政府经济管理组织，而不像“本金”的占用主体是企业。这样“财权”概念就是“价值”和“权力”的融合表述，它既存在于企业占有的“本金”中，也存在于政府和非营利组织占有的“基金”中。包括“本金”和“基金”范畴的财权理论可称之为广义的财权理论，它是现代财务理论和现代财政理论的基石。有关财政理论体系的构建，也可尝试从“基金”层面的财权角度进行探讨。

其次，《结构论》将财权理解为“财力及其与之对应的权力的结合”，而有的学者将财权解释为“财务方面的权利”（衣龙新，2005；宋丽梦，2008），还有的学者将其理解为财务治理权（杨淑娥和张栋，2006）等等。我们认为，从对财权范畴形成逻辑的考察看来，财权内涵应该定位于“产权中能够量化的价值形态部分”。所以，《结构论》关于“由于财务管理与产权管理在职能、目标等方面的区别，财权有着区别于产权的其他内容，如财务预测、财务分析的权能等”的表述是值得商榷的。难道财务预测和财务分析也是财权？依此逻辑，外部非利益相关者对企业进行财务分析也说他们拥有企业的财权？可非利益相关者并未投入“财力”。实际上，企业的产权管理可划分为价值化的产权管理和实物性的产权管理两种，显然财务管理属于价值化的产权管理。财务管理是隶属于产权管理的，而不应将其与产权管理视为两个并列的范畴。我们认为，财权本质上隶属于产权，主管能够量化的价值形态的产权，两者并不是交叉关系，而是隶属关系。

再次，《结构论》在论证“财权是财务研究逻辑起点”这一命题时，批评了“本质起点论”，认为“本质起点论能较好地成为财务基础理论的起点，但却不能有效地引导财务运用理论的展开，不利于财务理论体系的完善”，进而认为“财权”是现代财务研究的逻辑起点。而在第二章第四节中，《结构论》紧接着又论证了如下命题：财权流是现代财务本质的恰当表述。即依此逻辑，作者主张的“财权起点论”实质上也是一种“本质起点论”，这与之前作者批评“本质起点论”相矛盾。我们建议删除“本质起点论”的评论或者在“本质起点论”下具体化为非“财权起点论”（如资金起点论和本金起点论等）的评论。实际上，《结构论》坚持的“财权起点论”是一种“对象起点论”，即从财务对象的角度来探讨财务研究逻辑起点和财务本质问题，所以在评价现有财务逻辑起点理论时，作者有意回避“对象起点论”的评论是明智的，理解这一点至关重要。

最后，《结构论》基于“财力流”和“权力流”的融合分析，将财务两大基本职能定位于资源配置和财权配置。我们认为，从作者提出“财权”范畴的逻辑看来，“财权流 = 财力流 + （相应的）权力流”。即“财权”融“财力流”和“权力流”于一体，因而准确地讲，财权是一个中性概念，既非单独的“价值流”（财力流），也非单独的“权力流”。依此逻辑，现代财务的基本职能是资源配置（从财力流角度）和权力配置（从权力流角度），两者可合并为“财权配置”。即资源配置已经内含于财权配置中了。同理，《结构论》关于财务目标之“企业价值最大化”（从财力流角度）和“相关者利益最大化”（从权力流角度）也可用符合“价值”与“权力”融合思想的“利益相关者价值最大化”财务目标来统一表述。相应地，《结构论》中图6－3应更改为本章图25－2。

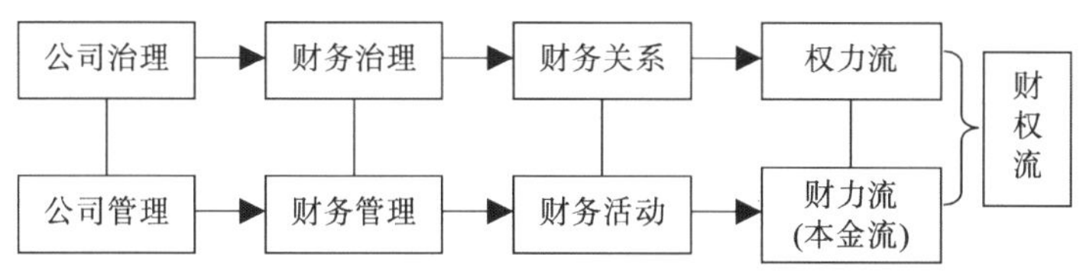

图25－2 改进的财务治理与财务管理逻辑

总之，我们从《结构论》提出“财权”范畴的逻辑中可以清晰发现“财权”是一个中性概念，然而，作者在运用其分析财务基础理论时却侧重于权力层面，即对“财权”的应用分析出现了一定的偏差。此外，有关财务职能与财务目标表述的“二分法”显得有些牵强。

（2）关于财务治理结构的动态性及财务治理理论体系

《结构论》认为，财务治理结构是以财权为基本纽带，以融资结构为基础，在股东为中心的共同治理理念的指导下，通过财权的合理配置，形成有效的财务激励与约束机制，实现相关者利益最大化和企业决策科学化的一套制度安排。我们认为，有关“财务激励与约束机制”和“相关者利益最大化与企业决策科学化”的论述，蕴含着财务激励机制和企业决策科学化是侧重效率的，而财务约束机制和相关者利益最大化是侧重公平的，实际上已经孕育着财务治理结构应该同时从公平与效率两个维度去理解，从静态和动态两个方面去阐述。遗憾的是，由于缺乏进行分类讨论的标准，作者侧重财务治理结构中权利分布状态等静态范畴的研究，并未对财务动态治理进行专门探讨，这对于提高财务治理效率而言是不利的。财务治理结构应兼顾静态制衡和从一个制衡点过渡到另一个制衡点之动态调整过程。企业生产要素资本的不断投入、资本要素来源的多样化、内在要素结构与比例的动态变化、新的债权人和投资者的加入对现有债权结构和股权结构的调整以及人力资本与物质资本分享“组织租金”的产权博弈，又会形成新的财权制衡点，从而使得企业财务治理结构总是处于一种不断变化、不断整合、不断演进的动态制衡之中。以不完全契约中之完备部分与不完备部分为标准，财权可以划分为基于企业公平的“通用财权”范畴和基于企业效率的“剩余财权”范畴。财务静态治理结构强调财权配置的公平性，侧重关注通用财权占主导的财权配置。而财务动态治理结构则强调财权配置的效率性，侧重关注剩余财权占主导的财权配置，主要体现为财务资本结构的调整、改善及其动态优化，具体内容应包括资本结构、股权结构和债权结构的动态优化。有关财务治理结构从静态制衡与动态调整的角度进行探讨，有利于完善财务治理结构的内涵，增强其对环境变化的适应性。

财务治理结构是财务治理的基础。我们认为，当前财务治理理论侧重于财务治理结构和权利分布状态等静态范畴的研究，而忽略了财务动态治理的专门研究。财务治理可分解为基于企业公平的财务静态治理和基于企业效率的财务动态治理，它在本质上是一个二元价值体系，在实践上表现为企业公平和效率的并行与平衡。通用财权配置是财务静态治理的核心，而剩余财权配置是财务动态治理的核心。以财务动态治理结构为基础的财务动态治理理论是财务治理理论发展的重要方向。财务治理理论体系的构建理应包括以“通用财权”配置为核心的财务静态治理理论体系和以“剩余财权”配置为核心的财务动态治理理论体系两个完整部分。

《结构论》有效地解释了财务治理结构中财权配置分布状态问题，但在解释财务治理效率问题上显得相形见绌。尽管如此，仍不能否认《结构论》的重大理论贡献。正如张曙光（2007）所言：一个有造诣的学者，不仅要看到自己的长处和自己理论的优点，也要看到自己的不足和自己理论的局限，这是进一步创造和前进之基、之源。

25.2 现代财务治理效率理论的形成与发展——评张荣武著《财务治理效率论》

25.2.1 引言

财务治理是当前学术界和实务界关注的焦点问题，以财权配置作为财务治理理论构建的基础已成为中国财务学界新的研究范式。我们始终关注和跟进财务治理理论发展，先后阅读了伍中信（1999，2010）、Chew（2005）、衣龙新（2005）、林钟高（2005）、贺正强（2006）、肖坤（2008）、白俊（2009）等人的作品。其中伍中信（1999，2010）、衣龙新（2005）和白俊（2009）的专著均不同程度涉及财务治理效率问题，是财务治理效率理论萌芽的重要标志。最近我们阅读了《财务治理效率论》（中国财政经济出版社，2010 年，以下简称《效率论》），收获颇丰，其熠熠生辉的思想火花激发了我们评论与推荐的兴趣。众所周知，效率是经济学和管理学研究的核心问题。以效率为主线对财务治理进行系统研究，是《效率论》的最大特色。“缺乏对效率问题的系统研究是财务治理理论研究的重大缺陷”，该书适时地迎接了这一挑战，针对财务治理效率难题展开系统讨论，并得到了著名学者的首肯：会计史大师郭道扬教授认为该书“不仅具有系统性和较高学术价值，而且具有实践上的指导意义”，以产权会计和财权流理论研究著称的伍中信教授评价该书“是一部创新力强的产权财务与制度财务研究论著”。全书基于现代产权理论、契约理论和财权理论，以“产权保护”为灵魂，以“效率”为主线，构建了涵盖财务治理环境、财务治理结构、财务治理机制与财务治理效率四个维度的全新财务治理理论体系，并系统讨论了财务治理环境与财务治理效率、财务治理结构与财务治理效率以及财务治理机制与财务治理效率之间的内在联系，标志着现代财务治理效率理论的形成。

25.2.2 基本框架

《效率论》综合运用经济学、管理学、法学等相关理论，以“契约理论”和“财权理论”为学术硬核，以“财务治理效率”为贯穿始终的逻辑红线，在提出并论证财务治理效率论说的基础上，系统剖析了财务治理环境、财务治理结构、财务治理机制的效率释放机理。全书共分 6 章展开研究。第 1 章，导论。在对选题背景、研究意义、基本约定进行阐述并对国内外相关文献进行述评的基础上，说明研究框架与主要创新。第 2 章，财务治理效率理论基础。在分别阐述企业契约理论、企业能力理论、财权理论、公司治理理论和博弈论之后，结合研究主题，剖析了上述理论基础与财务治理效率的逻辑关系。第 3 章，财务治理效率论说的逻辑框架。以效率的内涵为引子，提出并论证了财务治理效率论说，构建了一个涵盖财务治理环境、财务治理结构、财务治理机制和财务治理效率四大板块的财务治理体系。第 4 章，上市公司财务治理环境与治理效率研究。财务治理环境是财务治理体系效率释放的基石。从政府行为、法律制度、产权保护、市场化水平、信用体系、契约文化等方面，考察了财务治理环境因素的效率释放机理。第 5 章，上市公司财务治理结构与治理效率研究。财务治理结构是财务治理体系效率释放的基础与内核。第 6 章，上市公司财务治理机制与治理效率研究。财务治理机制是财务治理体系效率释放的引擎。首先构建了以财务战略决策机制、财务激励创新机制、财务监督制衡机制为核心机制，以共同治理与相机治理耦合机制为动态协调机制，以财务信息披露机制为保障机制的财务治理机制体系，然后在此基础上着重研究了各治理机制促进财务治理效率强劲释放的内在机理。

25.2.3 主要创新

（1）提出并论证了“财务治理效率论说”

企业契约理论认为企业是一系列不完全契约的有机联结。现代公司是利益相关者之间通过缔结契约来规定约束相关行为、确定各自利益并达成合作收益大于合作成本的契约联盟。《效率论》认为公司的本质（性质）是物质资本所有者、人力资本所有者和社会资本所有者之间缔约形成的合作收益大于合作成本的产权契约联结体；公司产权契约的核心是公司财权契约，公司财权契约的学术硬核是财权；财权契约不完备与代理问题的存在导致财务治理问题的产生；财务治理的本质是剩余财权配置；财务治理的根本目标是通过由财务治理环境、财务治理结构与财务治理机制共同组成的效率释放互动框架，实现财务治理效率最大化；财务治理效率最大化的核心是剩余财务索取权与剩余财务控制权对应，即剩余财权配置效率最大化；财务治理效率最大化的基本衡量标准是财务治理收益与财务治理成本的对比；财务治理收益是指在实施了各种财务治理活动后引致的利益相关者增加的收益（效用）总和；财务治理成本则是指为实施各种财务治理活动所发生的成本总和，包括代理成本、集体决策成本、风险承担成本、遵循成本、财务治理组织结构成本、市场治理成本以及制度摩擦成本等。这就是财务治理效率论说的基本内涵。效率的本质内涵就是指产出与投入或收益与成本之间的对比关系，抑或说是指所得效用与所付成本之间的对比关系。因此，“财务治理效率论说”的精髓可以进一步凝练为：在既定的财务治理环境及其变迁中，财务治理结构与财务治理机制的有效配搭能够以尽可能低的财务治理成本取得尽可能高的财务治理收益。也就是说，财务治理效率是指实施了各种财务治理活动后所获得的收益（效用）总和与该财务治理活动所付出的成本总和之间的比较，即财务治理收益与财务治理成本的对比。

（2）重新界定财务治理的内涵，构建效率导向的财务治理理论体系

财务治理是指因财权契约不完备和代理问题的存在引起的，在股东主导的利益相关者共同治理与相机治理耦合的基础上，通过剩余财权合理配置和通用财权契约有效履行，形成财务治理结构、财务治理机制与财务治理环境良性互动，促进财务冲突协调、财务决策科学化与财务核心竞争力提升，旨在实现财务治理效

率最大化的一整套静态制度安排与动态制度演化。财务治理主体就是指财务治理活动的施动者或实施主体，包括股东、债权人、雇员、顾客、供应商、政府和社区等在内的利益相关者。财务治理的客体可以从广义和狭义两个方面来理解。广义的财务治理客体就是指“财权”，狭义的财务治理客体特指“财权”中的“权力”。虽然“财权”包括通用财权和剩余财权两个方面，相应地，“权力”也包括通用财权中的“权力”和剩余财权中的“权力”，但广义财务治理客体的核心是指剩余财权，狭义财务治理客体的核心则是指剩余财权中的“权力”。《效率论》创新性地打造了一个以效率为导向的财务治理理论体系。主要包括以下几层含义：①财务治理环境、财务治理结构与财务治理机制均包含效率释放问题，三者组成一个效率释放的良性互动框架，是财务治理效率产生的源泉；②财务治理环境是基石，财务治理结构是基础和内核，财务治理机制是引擎，财务治理效率是根本目标；③财务治理环境、财务治理结构、财务治理机制与财务治理效率四者共同构成财务治理理论体系，在财务治理理论体系中是一种上下游关系；④财务治理效率在财务治理理论研究中处于后续理论研究的位置，是财务治理的根本目标，起着方向指引作用。

（3）拓展了财务机制的内涵，构建了系统的财务治理机制体系

《效率论》认为，财务机制是指财务体系内各子系统、各要素之间相互关联、相互制约的作用过程，以及由此决定的财务体系内在的本质的调节形式、方式方法和手段的运行规律。它包括以下几层含义：①财务机制是一个动态人造系统，按照一定的规律自动发生作用并导致一定的财务经济结果；②财务机制既不是最终结果，也不是初始原因，它是把财务期望转化为财务行为、原因转化为结果的一种中介；③财务机制制约并决定着财务功能的发挥，在一定财务体系中，财务机制是客观存在的，它所反映的是财务内在的、本质的作用方式和规律，是财务体系各组成要素之间相互作用的动态关系，它的优劣是以其作用于财务体系而导致的机能强弱来评价的；④财务机制体系主要由财务决策机制、财务激励机制和财务监督机制构成，其中，决策机制是“方向盘”，激励机制是“发动机”，监督机制是“刹车”，三者共同为财务机制体系的健康运行保驾护航。

公司财务的本质是产权价值流，产权价值流集中体现为财务价值链，而财务价值链的有效传导和流转离不开财务治理机制体系的协同运作。财务治理机制体系是财务机制在财务治理领域的分支机制体系，主要包括：财务战略决策机制、财务激励创新机制、财务监督制衡机制、共同治理与相机治理耦合机制、财务信息披露机制。其中，财务战略决策机制、财务激励创新机制和财务监督制衡机制等三大机制是财务治理机制体系的核心机制，分别对应于财务机制体系的财务决

策机制、财务激励机制与财务监督机制。但是，仅有核心机制还不能满足需要，为此，该书构建出利益相关者共同治理与相机治理耦合机制，作为动态协调机制，为前三大核心机制服务。共同治理机制体现了常态下利益相关者之间为实现公司财务治理效率最大化而进行的合作，而相机治理机制则是在特殊情况下客观面对利益相关者财务冲突的基础上，保证这一合作状态持续稳定的机制；共同治理与相机治理耦合机制是利益相关者在常态和异态下尽可能长期合作的有力保障和公司财务治理效率释放的源泉。由于各种财务治理机制的运作需要信息，也由于财务治理产生的原因之一就是信息不对称，因此，该书又提出财务信息披露机制，作为财务治理机制体系的保障机制。财权契约的不完全性因信息的非对称性降低而缓减，代理问题导致的财务冲突因决策有用信息的增加而得以部分消融，换言之，财务信息披露机制从财务治理产生的根源方面，降低了财务治理成本，提高了财务治理收益，即财务信息披露机制的有效性与财务治理效率具有正相关关系。

25.2.4 有待进一步研究和商榷的问题

在财务治理效率理论的发展中，《效率论》作出了应有的贡献，但也存在一些需要深化和补充的地方。为深化财务治理效率问题的研究，我们认为有必要加以讨论：①有关财务治理效率评价系统。《效率论》一书构建了系统的财务治理效率理论体系，并系统地研究了财务治理环境、财务治理结构与财务治理机制和财务治理效率的内在联系，但是该书并没有给出合理的评价体系，也就无从定量判断财务治理效率的高低，也难以合理界定财务治理目标是否达到；②纯理论分析无实证检验。《效率论》一书对财务治理效率的相关内容进行了透彻的理论分析，虽然文章佐以其他实证研究成果，但并未针对该书观点和研究成果进行深入的实证研究，未能检验相关结论的科学性和可靠性，这样一定程度削弱了论点的说服力。综合观之，《效率论》一书闪耀着睿智独到的思想火花，构建了一个完整的分析框架，有效地解决了财务治理效率的重大理论问题，但在财务治理效率评价和实证检验方面显得略有瑕疵。尽管如此，瑕不掩瑜，该书仍不愧是财务治理效率研究领域的一朵奇葩。

参考文献

1. （美）Y. 巴泽尔著，费方域、段毅才译：《产权的经济分析》，上海三联书店、上海人民出版社 1997 年版。

2. （美）科斯、阿尔钦、诺斯等著，刘守英等译：《财产权利与制度变迁》，上海三联书店、上海人民出版社 1994 年版。

3. 白华、余国杰："财务理论研究中的几个认识误区"，《当代财经》，2004 年第 9 期。

4. 北京大学中国经济研究中心宏观组："当前债转股面临的主要问题"，《经济体制改革》，1999 年第 6 期。

5. 贝多广：《中国资金流动分析》，格致出版社、上海三联书店、上海人民出版社 1989 年版。

6. 曹钢：《产权经济学新论——产权效用 · 形式 · 配置》，经济科学出版社 2001 年版。

7. 曹越、张荣武："对财权理论的再评价——由一场学术争鸣引起"，《财经理论与实践》，2008 年第 6 期。

8. 陈赤平：《公司治理的契约分析》，中国经济出版社 2006 年版。

9. 陈汉文、刘启亮、余劲松："国家、股权结构、诚信与公司治理——以宏智科技为例"，《管理世界》，2005 年第 8 期。

10. 程民选：《产权与市场》，西南财经大学出版社 1996 年版。

11. 崔学刚："上市公司财务信息披露：政府功能与角色定位"，《会计研究》，2004 年第 1 期。

12. 方军雄："市场化进程与资本配置效率的改善"，《经济研究》，2006 年第 5 期。

13. 方竹兰："人力资本所有者拥有所有权是一种趋势"，《经济研究》，1997

年第 6 期。

14. 冯巧根：《财务范式新论》，立信会计出版社 2000 年版。

15. 干胜道：“所有者财务：一个全新的领域”，《会计研究》，1995 年第 6 期。

16. 郭道扬：“论产权改革与会计产权观”，《财经论丛》，2004 年第 1 期。

17. 郭道扬：“论产权会计观与产权会计变革”，《会计研究》，2004 年第 2 期。

18. 郭复初：“财务理论研究与发展”，《会计研究》，1996 年第 2 期。

19. 郭复初：《财务通论》，立信会计出版社 1997 年版。

20. 郭复初：《国家财务论》，西南财经大学出版社 1993 年版。

21. 郭建鸾：“创业企业相机治理分析”，《中央财经大学学报》，2004 年第 5 期。

22. 郭金林：《企业产权契约与公司治理结构——演进与创新》，经济管理出版社 2002 年版。

23. 何进日、曹越、黄灿：“最优财权配置论纲”，《会计研究》，2007 年第 10 期。

24. 贺正强：“财务二重性视角下的企业财务治理及相关问题研究”，《财贸研究》，2006 年第 3 期。

25. 胡碧玉：“关于‘债转股’问题的思考”，《经济体制改革》，2002 年第 2 期。

26. 黄少安：《产权经济学导论》，经济科学出版社 2004 年版。

27. 黄晓波：“基于广义资本的财务报告”，《会计研究》，2007 年第 10 期。

28. 雷光勇：《会计契约论》，中国财政经济出版社 2004 年版。

29. 李连华：“股权配置中心论：完善公司治理结构的新思路”，《会计研究》，2002 年第 10 期。

30. 李心合、赵明、孔凡义：“公司财权：基础、配置与转移”，《财经问题研究》，2005 年第 12 期。

31. 李心合：“财务理论范式革命与财务学的制度主义思考”，《会计研究》，2002 年第 7 期。

32. 李心合：“关于财务理论若干问题研究”，《财经研究》，2001 年第 1 期。

33. 李心合：“利益相关者与公司财务控制”，《会计研究》，2001 年第 9 期。

34. 李心合：“知识经济与财务创新”，《会计研究》，2000 年第 10 期。

35. 李心合：《利益相关者财务论：新制度主义与财务学的互动和发展》，中国财政经济出版社 2003 年版。

36. 林浚清、黄祖辉："公司相机治理中的控制权转移与演进"，《财经论丛》，2003 年第 1 期。

37. 林钟高、王锴、章铁生：《财务治理：结构、机制与行为研究》，经济管理出版社 2005 年版。

38. 刘贵生："论产权结构与财务主体"，《会计研究》，1995 年第 6 期。

39. 刘贵生：《财务原理论纲》，西南财经大学出版社 1995 年版。

40. 刘小玄：《中国转轨过程中的产权和市场》，上海三联书店、上海人民出版社 2003 年版。

41. 鲁照旺：《产权制度与企业治理》，中国政法大学出版社 2006 年版。

42. 罗飞、王竹泉："论国有企业的财务决策机制"，《财经论丛》，2003 年第 3 期。

43. 罗能生、洪联英："人力资本产权优化与公司的动态治理"，《财经理论与实践》，2004 年第 5 期。

44. 诺斯著，厉以平译：《经济史上的结构与变革》，商务印书馆 1980 年版。

45. 佘妍："上市公司国有股减持：意义、市场化定价及国际借鉴"，《财政研究》，2000 年第 8 期。

46. 申书海、李连清："试论公司财务治理和财务管理的关系与对接"，《会计研究》，2006 年第 10 期。

47. 沈辉、肖小凤："'财务理论研究中的几个认识误区'的认识误区——与白华、余国杰商榷"，《当代财经》，2006 年第 3 期。

48. 沈艺峰：《资本结构理论史》，经济科学出版社 1999 年版。

49. 盛洪：《中国的过渡经济学》，上海三联书店、上海人民出版社 2006 年版。

50. 盛默："现代财务经济学理论的突破"，《外国经济与管理》，1991 年第 1 期。

51. 石友蓉、黄寿昌："对财权理论的一个评价——由一场学术争论谈起"，《当代财经》，2006 年第 9 期。

52. 宋丽梦："企业财权与企业财务几个基本问题的研究"，《会计研究》，2008 年第 8 期。

53. 宋献中：《财务理论与机制》，东北财经大学出版社 1999 年版。

54. 孙永祥：《公司治理结构：理论与实证分析》，上海三联书店、上海人民出版社 2002 年版。

55. 汤谷良："经营者财务论"，《会计研究》，1997 年第 5 期。

56. 汤谷良："现代企业财务的产权思考"，《会计研究》，1994 年第 8 期。

57. 王斌、高晨："组织设计、管理控制系统与财权制度安排"，《会计研究》，2003 年第 5 期。

58. 王斌："现金流转说：财务经理的财务观点"，《会计研究》，1997 年第 5 期。

59. 王辉：《企业利益相关者治理研究——从资本结构到资源结构》，高等教育出版社 2005 年版。

60. 王庆成、孙茂竹："我国近期财务管理若干理论观点述评"，《会计研究》，2003 年第 6 期。

61. 王振山："金融效率论——金融资源优化配置的理论与实践"，东北财经大学博士学位论文，1999 年。

62. 吴敬琏：《市场经济的培育和运作》，中国发展出版社 1993 年版。

63. 吴有昌、赵晓："债转股：基于企业治理结构的理论与政策分析"，《经济研究》，2000 年第 2 期。

64. 伍中信、曹越、张荣武："财务动态治理论纲"，《财经理论与实践》，2007 年第 2 期。

65. 伍中信、李邦："本金起点论：财务研究逻辑起点的理性选择"，《财政研究》，1997 年第 4 期。

66. 伍中信、张荣武、贺正强："现代财务理论体系：基于价值与权力的融合研究"，《财政研究》，2006 年第 11 期。

67. 伍中信、张荣武："人力资本观念变革与财务理论体系创新"，《财贸研究》，2005 年第 2 期。

68. 伍中信："财权流：财务本质理论的恰当表述"，《财政研究》，1998 年第 2 期。

69. 伍中信："财务治理结构论纲"，《财经理论与实践》，2004 年第 3 期。

70. 伍中信："财务主体理论的经济学基础"，《财政研究》，1999 年第 4 期。

71. 伍中信："财务资金平衡与国民经济综合平衡：中国社会资金运动分析"，《财政研究》，2000 年第 3 期。

72. 伍中信："建立以'财权'为基础的财务理论与运作体系"，《会计之友》，2001 年第 4 期。

73. 伍中信："现代财务理论的产权基础"，《财政研究》，2000 年第 7 期。

74. 伍中信："现代公司财务治理理论的形成与发展"，《会计研究》，2005

年第 10 期。

75. 伍中信：《产权会计与财权流研究》，西南财经大学出版社 2006 年版。

76. 伍中信：《现代财务经济导论——产权、信息与社会资本分析》，立信会计出版社 1999 年版。

77. 伍中信：《现代企业财务治理结构论——以财权为基础的财务理论研究》，中国财政经济出版社 2010 年版。

78. 肖坤：《中国上市公司资本结构与财务治理效应研究》，中国财政经济出版社 2008 年版。

79. 谢德仁：“企业的性质：要素使用权交易合约之履行过程”，《经济研究》，2002 年第 4 期。

80. 谢志华：“出资者财务论”，《会计研究》，1997 年第 5 期。

81. 徐加爱、伍中信：《财务公共关系理论与实务》，中国商业出版社 1994 年版。

82. 延华、彭继咸：“重建债转股企业公司治理结构的困难与对策”，《经济体制改革》，2001 年第 6 期。

83. 严若森：“关丁企业所有权安排的 个理论阐释”，《人文杂志》，2004 年第 3 期。

84. 杨瑞龙、聂辉华：“不完全契约理论：一个综述”，《经济研究》，2006 年第 2 期。

85. 杨瑞龙、杨其静：“专用性、专有性与企业制度”，《经济研究》，2001 年第 3 期。

86. 杨瑞龙、周业安：“一个关于企业所有权安排的规范性分析框架及其理论含义”，《经济研究》，1997 年第 1 期。

87. 杨瑞龙、周业安：《企业的利益相关者理论及其应用》，经济科学出版社 2000 年版。

88. 杨瑞龙：“论利益相关者合作逻辑下的企业共同治理机制”，《中国工业经济》，1998 年第 1 期。

89. 杨淑娥、金帆：“关于公司财务治理问题的思考”，《会计研究》，2002 年第 12 期。

90. 杨淑娥：“产权制度与财权配置”，《当代经济科学》，2003 年第 1 期。

91. 衣龙新：《公司财务治理论》，清华大学出版社 2005 年版。

92. 油晓峰：《中国上市公司财务治理研究》，经济科学出版社 2005 年版。

93. 张栋、杨淑娥“论企业财权配置——基于公司治理理论发展视角”，《会计研究》，2005 年第 4 期。

94. 张军：《现代产权经济学》，上海三联书店、上海人民出版社 1994 年版。

95. 张荣武、伍中信：“产权保护：现代会计、财务与审计的共同使命”，《财经理论与实践》，2005 年第 6 期。

96. 张荣武：“财务治理效率论”，湖南大学博士学位论文，2007 年。

97. 张荣武：《财务治理效率论》，中国财政经济出版社 2010 年版。

98. 张荣武：《产权财务论》，广东人民出版社 2013 年版。

99. 张曙光：“企业理论的进展和创新”，《经济研究》，2007 年第 8 期。

100. 张维迎：“所有制、治理结构及委托—代理关系”，《经济研究》，1996 年第 9 期。

101. 张维迎：《产权、激励与公司治理》，经济科学出版社 2005 年版。

102. 张维迎：《企业理论与中国企业改革》，北京大学出版社 1999 年版。

103. 张文魁、李德、纪敏、许多：“债转股对企业治理结构的影响及其前景分析”，《管理世界》，2001 年第 5 期。

104. 张谊浩：“公司财务理论的企业基础”，《南开管理评论》，2003 年第 4 期。

105. 张兆国、陈华东、唐丽：“试析我国上市公司资本结构的效应”，《会计研究》，2001 年第 10 期。

106. 张兆国、张庆、宋丽梦：“论利益相关者合作逻辑下的企业财权安排”，《会计研究》，2004 年第 2 期。

107. 张兆国、张五新：“试论企业财权配置”，《武汉大学学报》，2005 年第 6 期。

108. 郑志刚：“法律外制度的公司治理角色”，《管理世界》，2007 年第 9 期。

109. 郑志刚：“金融发展的决定因素”，《管理世界》，2007 年第 3 期。

110. 周其仁：“市场里的企业：一个人力资本与非人力资本的特别合约”，《经济研究》，1996 年第 6 期。

111. 周天勇：“债转股的流程机理与运行风险”，《经济研究》，2000 年第 1 期。

112. 周小川：“关于债转股的几个问题”，《经济社会体制比较》，1999 年第 6 期。

113. Aghion, P. , and P. Bolton. 1992. An Incomplete Contract Approach to Financial Contracting. *The Review of Economic Studies*, 59: 473 - 494.

114. Coase, R. H. 1960. The Problem of Social Cost. *The Journal of Law and Economics*, 3: 1 - 44.

115. Demsetz, H. 1967. Towards a Theory of Property Rights. *American Economic Review*, 57: 347 -359.

116. Dimov, D. , and E. Gedajlovic. 2010. A Property Rights Perspective on Venture Capital Investment Decisions. *Journal of Management Studies*, 47: 1248 -1271.

117. Easterbrook, F. H. , and D. R. Fischel. 1991. The Economic Structure of Corporate Law. *Harvard University Press*, 124 -200.

118. Furubotn, E. G. , and S. Pejovich. 1972. Property Rights and Economic Theory: A Survey of Recent Literature. *Journal of Economic Literature*, 10: 1137 -1162.

119. Grossman, S. and O. Hart. 1986. The Cost and Benefits of Ownership: A Theory of Vertical and Lateral Integrations. *Journal of Political Economics*, 94: 691 -719.

120. Harris, M. , and A. Raviv. 1990. Capital Structure and the Informational Role of Debt. *Journal of Finance*, 45: 321 -349.

121. Hart, O. 1995. Firms, Contracts and Financial Structure. *Oxford University Press*, 45.

122. Hart, O. , and J. Moore. 1990. Property Rights and the Nature of the Firm. *Journal of Political Economy*, 98: 1119 -1158.

123. Jensen, M. C. , and W. Meckling. 1976. Theory of the Firm: Managerial Behavior, Agency Costs and Ownership Structure. *Journal of Financial Economics*, 3: 305 -360.

124. Johnson, S. , J. McMillan, and C. Woodruff. 2002. Property Rights and Finance. *The American Economic Review*, 92: 1335 -1356.

125. Schneider, M. , and A. Valenti. 2011. A Property Rights Analysis of Newly Private Firms: Opportunities for Owners to Appropriate Rents and Partition Residual Risks. *Business Ethics Quarterly*, 21: 445 -471.

126. Smith, C. W. , and J. B. Warner. 1979. On Financial Contracting: An Analysis of Bond Covenants. *Journal of Financial Economics*, 7: 117 -161.

127. Steghen, R. 1977. The Determination of Financial Structure: The Incentive Signialing Approach. *Bell Journal of Economics*, 8: 23 -40.

128. Williamson, O. E. 1988. Corporate Finance and Corporate Governance. *The Journal of Finance*, 43: 567 -591.

129. Zhou, X. , and L. Li. 2011. Rethinking Property Rights as a Relational Concept: Access to Financial Resources Among Small and Mid - Sized Firms. *Chinese Sociological Review*, 44: 26 -70.

后　记

改革开放这场中国的第二次革命，不仅全面改变了中国，也深刻影响了世界，是中国和世界共同发展进步的伟大历程。中国改革开放 40 年，一直围绕产权进行。产权是社会秩序、社会道德和社会信任的基础。中国历史上往往注重人治和德治，忽视法治，也就是缺乏产权和法制基础，不注重产权的保护和平等，但中国经济要发展，必须依赖于明晰界定的产权结构，因为权利的准确界定是交易的前提、分工的基础和市场经济秩序自发型构的基石。产权制度是有效率的社会制度，一个国家想要社会财富有效率地增加，须建立长期稳定的产权制度。一个社会的文明程度体现着同时代的产权状况，产权代表一种文明，产权制度是现代文明的基石。

1992 年，我们发现会计与产权具有与生俱来的“姻缘”关系，并持续跟进产权中国进程中的会计变革、财务使命和居民财产性收入的交叉融合研究，形成纪念改革开放 40 周年献礼三部曲：《产权中国进程中的会计变革》《产权中国进程中的财务使命》和《居民财产性收入：产权改革与增长保障研究》。

其中，《产权中国进程中的财务使命》一书是以产权中国进程为宏观背景，以产权理论和价值理论为基石，共分 3 篇 25 章展开研究。上篇为“产权主体确立呼唤财权流理论”；中篇为“国有企业产权制度改革中的财务治理研究”；下篇为“资本市场发展进程中的国企产权改革与财务功能创新”。本书以财务学研究内容为基本逻辑线索，以历年所发表论文为基本叙述方式，尊重单章逻辑布局和当时研究的经济环境，体现时代发展的“历史痕迹”。

本书的研究凝结了王跃武、贺正强、葛全民等同志的共同成果，本书的出版得到了会计分社樊清玉老师的全程协调与帮助，在此一并表示感谢！

作者

2018 年 9 月于长沙岳麓山下